传承与转型：老字号发展之路

——北京西城老字号谱系研究文集（下）

北京市西城区老字号谱系研究领导小组　编

中央文献出版社

目录

上 册

第一部分 “传承”与“创新”

第二部分 “责任”与“形象”

下　册

第三部分　"政府"与"市场"

第四部分　“自身”与“他者”

传承与转型：老字号发展之路

——北京西城老字号谱系研究文集

第三部分

『政府』与『市场』

传承与转型：老字号发展之路
——北京西城老字号谱系研究文集

市场转型中政府与企业的“伞式”关系

张继焦

【内容提要】本文重点探讨西城区政府的行为模式对老字号的发展产生哪些影响。研究显示：尽管中国未来全面深化改革的目标和方向是市场或市场主体起决定性作用，政府主要充当“裁判员”的角色，但是，在属地经济和“官本位”体制下，政府与老字号企业的关系模式特征依然是原有的“庇护”与“被庇护”伞式关系。在大大小小的各种庇护伞状结构下，当地的资源配置和经济社会发展表现出明显的“伞式社会”特点，从而对老字号的发展起着重要的作用。

【关键词】市场转型　西城老字号　伞式关系

政府与企业的关系属于社会关系的一个分支，决定于一定的社会历史架构，反映出一个社会中政治与经济关系的本质，也反映出一定发展阶段行政管理体制的特征，对政府和企业的行为模式都产生重大而深远的影响。认真探索社会转型时期政府与企业关系的现状及发展趋势，对于推动市场经济体系条件下老字号的发展，具有十分重大的意义。

一、问题的提出：西城区政府与老字号企业的关系及其影响

在中国从计划经济转变为市场经济的过程中，政府与企业的关系作为一种重要的资源配置方式，在一定程度上，可能比企业的市

场开拓能力还重要。

本文主要探讨一个需要政府和学术界认真思考和研究的重大问题：在老字号企业的发展过程中，政府与老字号企业的关系及其资源的配置关系。我们将重点探讨：西城区政府与老字号企业的关系模式特征，西城区政府的行为模式将对老字号的发展产生哪些影响，等等。

二、从全聚德看西城区 / 北京市政府对老字号发展的影响

1. 西城区的老字号状况

根据西城区商委提供的资料，截至 2012 年底，在国家商务部重新认定的北京地区两批 117 家“中华老字号”中，西城拥有 56 家，占 47.86%。这 56 家中华老字号占目前西城老字号的 60% 以上，成为西城老字号的主体，发挥着“龙头”的引领作用①。在北京六处老字号（含分店、专柜）比较集中的街区（大栅栏、琉璃厂、西单和西四、王府井、东单和东四以及前门）中，西城有三处，占 50%②。特别是在大栅栏地区，集聚了大量不同类型的老字号。据统计，在大栅栏街道辖区内（含大栅栏、琉璃厂等地区），仅“中华老字号”就有 25 家。2010 年 11 月，大栅栏商业街区被中国商业联合会、中华老字号工作委员会授予全国首个“中华老字号积聚区”③。由此可见北京特别是西城老字号资源的丰富和聚集的密度。

2. 全聚德案例分析④

全聚德始建于清同治三年（1864 年）⑤，跨越了三个世纪。新中国成立前夕，由于长年战乱影响，全聚德的经营已经岌岌可危，

① 西城区商委：《新西城区老字号企业（全）》名录，2013年。

② 丁维峻主编：《北京的老字号》，人民日报出版社2009年版，第53页。

③ 大栅栏街道工委、办事处编印：《大栅栏故事——魅力老字号》“前言”，2012年12月。

④ 笔者为完成本课题，在全聚德有关领导陪同下，2013年11月15日到全聚德和平门店和全聚德博物馆进行实地调查。

⑤ 全聚德的创始人是河北冀县人杨全仁，以做北京烤鸭闻名，其首创的挂炉烤鸭，色香味都不次于原来的焖炉烤鸭。

当时第四代老板的夫人为了维持经营，当掉了自己的嫁妆。解放后，人民政府对中国的老字号品牌非常重视，认为全聚德这样知名的餐饮企业不能倒。于是，在北京市政府注入资金以后，全聚德又重新发展起来。全聚德在1952年成为第一批实现公私合营的企业，并作为具有外事接待能力的特色餐饮企业，隶属于当时的北京市服务事业管理局。从这个意义上，我们可以认为，是公私合营拯救了濒临破产的全聚德。

从1950年代初期开始，周恩来总理曾多次把全聚德“全鸭席”选为国宴[①]。周恩来总理不但对全聚德有精彩的诠释——“全而无缺，聚而不散，仁德至上”，而且还建议在前门、崇文门、宣武门一带选址建立一家全聚德分店[②]。

在近年来全聚德一系列重大的发展历程中，我们可以清晰地看到来自各级政府的强大支持。1993年5月20日，组建中国北京全聚德集团，整合分布于前门、王府井、和平门的三家门店，翻开全聚德历史的崭新一页；1994年，由全聚德集团等6家企业发起设立北京全聚德烤鸭股份有限公司；2003年，与北京华天饮食集团共同组建聚德华天控股有限公司；2004年，与首旅集团、新燕莎集团实现战略重组，仿膳饭庄、丰泽园饭店、四川饭店进入全聚德集团，股份公司更名为中国全聚德（集团）股份有限公司；2007年，“全聚德”在深交所挂牌上市。至此，中国全聚德（集团）股份有限公司已发展成为涵盖烧、烤、涮以及川、鲁、宫廷、京味等多口味，汇聚京城多个餐饮老字号品牌的餐饮联合舰队，拥有100余家成员企业，年销售烤鸭600余万只，接待宾客近2000万人次，品牌价值百亿元。

① 全聚德和平门店是宴请国内外政要的重要场所，因此该店以“名人、名店”效应为出发点。其中，“名人苑”的设计思想以歌颂新中国三代领导人为主题，描写龙凤呈祥、群贤毕至的意境；由众多国家元首在全聚德用餐时留下的珍贵照片组成的“名人墙”以及100多个国家的大使签名留言组成的“百名大使签字墙”更是引得顾客驻足观赏；金碧辉煌的四楼“金色大厅”运用现代多媒体技术和舞台灯光效果，更显名店风范。

② 当时首先选在前门老火车站东边，后来改选在和平门。主要是考虑到交通比较方便，且距离中南海和人民大会堂都比较近。从地图上看，中南海新华门、人民大会堂、和平门全聚德三点正好构成一个等边三角形。

西城区、北京市以至中央政府为什么要支持全聚德的发展，政府的支持为何对老字号的发展有这么大的影响，我们应该采用什么理论来分析这一现象，并为以后正确处理政府与老字号企业的关系提供依据，这正是本文所要回答的问题。

三、理论准备和分析框架：从市场转型看地方政府与企业的“伞式”关系

1. 理论准备与研究范式

第一，关于中国市场转型的主要观点和争论。在中国改革开放和苏联东欧发生变革之前，支配西方社会科学界研究东方社会主义的基本思路，主要是“极权主义”① 和“现代化”② 两种研究范式。然而，对 20 世纪 80 年代以来中国和苏联东欧转型的现实而言，这两种范式显然都没有足够的解释力。

1989 年，倪志伟（Victor Nee）在《美国社会学评论》（10 月号）上发表《市场转型理论：国家社会主义从再分配向市场的过渡》③，提出著名的“市场转型理论”。于是，出现一种新的研究范式——新制度主义范式④。此后，新制度主义社会学者对中国市场转型进行了一些有影响的探讨。譬如，戴慕珍（Jean Oi）提出“地方法团主

---

① 魏昂德在《共产主义的新传统主义》一书中认为，极权社会有两个非常特殊的特征：第一个特征涉及政党与其支持者之间纽带的性质。在作为资本主义另一极的极权主义看来，政党与支持者之间是一种事本主义的、意识形态性的、以意识形态为基础的关系。即使在革命成功以后，意识形态取向仍是社会动员的基本手段。第二个特征可以称为社会的原子化。这种社会不强调区别私人领域和公共领域的合法性，凡是直接妨碍执政目标实现的社会纽带均消失了。“原子化大众”的存在，不仅为维持权力所必须，而且可以确保毫无障碍地对群众进行总体性动员。

② 对于现代化范式，主要的观点认为，在社会主义革命成功以后，一旦政权得到巩固，社会主义社会就必然致力于经济发展。这种增长要求实现现代化和引进现代技术，而工业化和现代科学技术又要求有一套相应的现代价值观和制度，从而导致社会主义制度结构的变迁。现代化的过程将以自己的必然逻辑推动社会主义国家按照西方发达国家的模式对自己进行重建。

③ Victor Nee，1989，A theory of Market Transition：From Redistribution to Market，American Sociological Review. Vol.54.

④ 此研究范式弥补了极权主义范式和现代化范式两种旧范式忽视制度的缺陷，同时又要与凡伯伦和康芒斯等人在二十世纪早期倡导的制度主义区别开来，所以被统称为“新制度主义范式”。

义（Local State Corporatism）”理论[①]、魏昂德（Andrew G·Walder，1995）提出“政府即厂商（Local Governments As IndustrialFirms）”理论[②]、林南（Nan Lin）提出“地方市场社会主义（Local Market Socialism）”理论[③]等。在中国学界，洪银兴和曹勇对地方政府推动市场化的作用进行了全面的分析[④]。杨瑞龙从制度变迁的视角分析了地方政府在转型期的特殊功能和角色[⑤]。张继焦探讨了经济文化类型从“原生态型”到“市场型”的转变[⑥]。

第二，关于中国社会结构及其转型的研究。费孝通在研究中国传统乡村社会时，于1948年提出“差序格局”理论[⑦]，认为中国传统农村社会可以简称为“差序格局”社会。这一理论也是中国学者探讨中国社会结构的经典理论。笔者曾经在10年前，试图将“差序

① 她认为，“在经济发展过程中，地方政府具有公司的许多特征，官员们完全像一个董事会成员那样行动，这种政府与经济结合的新制度形式，我称之为地方法团主义……我所说的地方法团主义是指一个地方政府协调其辖区内各经济事业单位，似乎是一个从事多种经营的实业公司”。参阅戴慕珍1992，“Fiscal Reform and the Economic Foundation of Local State Corporatism in China.” World Politics 45（1）；1995，“The Role of the Local State in China's Transitional Economy.” China Quarterly（Dec.），Vol. no. 144，“Special Issue：China's Transitional Economy”，pp. 1132-1149；1998，"The Evolution of Local State Corporatism." in Andrew Walder，(eds.)，Zouping in Transition：The Process of Reform in Rural North China. Cambridge，Mass：Harvard University Press；1999，“Local State Corporatism.” in Jean C. Oi，（eds.），Rural China Takes Off：Institutional Foundations of Economic Reform，Berkeley：University of California Press。

② 他对地方政府在经济发展中的角色研究，源于对科尔奈的研究的反思和深化。政府与企业的关系类似于一个工厂或公司内部的结构关系，即政府作为所有者，类似于一个公司中的董事长，而企业的管理者则类似于厂长或车间主任的角色。参阅Walder，Andrew. 1995，“Local Governments As Industrial Firms”. American Journal of Sociology 101（2）：268-269。

③ “地方”指的是当地的社会文化基础（社会网络是其轴心），“市场”指的是经济系统的变化（市场机制是其核心），“社会主义”意指不远的过去所留下的政治意识形态（社会主义为其核心）。参阅Lin，Nan. 1995，“Local Market Socialism：Local Corporatism in Action in Rural China.” Theory and Society 24（3）。

④ 洪银兴、曹勇：《经济体制转轨时期的地方政府功能》，《经济研究》1996年第5期。

⑤ 杨瑞龙：《我国制度变迁方式转换的三阶段论》，《经济研究》1998年第1期。

⑥ 张继焦：《经济文化类型：从“原生态型”到“市场型”——对中国少数民族城市移民的新探讨》，《思想战线》2010年第1期。

⑦ “差序格局”理论的要义是：人们以己为中心，像石子一般投入水中，和别人所联系成的社会关系像水的波纹一样，一圈圈推出去，愈推愈远，也愈推愈薄，波纹的远近可以标示社会关系的亲疏。参阅费孝通著：《乡土中国》，上海观察社初版本，1948年。

格局”理论从“农村版”发展为“城市版”①。

与费孝通类似，日本人类学家中根千枝1967年发表《纵式社会中的人们关系》②，用新颖独特的方法研究日本社会结构，曾经风靡一时。按照中根千枝的观点，日本社会可以概括为“纵式社会”。在当时，这种理论成为研究者对本国社会进行重新分析的一面镜子。

第三，如何看待中国的市场转型与社会结构转型之间的关系。对于这个问题，李培林早在1992年就提出“社会结构转型”理论，或称“另一只看不见的手”理论。李培林认为，中国正处于一个社会结构的全面转型期，即从农业社会、乡村社会、封闭半封闭社会向工业社会、城镇社会和开放社会转型。当人们的风俗习惯、行为方式、道德伦理、价值观念以及社会上的利益格局和运行机制等发生结构性变动时，就会形成一种巨大的、潜在的力量。

根据李培林的研究，在中国快速的经济发展和社会转型时期，影响中国资源配置和经济发展的力量，除了一只“有形之手”——国家干预和一只“无形之手”——市场调节之外，还存在着第三只手，那就是“另一只看不见的手”——中国“社会结构转型”。这“另一只看不见的手”，不仅推动着社会发展，而且会从深层次影响资源配置的实现方式、产业结构的调整方向和经济体制改革的方向③。

这一命题的理论意义和实践意义在于：跳出在西方十分盛行的个体主义方法论解释模式的束缚，建立起一种新的解释框架，以说明中国经济体制改革和中国经济成长的过程。随着改革开放的不断

---

① 张继焦：《差序格局：从‘乡村版到‘城市版’——以迁移者的城市就业为例》，《民族研究》2004第6期。

② 中根千枝认为，日本社会的特征是纵向式的人际社会关系，就是一种居于一定的场所、以个人与个人之间的上下关系为主的社会关系。参阅[日]中根千枝著，陈成译：《纵向社会的人际关系》（1967），商务印书馆1994年版。

③ 李培林关于“社会结构转型理论”的基本命题，主要体现在被称为“社会结构转型二论”的三篇论文里：《另一只看不见的手”——社会结构转型》，《中国社会科学》1992年第5期；《再论“另一只看不见的手”》，《社会学研究》1994年第1期；《中国社会结构转型对资源配置方式的影响》，《中国社会科学》1995第1期。

深化，这一理论对中国社会科学界产生越来越显著的影响[①]。

2. 本研究假设和分析框架

（1）研究假设。党的十八届三中全会将市场在资源配置中的作用提高到“决定性”的高度，充分显示出今后主要由市场或市场主体充当“运动员”，政府则主要充当“裁判员”的角色，从而厘清了政府与市场的行为边界[②]。这是中国未来“全面深化改革”的目标和方向。

但是，目前我国社会主义市场经济的基本特征之一仍然是：在所有制结构上，以公有制（包括全民所有制和集体所有制经济）为主体，外资、私营等多种所有制经济共同发展。这种属地经济体制中，中国各级政府的“官本位”，不仅作为市场经济资源配置的主导者，而且在现行的垂直任命制的管理体制下得到强化[③]。

在属地管理、“官本位”和经济主体以国有企业为主的情况下，地方政府与当地企业两者是分离的关系，还是紧密的关系？如果两者是紧密联系的关系，又是什么样的紧密关系类型？这些都影响着老字号的发展，需要认真研究解决。

（2）分析框架。基于上述理论，根据对政府与企业现有关系的研究，我们认为：在“市场转型”和“社会结构转型”条件下，中国的经济社会中出现一种明显的发展方向，即“伞式社会”。向市场经济转轨之后，社会经济发展很快，而政治体制改革相对滞后，特别是在干部管理体制方面，和计划经济（即再分配经济）时期相比，没有太大的改变。其中，最典型的就是沿袭了计划经济的垂直任命制，给强化“官本位”带来体制土壤和体制条件。

在当前的经济社会转型中，北京市、区各级政府与当地老字号

① 臧得顺：《中国社会结构转型：理论与实证对一个师承性学派研究成果的谱系考察》，《思想战线》2011年第4期。

② 《中国共产党十八届三中全会公报》，新华社2013年11月12日全文发布。

③ “官本位”一词最早出现于20世纪80年代，相对于经济学专用名词——“金本位”而被广泛应用。以“官”的意志为转移的利益特权、“唯上是从”的制度安排、以“官”为本的价值取向、以是否为官和官职大小评价社会地位的衡量标准。

企业的关系依然是紧密的“庇护”与“被庇护”的伞式关系，而且，这种“伞式关系”对西城区和北京市的资源配置和经济社会发展起着非常重要的作用。

四、从“伞式”关系角度，看各级政府的支持对老字号发展的影响

依据上述分析，这里主要从“伞式关系”的视角，探讨“市场转型”和“社会结构转型”条件下，北京和西城各级政府的引导与支持对西城老字号（如全聚德等）的发展产生什么样的影响。

1．西城区/北京市政府与“老字号”企业的“伞式关系”

从全聚德的发展中，我们可以清楚地看到西城区政府、北京市政府甚至中央政府的大力支持所起到的作用。这些支持具体表现为：政府保护其品牌、扶持其升级和壮大，政府支持其在国内股票市场上市，政府鼓励和支持其规范化和多元化发展等三个方面。

第一，政府保护其品牌、扶持其升级和壮大。以全聚德为例，1980年代以后，全聚德前门、王府井、和平门三家门店，在北京的影响力大大提高，成为国家外事接待的窗口。不过，这三家店分别隶属于不同的行政管理部门，三家店为了品牌、商标的所有权，发生争论。1993年，北京市政府决定成立全聚德集团：把前门店从旅游局里划出，和平门店、王府井店从服务局划出，单独成立全聚德集团，作为政府计划单列企业，直接归市政府管理，从体制上解决品牌的归属和各自为战的问题。1999年，“全聚德”商标被国家工商局认定为中国服务业中的第一个“驰名商标”。2006年，“全聚德”品牌被商务部认定为“中华老字号”。

全聚德先后被中央文明办、全国总工会、国家质检总局、中国商业联合会等单位授予“全国文明行业示范点”“全国五一劳动奖状”“全国质量管理先进企业”“国际餐饮名店”“国际质量金星奖、白金奖和钻石奖”“国际美食质量金奖”“全国商业质量管理奖”“中

国十大文化品牌”“中国餐饮十佳企业”“中国最具竞争力的大企业集团”和“北京十大影响力企业”等荣誉和奖励。

经评估，“全聚德”无形资产价值1994年1月1日是2.69亿元人民币；2004年6月28日在世界品牌实验室和世界经济论坛主办召开的世界品牌大会上，全聚德品牌评估价值上升到84.58亿元人民币；2005年8月6日，世界品牌实验室宣布全聚德品牌评估价值为106.34亿元人民币。2007年9月，在第二届亚洲品牌盛典中，“全聚德”品牌荣获第320强，是亚洲餐饮行业唯一进入亚洲500强品牌的企业。2008年12月30日，在世界权威的品牌价值研究机构——世界品牌价值实验室举办的“2008世界品牌价值实验室年度大奖”评选活动中，全聚德获“中国最佳信誉品牌”大奖。

第二，政府支持其在股票市场上市。以全聚德在国内上市为例，在北京市各级政府的大力支持下，2007年4月，全聚德完成对仿膳饭庄、丰泽园饭店和四川饭店三家企业的收购，从而形成相互促进的中高档餐饮品牌系列，为实施多品牌战略奠定基础。

2007年11月20日，中国全聚德（集团）股份有限公司在深圳股票交易所挂牌上市，股票简称“全聚德”，股票代码“002186”，成为餐饮行业上市的第一股。全聚德的上市，标志着中国历史最悠久的餐饮公司正式登陆A股市场，体现了监管机构和广大投资者对老字号、对民族品牌的信任与支持①。当日上午，北京市政府副秘书长王晓明与公司董事长姜俊贤在深圳证券交易所敲响开市宝钟。姜俊贤在上市仪式上表示，全聚德将在百年老店文化积淀和技术传承发展的基础上，继续奉行“弘扬中华饮食文化，提升民众健康生活”的企业使命，秉承“全而无缺、聚而不散、仁德至上”的企业理念，

① 全聚德新股上市首日一开盘就因涨幅过大而暂停交易。全聚德的表现，让我们可以再次审视品牌价值对投资观念的影响。长期以来，我们喜欢拿巴菲特说事，喜欢念念不忘他的长线价值投资。巴菲特只买能看得见、看得懂、有成长性的好股票，在他的股票池里，可口可乐和麦当劳是持有时间最长的股票之一，而且只买不卖。巴菲特之所以这么做，完全是以一种战略眼光来审视自己的投资的，他更坚信品牌的力量。

努力实现“中国第一餐饮，世界一流美食，国际知名品牌”的企业愿景。当日，全聚德的开盘价为 36.81 元[①]。

第三，政府鼓励和支持其规范化和多元化发展。以全聚德为例，其主营业务为餐饮服务及食品加工、销售，主要提供以“全聚德”品牌高档烤鸭为代表的系列菜品和相关的餐饮服务。目前在北京、上海、重庆、长春等地拥有 9 家直营全聚德烤鸭店、61 家特许加盟店（其中中国大陆地区 56 家，海外 5 家），还拥有两个生产基地和一个配送中心，即生产全聚德烤鸭专用鸭坯和各种鸭类、熟制品的肉食品生产基地和以生产面食品、专用调料为主的面食品生产基地，以及以负责物流配送任务为主的全聚德配送中心。

前门全聚德烤鸭店是股份公司第一家获得“国家特级酒家”称号的企业，全聚德也将前门店作为首批进行 ISO9002 质量体系认证的试点企业。他们完成《质量手册》《程序文件》《作业指导书》《服务规范》《质量记录》的编写，建立一套标准的质量管理体系。2000 年通过全面预算管理工作，有效地控制和保证公司各项预算指标的完成[②]。通过 ISO9002 质量认证和“国家特级酒家”的达标、贯标，企业和员工的质量思想、质量意识明显提高，纠正了实际操作中存在的不足和问题，为提高整体质量管理水平起到示范和带头作用。公司还重新修订和印发《全聚德餐厅服务规范》，充实服务内容，规范操作程序，细化岗位服务职责。

在全聚德案例中，北京市政府甚至中央政府的支持都成为企业资本积累和扩张最为可靠的资源，全聚德与政府间“庇护”关系的增强，导致企业自身的强势发展。全聚德作为成功的老字号企业发

① 金字招牌无疑将使公司本身的价值水涨船高。以全聚德为例，其品牌目前的评估价值已经达到84.58亿元，折合每股高达73元。光品牌就值这么多，不被追捧才怪。将这一观念推开来看，我们不难发现，很多知名品牌A股上市公司，存在着不错的投资价值。百年老店同仁堂，目前品牌价值约30亿元，折合每股近7元；白酒之王五粮液，目前品牌价值约360亿元，折合每股近10元；国酒贵州茅台，目前品牌价值约200亿元，折合每股近20元。

② 在项目上涵盖了经营类、人工成本类和资产类预算；在范围上包括了各企业预算、各职能部室预算；在内容上建立了预算程序、预算指标体系、预算编制制度、预算执行情况、统计台账体系、预算执行情况定期分析制度和预算管理的电算化体系。

展案例，充分表明当企业与政府的关系为直接管理（即政府为企业“庇护人”）时，会为企业带来强大的发展动力，提高企业自身的市场竞争力。

2. 市场转型下“伞式关系”的资源配置功能

从上述案例中我们可以发现，影响资源配置和经济社会发展的，并不只是政府这只“看得见的手”和市场这支“看不见的手”。在计划经济不同的时期，地方政府与当地企业之间构成不同形态的“庇护”关系，作为一种新型的社会结构，这也是一种特殊的资源配置形式。

新中国成立初期（1950年代），通过公私合营，全聚德从私营家族企业“摇身一变”，成为北京市政府下属的国营企业。由于全聚德与北京市政府之间的这种特殊关系，在政府主导各种资源配置的计划经济时代，这家企业成为北京市政府甚至中央政府的重点扶持企业，相应地得到资金、技术、人员、优惠政策等多方面的关照，成为所在行业的领军企业。

1978年改革开放之后，逐步实行市场经济。虽然各方一直在努力改变“政企不分”的关系，但是，在政府做强做大国有企业的方针下，由于全聚德与北京市政府之间特殊的上下级隶属关系以及由此而来的“庇护”关系，实际上是“近水楼台先得月”。如前所述，可以优先获得各级政府上述三个方面的大力支持，可以充分享受或配置来自政府的和市场的两种资源。

在西城区，北京华天饮食集团公司（简称“华天饮食”）也是一个典型的例子。在西城区委区政府和区国资委的支持下，北京华天饮食集团公司由原北京华天饮食集团公司（原西城区饮食公司）和原北京万方实业总公司（原西城区副食公司、菜蔬公司、粮食局）合并重组而成。目前公司架构是由北京华天饮食集团公司母体和两个重要子公司组成。现有在岗职工6000余名，2012年，实现营业收入20亿元。

北京华天饮食集团公司母体和重要子公司聚德华天控股有限公司[①]以经营老字号餐饮为主业态，旗下拥有鸿宾楼、烤肉季、烤肉宛、砂锅居、同和居、峨嵋酒家、同春园、老西安饭庄、又一顺、曲园酒楼、马凯餐厅、西来顺、玉华台、大地餐厅、护国寺小吃、庆丰包子铺等 20 余个老字号品牌、300 多家门店（其中，中式快餐品牌庆丰包子铺和护国寺小吃分别发展了 180 家和 40 多家连锁店）。这些企业大都是经营百年以上的历史名店，经营网点遍布北京城区，并在河北省开有分店。主营京、湘、鲁、苏、豫、川、清真等不同菜系，涵盖中式正餐、快餐、小吃、西餐等不同业种。

北京华天饮食集团公司现有 17 家企业被商务部认定为中华老字号，有国家级、北京市级和西城区级非物质文化遗产项目近 20 个。有六家老字号被评为北京市著名商标。北京华天饮食集团公司重要子公司北京万方有限公司是在原北京万方实业总公司的基础上改制而成的有限公司，北京华天饮食集团公司占有 40% 的股权。目前主要经营天福号食品厂、桂香村南味食品和元长厚茶叶等。

基于上述及其它老字号企业案例，在分析社会结构转型作为一种特殊的资源配置形式（“另一支看不见的手”）时，有一个值得深入探究的问题：“伞式社会”的基础性或结构性因素，是属地管理、“官本位”和经济主体以国有企业为主。由于属地管理和“官本位”的存在，在一定地域范围内，必然形成了政府与企业间远近亲疏、“庇护”与“被庇护”的伞式关系。

在这种结构性条件下，尽管当前经济社会发生重大转型，但是，西城区政府与当地老字号企业的关系依然保持着原有的、紧密的“庇护”与“被庇护”的伞式关系。而且，经进一步考察发现，无论是计划经济时期还是市场经济过渡时期，政府和市场资源配置的优先

① 聚德华天控股有限公司（简称“聚德华天”）于2004年12月根据西城区委、区政府和区国资委的决定成立，是北京华天饮食集团公司的下属子公司。聚德华天是在原北京华天饮食集团公司下属有关部门的基础上改制而成立的有限公司，注册资本5500万元。其股权结构分别为中国全聚德（集团）股份有限公司、北京华天饮食集团公司和民营企业福建超大集团有限公司各占30%，企业骨干占10%。

次序，与政府和企业这种特殊的“伞式关系”都紧密相关。

当处于从计划经济向市场经济转型的过渡阶段，原有的计划体制逐步解体而新生的市场经济尚未成熟，转型过程中出现体制断裂，会形成“体制洞”[①]。在这种背景下，西城区政府有必要扮演积极的角色，弥补现行体制的缺陷。同时，由于地方政府掌握着某些特殊的资源（如土地、资金等的供应），使之具有参与经济的“本钱”。这样，我们从市场化转型这一角度，就可以更为深刻地理解为何西城区的政府扮演了比成熟的市场经济之下的地方政府更多更积极的角色。

实际上，地方政府与企业的正式关系，地方官员与企业家的私人关系，分别形成了正式的、非正式的“庇护”关系，体现为政治上很强的保护，经济上很多的关照。比如，改革初期实行“双轨价格”，地方政府掌握着部分计划价格物资的分配权，政府与企业之间的远近亲疏“伞式”关系，使之有可能对辖下企业实行选择性的扶持。又比如，前述有关西城区政府各方面的优惠政策支持，对全聚德、华天公司下属老字号在新时期的高速发展也产生了重大引导和拉动作用。

五、“伞式”关系的发展趋势及政府行为模式转变

综前所述，在属地经济和“官本位”体制下，西城区政府与老字号企业的关系依然是“庇护”与“被庇护”的“伞式”关系。在大大小小的各种庇护伞状结构下，西城区的资源配置和经济社会的发展表现出明显的“伞式社会”特点。

通过对西城老字号企业案例分析发现，在很大程度上，过去三十多年中国经济崛起的推动力和发展方式之一是：大规模的经济结构转型下企业与政府之间“伞式”的资源配置方式，在提升老字号发展实力等方面发挥了不可忽视的重要作用。

① 边燕杰、张文宏：《经济体制、社会网络与职业流动》，《中国社会科学》2001年第2期。

如今，中国的改革开放已经进入一个前所未有的、全面深化的新阶段，社会主义市场经济应起决定性的作用，使市场或市场主体成为“运动员”，而政府则主要是充当“裁判员”的角色，这对政府与企业的关系模式提出了新的挑战。

在这种时代背景下，如何更科学地认识原有的政府与老字号企业之间“伞式”关系，既要看到它的现实合理性，更要看到它的历史局限性，更好地发挥其合理因素的推动作用，限制以至杜绝其负面影响，并推动其向更加科学、合理的方向转化，以进一步优化各项社会资源的配置，是一个亟待认真解决的重大问题，需要政府、老字号企业以及其他相关方面深入思考，通盘设计，妥善处理。

1. 政府与老字号企业之间“伞式”关系的发展趋势

如前所述，政府与老字号企业之间这种“伞式”关系，是在一定历史条件下形成的，反映出传统计划经济体制下经济与政治关系的时代特点，反映出中国企业不同于西方市场经济中企业的特殊处境和行为模式，在优化资源配置、促进企业发展和满足群众需要中也发挥了不容否认的积极作用。而且，现实情况显示，在未来相当长一段时间里，它还将继续发挥其他方式不可替代的作用。但是，从长远来看，这种关系毕竟不符合发展社会主义市场经济体制的要求，不符合加快政府职能转变的趋势，不符合中国经济社会全面转型的方向，这是它的根本缺陷。因此，需要也必然伴随着市场经济的发展逐渐改变这种状态，推动中国的政企关系走上更加成熟、更加合理、更加高效的阶段，以进一步推动老字号的健康发展。

（1）市场经济的决定性作用得到全面确认。认真贯彻落实党的十八届三中全会精神，围绕实现经济社会全面转型的总目标，积极创造各种必要的法治、制度、舆论条件，努力形成社会共识，完善游戏规则，提高运行效率，按照使市场真正成为资源配置决定性力量的方向，进一步规范政府与老字号企业之间的关系。突出并确保“规则”的权威，坚持市场规则的唯一性、系统性和动态性，逐步建立起涵盖社会经济活动所有方面、涉及各种市场要素、作用市场经济全过程的规则体系，最终形成“系统完备、科学规范、运行有效的制度体系”，以进一步优化社会资源配置。这是当代中国发展的大趋势，由此决定着西城区政府与“老字号”企业之间“伞式”关系转变的客观必然。

（2）老字号企业的主体作用得到有效发挥。作为社会主义市场经济中的活动主体，老字号企业把推动经济社会全面转型作为自己的历史使命，进一步强化责任意识、发展意识、创新意识。按照建设现代企业制度的方向，自觉推动各项改革，逐步完善各项管理制度，拓展市场营销，提高企业的核心竞争力，学会在市场经济的大潮中“游泳”，成为市场经济中具有创新意识和无限活力的经营主体。这是市场经济得以完善和发展的基本条件。

（3）政府职能转变的拉动作用得到正确行使。各级政府切实转变执政理念，按照“小政府、大社会”的方向，全面分析“伞式”关系的利弊，积极探索新的社会管理方式，从以直接管理为主转向以立法保护、政策引导、舆论支持为主，逐步退出直接经营领域，为建立健康、科学、规范的政企关系奠定坚实基础。政府强化“引导”意识，顶层设计的宏观指导作用更加有效，管理机制更加优化，公共服务更加完善，促进老字号合理发展的社会环境更加健全。这是市场经济体系得以建立的根本保证。

2．市场经济条件下的政府行为模式

适应上述发展趋势要求，各级政府必须主动转变观念，大胆推动体制创新，积极探索新的行为模式，为老字号创造更加优化的生态环境，在引导中国经济发展中更好地发挥自己的作用。

（1）各级政府要增强法治意识，推进企业市场地位、所有制形式、企业经营形态、财政支持、商标保护等方面的立法，加强制度建设，科学界定政府与企业的关系，为老字号健康发展营造良好舆论和制度环境。在“伞式”关系尚未完全失去历史合理性的情况下，政府要加强顶层设计，注重整体规划，在继续认真履行行政管理职责的同时，进一步转变观念，抓紧制定规范自身行为的“权力清单”和推进政府职能转变的“路线图”，学会自觉采取法律、经济、政策等有效措施指导企业发展，逐步减少行政管理部门对企业活动的直接干涉，削弱老字号对政府的附属性、依附性，确立并不断强化企业的市场主体地位。

（2）各级政府要按照党的十八大和十八届三中全会的要求，主动转变职能，积极简政放权，为老字号提供更大的发展空间。要将促进老字号发展纳入地区发展规划，从政策、资金、人才等方面大力支持老字号创新发展。要积极引入社会组织力量，以购买公共服务等方式，为老字号提供技艺传承、人才培养、管理培训、营销策略等方面的帮助。

（3）各级政府要自觉增强自身素质，不断提高服务水平。要适应市场经济发展的需要，从“管理”向“服务”转变，增强政府工作人员的经济意识，提高工作人员的综合服务能力和经济管理水平，学会按照客观规律办事，减少主观臆断，提供切实符合老字号发展需要的服务。要转变政府的考核指标体系，把服务意识、服务能力、服务水平、服务效果作为考核各级政府促进老字号发展成效的主要业绩指标，以老字号的发展状态作为检验政府政策正确与否的根本标准和调整相关政策的基本依据。

作者简介

课题负责人：张继焦，中国社会科学院民族学与人类学研究所研究员、社会研究室主任；中国企业人类学委员会秘书长；主要论文有《老字号企业的竞争力分析：优势、劣势和发展前景》《北京市老字号企业调查分析报告（合作）》《2013 年度老字号问卷调查总报告（合作）》《跨国公司和中国本土企业：履行社会责任的特点及其比较》《上海杏花楼：在上海世博会上的盛典性“事件营销”》《北京同仁堂、鹤年堂的比较：从企业与政府的关系，看老字号医药企业的发展》《新一代商人群落的研究之一——从企业人类学角度，分析浙商的产生和群体特点》《中国企业都“富不过三代”吗？——对“老字号”企业的长寿秘籍和发展前景的社会学分析(合作)》等。

课题参与人：刘佳丽，中国社会科学院研究生院硕士研究生

方　瑞，中国社会科学院研究生院硕士研究生

各地老字号政策比较对西城区的启示

谢　惠　张晓光　胡维维

【内容提要】老字号企业以其独具特色的工艺流程和产品服务而闻名，是中华民族优秀文化传统的延续和继承，具有不可复制的经济价值和人文价值。受历史原因和体制转换的影响，我国的老字号企业从建国初期的 1 万多家骤减到 20 世纪 90 年代的 1600 多家。其中，半数以上的企业面临经营和发展的困境。老字号企业作为区域经济发展中不可或缺的特色主体，如何寻找突破口，走出困境，实现持续发展，是当前面临的首要问题。政府作为经济发展的调控主体，在政策制定和实施方面，对老字号企业的保护和发展有着不可替代的重要作用。西城区老字号资源十分丰富，如何推动老字号企业健康发展是西城区政府非常重视的问题。本文选取上海、杭州、天津、沈阳、广州和北京六个老字号企业分布较为集中的地区，力图通过各地有关老字号企业的政策比较研究，为构建有利于西城区老字号企业发展的良好政策环境提供借鉴。

【关键词】老字号　政策比较　启示

老字号企业，是指在长期的生产经营活动中，沿袭和继承中华民族优秀文化传统，具有鲜明地域文化特征和历史痕迹，拥有独特工艺和特色产品、服务，取得社会广泛认同，赢得良好商业信誉的企业。建国初期，我国老字号企业约有 1 万多家，涉及零售、餐饮等众多行业。由于历史原因和体制转换的影响，到 20 世纪 90 年代初，经国家内贸部认定的老字号仅有1600多家，其中，70%处于自生自灭状态，经营十分困难，只能勉强维持；20%长期亏损，濒临倒闭；只有10%经营良好，蓬勃发展[①]。具有鲜明中国文化特色的老字号发展遭遇瓶颈，正面临着前所未有的困难和挑战。

政府该不该拯救老字号企业？有人认为在市场经济条件下，优胜劣汰是难免的，经营低效的老字号企业就应被淘汰。但是，我们认为，有着深厚文化底蕴的老字号企业，不仅是商业主体，更是历代劳动者勤劳智慧的结晶，它们既是构成文化遗产的物质要素，又是构成非物质文化遗产的活态单元。老字号企业的存在和延续，意义十分重大，政府保护和扶持老字号企业发展势在必行。

我国部分城市保护老字号企业工作取得积极成果，很好地推动了区域老字号企业的发展。西城区作为北京老字号资源最丰富的地区之一，借鉴其他地区成功经验，是推动区域老字号企业长足发展的重要途径。为此，我们选择上海市、浙江省杭州市、天津市、辽宁省沈阳市、广东省广州市和北京市六个地区进行老字号企业的政策对比分析。主要是考虑到，这些城市在地理位置上南北兼顾，均为老字号企业相对聚集的历史文化名城；业态较为丰富，涉及百姓日常生活的方方面面，具有较大的覆盖面和代表性；老字号企业的成长伴随着城市的发展和变迁，老字号企业能否实现可持续发展，对于这些地方的意义更显特别重大。

一、保护老字号已成为各地政府的共识

1. 政府在保护老字号行动中的职能和作用

老字号企业的持续发展，企业自身当然是关键，而客观环境的营造也很有必要，政府的引导、扶持更是必不可少。老字号不仅是特定区域特色经济的标志，更是历史文化传承的载体。因此，保护老字号企业，对区域经济社会发展意义重大。地方政府作为地区经

① 朱文一编著：《微观北京＆广角北京》，清华大学出版社2011年版，第244页。

济社会发展的管理者，在相关政策的制定与实施方面，对促进与保护老字号企业健康发展负有义不容辞的责任。

我们认为，在保护和发展老字号企业方面，政府主要应做到以下几点：第一，自觉坚持保护与发展并重的原则。一方面要在努力保护的基础上，积极促进其发展；另一方面通过助推发展使老字号企业焕发生机，实现对其真正的保护。第二，正确认识拯救保护老字号企业的精髓。拯救老字号，不是保护落后衰亡的企业、产品和服务，而是对具有民族特点特色的传统技艺或老字号商品和服务进行保护，对蕴含在老字号企业中的文化价值进行保护。第三，努力营造有利于老字号企业发展的外部环境。要依据实际情况，制定扶持和引导本地老字号企业发展的政策，清理阻碍老字号传承发展的体制机制障碍，积极为老字号企业提供政策支持。第四，充分调动老字号企业的积极性。应该通过各类政策激发老字号企业自身的发展动力，用实际行动给予老字号企业鼓励和支持，发挥政策的引导作用，充分调动老字号企业的积极性和发展潜能。

2. 政府保护老字号企业的行动已拉开帷幕

基于对老字号企业重要性和发展困境的认知，从中央到地方，保护老字号企业的行动已纷纷展开。1993 年，原国家内贸部首次为全国 1600 家“中华老字号”授牌，推动了社会各界对老字号的关注。从 2006 年起，国家商务部陆续出台《商务部关于实施“振兴老字号工程”的通知》（商改发〔2006〕171 号）《关于保护和促进“老字号”发展的若干意见》（商改发〔2008〕104 号）《商务部关于进一步做好“中华老字号”保护与促进工作》（商商贸发〔2011〕22 号）等文件，并在 2006 年重启“中华老字号”认定工作，先后两批认定 1129 家“中华老字号”。这 1129 家“中华老字号”在各省（市）的分布情况，见表 1。[①]

① 根据各地商务部门公布数据统计。

表 1　“中华老字号”数量在各省（市）分布（单位：个）

省份	上海	北京	江苏	浙江	山东	天津	广东	四川	福建	辽宁
个数	180	117	96	91	66	66	57	49	34	34
省份	黑龙江	河北	山西	陕西	湖北	云南	安徽	河南	江西	湖南
个数	32	27	27	26	26	25	25	22	22	20
省份	吉林	重庆	甘肃	广西	贵州	内蒙古	新疆	宁夏	青海	
个数	20	19	14	9	9	7	3	2	1	

在商务部的号召下，各地积极响应，全国保护老字号企业工作得到前所未有的重视。针对老字号发展中面临的困难和挑战，各级政府从弘扬民族文化、振兴民族经济的高度，不断加大对老字号企业的支持力度，全面展开本地老字号企业的保护工作。

二、各地政府老字号政策比较

随着对保护老字号企业重要性认识的进一步提高，2006 年 4 月《商务部关于实施“振兴老字号工程”的通知》提出，从 2006 年开始在全国范围内实施“振兴老字号工程”，利用三年时间重新认定 1000 家“中华老字号”。① 国家商务部 2006 年 12 月 19 日颁布的《“中华老字号”认定规范（试行）》指出，“中华老字号（China Time-honored Brand）”是指历史悠久，拥有世代传承的产品、技艺或服务，具有鲜明的中华民族传统文化背景和深厚的文化底蕴，取得社会广泛认同，形成良好信誉的著名品牌。并明确规定，凡是申报为老字号的企业，必须具备“拥有商标所有权或使用权”“品牌创立于 1956 年（含）以前”“传承独特的产品、技艺或服务”“有传承中华民族优秀传统的企业文化”“具有中华民族特色和鲜明的地域文化特征，具有历史价值和文化价值”“具有良好信誉，得到广泛的社会认同和赞誉”以及“国内资本及港澳台地区资本相对控股，经营状况良好，且具有较强的可持续发展能力”等七个方面的

① 丁维峻主编：《北京的老字号》，人民日报出版社2009年版，第78页。

条件[①]。

国家商务部等十四部委《关于保护和促进“老字号”发展的若干意见》围绕老字号的立法保护、统筹规划、人才发展机制、资金支持、宣传推广、政府扶持等方面，提出了推动老字号发展的重要意见。

上述这些文件，为科学认定老字号、有效保护老字号、健康发展老字号提供了基本思路、权威标准和工作程序，成为推动老字号发展的重要依据。

各地政府在落实上述文件精神的基础上，纷纷出台鼓励和支持本地老字号企业发展的政策和意见。由于各地经济社会发展水平不一致，以及老字号在数量规模、行业分布上的不尽相同，各地政府出台的老字号相关政策在数量上也存在差异，其中，上海市、北京市等经济基础雄厚、老字号数量较多且行业分布广泛的城市，政府在老字号政策的制定方面相对积极，成效较为显著（详见后附《各地出台老字号政策相关文件汇总》）。而从政策的具体情况来看，根据自己的不同实际和发展需要，六个地区也各有侧重。

1．政策制定主体差异对比分析

（1）政府主导，行业协会辅助。调查显示，政府作为推动老字号企业发展的重要力量，是各项老字号企业政策制定的主体。从中央到地方，在各级商务部门的主导下，政府相关职能部门紧密联系，努力建立协调高效的工作机制，根据各自工作职责，明确任务，各有侧重，针对老字号企业的保护和发展制定专项政策，加大对老字号企业的投入和支持力度，推动政策覆盖到位和切实落地。

同时，各级老字号协会相继在各地成立，作为一种跨行业的社会组织，在政府和企业之间架构起沟通桥梁，在协助相关部门制定和有效实施政策措施上发挥积极作用，为老字号企业的发展提供必不可少的帮助。截至 2010 年，上述六个地区中，除辽宁省之外，均已建立起了省一级的老字号协会。总体看，各地基本形成以政府部

① http：//wiki.mbalib.com/wiki/%E4%B8%AD%E5%8D%8E%E8%80%81%E5%AD%97%E5%8F%B7.

门为主导、行业协会相辅助、共同开展老字号保护和发展政策制定工作的格局。

（2）主体协作性不尽相同。在政策制定主体协作性方面，原则上是在各地商务部门牵头带动下，联合当地政府其他相关职能部门，如教育、旅游、工商、质检等发挥联动作用，共同研制老字号保护与发展政策。但具体来看，情况却各不相同。本次调研涉及的六个城市，历史文化资源和社会经济背景各不相同，老字号企业涉及的行业范围也不尽相同，客观上造成老字号企业保护和发展政策的制定主体以及各主体之间互动性的差异。

在老字号企业较多的城市，老字号分布的行业越宽泛，涉及的政府相关职能部门也越多，促使政府各部门相互配合，联合制定出台地方性的老字号政策，通过有效合作共同推动本地老字号企业发展。基本上是在各地商务部门牵头下，形成相关 部门联动的老字号保护模式，其中以北京市、上海市最具有代表性。

相比之下，老字号企业数量较少的城市，由于老字号所属行业相对集中、老字号扶持政策比较单一，涉及的政府职能部门不多，一般来说主要集中在老字号企业的主管部门。如沈阳市老字号政策的制定，主要以沈阳市经贸局为主，其他政府职能部门较少涉及。

2. 政策内容差异对比

由于各城市促进老字号企业发展的总体指导性政策内容大体相同，为研究方便，本文重点对各地政府在老字号的立法保护、统筹规划、人才扶持、资金支持、宣传推广五个方面的政策进行具体梳理和比较。

（1）立法保护各有侧重。目前，我国现行法律制度在老字号保护方面尚不完备，相关的法律规范主要集中于《“中华老字号”认定规范（试行）》和《中华老字号标识使用规范》，散见于《中华人民共和国非物质文化遗产法》《商标法》《反不正当竞争法》《民法通则》等法规和法律制度中[①]。在上述法律制度的指导下，各地政府部门结合本地实际情况，出台如《杭州老字号认定保护办法》《广东老字号评定规范》等政策法规，在老字号认定和保护方面制定较为详细的政策法规。

与此同时，考虑到老字号无形资产的可利用性导致它们经常受到其他市场主体的侵害，老字号的商标商号被滥用、盗用的情况时有发生，老字号知识产权的保护刻不容缓，各地纷纷采取措施保护老字号知识产权：一方面积极引导和支持老字号企业进行商标注册、专利申请工作；另一方面支持老字号企业积极开展维权活动，严厉打击侵犯老字号商标、专利、字号、品牌和假冒伪劣老字号产品的不法分子和不法行为。如北京市商务部门2005年在全市范围内对老字号的商标、专利、版权进行摸底调查，为企业普及相关知识；2008年启动"老字号商标海外注册工程"等系列活动，支持具备条件的老字号进行海外商标注册；2012年出台《北京市工商行政管理局关于支持文化产业创新发展的工作意见》，对商号在全市范围内予以全行业保护。随着第一批"北京老字号"认定工作的完成，北京老字号注册集体商标将对老字号保护发挥积极作用。

调查显示，与北京市类似，上海市按照《上海市专利资助办法》，把老字号企业列入本市专利申请专项资助范围，制定统一专项扶持政策，推出老品牌复兴计划。杭州市在《关于促进杭州老字号振兴发展的若干意见》中提出，要加强对老字号企业技术秘密的保护，并为老字号知识产权建档。

（2）统筹规划力度有所加强。由于前些年各地城市改造中对老字号保护缺乏系统的规划，地处繁华闹市的老字号被认为没有市场价值而不得不搬迁，许多老字号因此一蹶不振或干脆消失，部分老字号文物也受到严重破坏。近年来，各地政府逐渐认识到保护发展老字号的重要意义，在城市建设与发展中开始注重对老字号的恢复

① 现行法律框架下老字号的保护途径，中顾法律网，2011年4月28日。

和保护进行统筹规划。由于老字号企业本身具有独特的文化价值，地方政府在制定老字号发展政策时，注重与文化产业和旅游业等产业发展政策相结合、与区域特点相结合，进行综合的政策安排。

在上述六个地区中，除天津市、沈阳市外，各地均将老字号店铺保护发展纳入城市发展规划。广州市着力打造老字号特色商业街，在城市商业网点的改扩建中，通过制定《广州老字号历史商铺改造扩建听证制度》保护老字号，开展“广州老字号集聚区”认定活动，筹建“广州老字号一条街”，推出“广州老字号一日游”。

杭州市制定《老字号保护规划》，提出建设老字号精品博物馆，对区域内老字号比较集中的清河坊、中山中路、大井巷及湖滨地区进行集中保护，整修老字号的历史建筑，恢复老字号的功能和布局形态，并通过政策引导、扶持老字号发展，形成传统的商业和文化氛围。在2008年保护和促进老字号发展的意见中，明确将老字号申请入非物质文化遗产名录的数目纳入规划。

沈阳市在2010年提出要引导老字号品牌更好的发展，在老北市和沈阳新天地的基础上，引导老字号企业逐步向传统和现代商业区域集聚，力求形成老字号企业集聚区。

大城市中由于大型商圈的饱和，将社区商业作为老字号发展的新战场。例如北京市、上海市等地通过相关政策，引导，鼓励老字号进入社区，把社区商业的需求与老字号的发展有效结合起来。

（3）人才扶持有待配套。人力资源的合理配置与有效开发，是老字号企业发展的命脉。各地政府认识到，人才匮乏是老字号近些年发展面临的难题之一。各地政府均在老字号保护文件中明确提出积极引进和培育核心人才；对老字号传承人进行确认，并组建传承人团队；在高校建立培训基地，鼓励高校和中等职业学校毕业生到老字号企业就业；聘请专家等对老字号进行研究、提供智力支持；加大对老字号企业人才的培训等。

但是，具体到人才扶持政策的制定，所涉及的城市并不多见，仅上海市、北京市、杭州市及沈阳市有所涉及。上海市成立中华老字号研究中心，计划在中心加快进行老字号品牌传播与设计管理人才的培养。

北京市在北京财贸职业学院成立北京老字号研究基地，发挥高技能人才培养基地的作用。目前，北京已确认 52 位老字号传承人，并建立部分“传承人工作室”，给予国家级非遗传承人每年每人 8000 元的补贴。

杭州市的浙江旅游职业学院成立“杭帮菜学院”，计划用 5 年时间打造杭州老字号传承人。

沈阳市人力资源和社会保障局曾发布《2009 年沈阳地区老字号企业人力资源发展调查报告》，但由于各种原因，到目前为止尚未出台相关配套政策。

（4）资金扶持亟须完善。支持老字号企业发展的资金扶持政策，不仅包括各种专项资金和专项补贴，还包括针对老字号企业的贷款优惠和资金奖励政策。各地资金扶持政策主要由财政部门协同相关主管部门负责制定，并以专项资金、银行贷款贴息、补助资金和奖励等方式提供。目前，各地对老字号的资金支持，主要以专项资金保障为主，除沈阳市外，其他五个地区都设有老字号发展专项资金。沈阳市对新评定的老字号企业，给予最高不超过 10 万元的一次性奖励以作补贴。

从用于支持老字号的资金数量及扶持资金的使用方向来看，各地也存在较大差异。上海市用于促进老字号中小企业发展、加快老字号自主品牌建设的引导资金共计 1.23 亿元，实现对 161 个老字号技艺传承、非物质文化遗产保护、工艺流程改造项目的财政资金支持①。

北京市早在 2006 年就设立老字号专项资金，主要用于支持老字号文化、品牌方面的改造和发展，在“十一五”期间，共安排老字

① 商务部网站流通发展司，《上海市努力促进中华老字号发展》，2012年8月1日。

号发展资金近亿元[①]。

天津市商务委每年拿出100万元专项资金，支持老字号企业开拓国内外市场，提升老字号企业核心竞争力。截至2012年7月，用于支持老字号技艺传承、非物质文化遗产保护、工艺流程改造等专项资金已达1000多万元[②]。

杭州市的老字号专项资金，主要用于重建和修复改造老字号以及在技术创新、经营创新和服务创新等方面。

广州老字号的专项资金，主要用于技术改造和节能改造。2010年有7家“中华老字号”企业获得广州市政府中小商贸企业发展专项扶持资金，共计156万元[③]。

值得注意的是，虽然政府资金扶持政策的初衷，是为了给需要资金帮助的老字号企业尽可能支持，但在资金扶持政策的实际执行过程中，常常出现发展越好的老字号企业越容易获得专项扶持资金，而规模较小的老字号企业因为社会影响力相对较小、对有关政策不了解等原因，较难获得扶持资金等问题。这种“越强越多，越弱越少”的“马太效应”，直接影响着老字号专项扶持资金更好地发挥其效能，不符合社会主义市场经济发展的需要。因此，老字号扶持资金的覆盖面有待扩大，资金扶持政策的执行和落实也有待加强。

（5）宣传推广形式多样。各地政府十分重视老字号的宣传工作，在老字号协会的配合下，通过各种渠道加大对区域老字号宣传推广，主要有以下几种方式：一是通过举办或参加中国中华老字号博览会宣传推广老字号，除沈阳市尚未举办老字号博览会外，其他地区都定期或不定期举办中国（中华）老字号博览会。二是开展本地老字号的认定工作，以上六个地区都已经陆续开展本地老字号的认定工作，提升区域内的认知度。三是充分利用本地报纸、电视台等传统

① 姜子谦：“北京老字号小吃的过往与憧憬”，北京商报，2012年7月5日。

② 吴薇：“京津两地老字号文化建设研讨会在津召开 千万元给力天津老字号”，《今晚报》2012年7月2日。

③ “老字号政府喊你拿钱”，《信息时报》2011年3月3日。

媒介资源，开辟专栏或是录制特别专辑，深入宣传推介区域老字号。四是通过老字号协会开办门户网站，及时向公众公布老字号最新动态。五是借助重大事件加大老字号宣传，如在2008年北京奥运会、2010年上海园博会、2012年广州亚运会、2013年北京园博会等重大事件中，相关城市均举办老字号企业专题活动。六是助推老字号品牌。上海、北京、杭州、广州等地鼓励老字号企业实施品牌战略，支持老字号争创知名商号、著名商标、驰名商标及各类名牌，提升老字号的知名度。

在其他宣传措施方面，在老字号数量分布较多、经济条件较发达地区，老字号宣传推介活动走在了前列：北京市、上海市大力发展电子商务，利用网络对老字号进行集体宣传与推介；北京市、上海市及杭州市的老字号宣传活动将目光瞄向国外市场，开拓海外宣传；北京市、广州市、杭州市鼓励老字号参加“城市礼物”评选等创新举措均成为老字号宣传措施的重要组成部分。

通过以上五个方面政策内容的对比，我们可以发现，各地政府都十分重视结合本地经济发展的实际情况，有针对性地制定本地老字号扶持政策，充分发挥地域资源优势，将推动本地老字号的发展纳入地区经济社会发展整体规划，结合实现产业转型升级、提升核心竞争力，统筹安排，加大协调推动力度。具体来看，在经济较为发达、区域优势较为明显的地区，各级政府更善于利用聚集效应，加大宣传和推广，拓宽政策辐射面，使更多的老字号企业享受改革发展的红利；在市场化程度较高的地区，各级政府在人才、资金以及技术创新等政策的制定方面也更加灵活，注意推动市场化要素向老字号企业流动，从而产生较为明显的效果。这些都能从不同角度，为各地政府因地制宜出台本地老字号保护和发展政策提供借鉴。

三、各地老字号政策对西城区的启示

西城区老字号资源丰富，根据西城区商务委提供的资料，截至

2012年底，在国家商务部重新认定的北京地区两批117家“中华老字号”中，西城区有56家，占47.86%[①]。在北京市老字号协会最新公布的首批获得北京老字号认证的145家企业（151个品牌）中，西城区有71个，占47%，其中，52个品牌之前被商务部认定为中华老字号[②]。近些年，西城区采取积极有效的措施推动本地老字号发展，但是，仍有部分老字号经营与发展面临严峻挑战。事实表明，在老字号企业自身积极寻求健康发展时，迫切需要政府给予政策支持。

基于对以上六个地区老字号企业政策的比较分析，在西城区政府制定老字号政策推动本地老字号企业发展方面，我们可以得出以下几点启发：

1. 完善老字号保护体系，营造老字号良好发展环境

（1）深入企业调研，建立老字号档案体系。目前，西城区正在进行的老字号谱系研究工作与“北京老字号”的认定工作同步。应该借此机会，发挥政府相关部门的主导作用，认真开展老字号普查工作，对全区老字号企业进行摸底，一方面全面了解西城区老字号的发展脉络和成功经验，另一方面切实掌握老字号发展状况和面临的问题。充分利用文字、录音、录像、多媒体等方式，加强对老字号传统手工技艺、发展史料和实物的收集、整理，加快抢救濒临失传或受到破坏的老字号工艺手艺、重要文献、珍贵实物，建立健全老字号档案。通过系统收集整理，全面掌握老字号发展动态，对老字号进行归类、分级，实现对老字号资源的有效保存，为区政府制定有针对性的政策奠定坚实基础。

（2）完善立法机制，加强老字号知识产权保护。基于当前我国仍然没有专门保护老字号的立法，结合国际国内的成功经验，西城区应该积极研究制定相关政策，加强对老字号的保护。一是强化老字号保护的法律意识，分类支持和鼓励区域老字号企业在国内外进

① 张继焦、刘卫华主编：《老字号企业案例及发展报告No.2》，中央文献出版社2014年版，第46页。

② http：//sww.bjxch.gov.cn/XCSWWxxxsh.ycs？GUID=591970.

行商标、域名注册，取得商标权。二是关注国内外商标注册情况，为区域老字号提供全面、及时的商标注册信息，为有条件的老字号走出本地市场、开辟国际市场提供保障，向老字号企业境外维权提供支持。三是鼓励区域老字号积极申请中华老字号和北京老字号，依照现有的法律法规实施保护。四是鼓励区域老字号企业争创驰名商标，成为中国名牌商品，利用商标法对老字号实施保护。五是在《北京市工商行政管理局关于支持文化产业创新发展的工作意见》基础上，制定更为完善的老字号管理实施办法，在老字号受到抢注情形的认定标准、对侵犯者的惩罚、对字号争议冲突的解决途径和措施等方面制定更为详细的规定。六是在城市建设改造过程中加强老字号重点地区和重点企业的保护，建立健全老字号搬迁保护机制。

2．优化老字号发展机制，提升老字号市场竞争力

（1）注重统筹规划，推进产业对接。老字号企业的合理布局，不仅影响到老字号企业的长远发展，对于整个区域经济的发展也尤为重要。西城区应该考虑将老字号网点建设纳入全区商业网点规划和城市发展规划，解决老字号的空间落点问题。

结合区域产业发展政策，将老字号企业发展与相关产业发展结合起来，增进与旅游、文化等产业的对接，实现延伸经营，可以推动老字号的可持续发展，深层次开发老字号的品牌价值。如对大栅栏地区，在加快小商品企业退出、引进老字号企业入驻、提升老字号聚集度的同时，可加大与旅游业对接，对老字号企业进行深度开发利用。琉璃厂地区的老字号大多与文化产业相关，应充分利用市、区两级推动文化产业发展政策，引进相关老字号企业，扩大文化产业老字号集聚规模，建成文化产业老字号特色街。什刹海地区应加大文化旅游区定位的政策引导，引进餐饮等相关老字号入驻，让游客在游玩的同时品尝到更多老字号美食，购买相关产品。

探索老字号与城市生活的契合点，为老字号企业发展开辟新思路。老字号与百姓日常生活紧密相关，特别是餐饮业占整个西城老

字号的半壁江山，在满足群众日常需要中发挥着日益重要的作用。在都市中心区大型商圈基本饱和的情况下，应该鼓励和引导各老字号企业开设连锁店，让老字号走进社区，走进老百姓的生活。作为国际旅游城市，应该积极支持老字号产品入选“北京礼物”，在客流量较大的火车站、飞机场、旅游景区等开发经营场所，提高老字号产品销售量，提升老字号企业知名度。

（2）加大支持力度，推动技术创新和人才培养。人才匮乏和技术落后，是老字号企业缺乏竞争力的核心因素。从各地经验来看，留得住人才、跟得上技术发展的老字号企业，都能很好适应市场化冲击。老字号企业应该秉承继承与创新并举的发展原则，既要深入挖掘自身的传统技艺和品牌内涵，弘扬老字号优秀传统文化和服务理念，又要积极引入现代管理和生产技术，开发特色产品和服务，提高老字号竞争力。

西城区应该不断完善老字号人才培育机制：一是建立市场化选拔机制，通过社会化征聘职业经理人等机制，选拔符合市场化经营所需要的专业人才；二是健全职业教育定向培训机制，以相应的行业协会牵头，联手高校、第三方等教育培训机构，以联合招生、定向培训等方式满足企业不同的需求；三是建立相应的技能人才库，通过智力引进、校园招聘等途径，为老字号储备实用型人才；四是鼓励有关机构、专家对老字号企业加强研究，为老字号企业发展提供理论引导和智力支持。

在技术创新方面，根据老字号自身特点和需求，借鉴其他地区的有效方法，应该增加对老字号企业技术创新的支持力度，引导企业加大研发和技术改造投入，加强与高校及研究机构的联系以建设科研基地，为老字号企业应用和推广网络信息技术以及智能化的工艺流程提供政策支持。

（3）拓宽融资渠道，强化资金支持效率。各地的实践经验表明，财政资金的保障为老字号企业的发展提供了必不可少的支持。结合各地在老字号支持资金投入使用方面的经验，在已设立老字号发展专项资金的基础上，西城区应该进一步拓宽渠道，努力提升资金的使用效率：一是鼓励民营资本等多种社会资本参与老字号企业的经营管理，有效解决制约老字号发展资金的瓶颈，为老字号企业注入更多活力；二是综合统筹老字号发展资金的使用，向资金需求迫切且规模较小的老字号企业进行适度倾斜，通过信贷支持、税收优惠等政策，对具有潜力的老字号企业给予支持；三是运用奖励政策，鼓励老字号企业优化资本结构，整合资源，提升竞争力，对有贡献的老字号企业给予资金奖励。

（4）创新服务理念，加大政府购买力度。由于工作人员有限及专业性限制，政府无法为老字号提供全方位服务来满足老字号企业发展各方面的需要。而在发达国家，政府普遍采用购买服务的方式，让第三方管理咨询机构为本国中小企业提供有关发展战略、内部管理、宣传推广等方面的咨询以及培训服务，促进企业快速发展。实际上，西城区社工委在政府购买服务方面已走在前列。西城区商务委作为老字号的主管部门，可借鉴国外政府及区社工委的做法，从老字号专项发展资金中划拨出一部分，在事先摸底企业需求的基础上，通过公开招标等方式，从专业研究团队中购买解决老字号企业发展问题所需要的服务，同时通过绩效评价机制对购买服务的效果进行监督评价，确保购买服务落到实处。通过“政府承担，依托市场”，切实提高老字号企业的现代化管理水平和市场竞争能力。

（5）充分整合资源，鼓励老字号研究机构建设。目前，国内专门从事老字号研究的民间智库屈指可数。基于地方政府在老字号企业保护方面的局限性，以及民间研究机构的中立性和专业性优势，西城区应积极利用区域优势，支持老字号民间研究机构的建设。杭州市成立的老字号研究院是目前国内第一家致力于地方老字号品牌历史、文化、商业等领域研究的非政府智库组织。研究院邀请国内品牌、传统文化、历史、城市等研究方向的专家及杭州部分老字号企业掌门人为特邀研究员，努力在弘扬老字号文化，推动老字号改革、创新、开拓，扩大行业间交流等方面发挥积极作用。西城区应充分借鉴杭州市的做法，通过政策鼓励和支持相关老字号研究机构的成立，充分利用和整合首都地区的教育、科技、文化等优质资源，邀请相关知名学者和专家，为西城老字号企业转型升级提供独特的智力支持，为西城区商业文明的传承和发展提供支持。

3. 强化政府引导作用，助推政策落到实处

（1）多部门通力合作，形成政策合力。建立健全西城区老字号保护和发展联席会议制度，研究制定保护和促进老字号发展的政策措施，统筹解决重大问题。各部门各司其职，充分整合区域资源，协调配合抓好老字号保护和发展工作。组织区发改委、区财政局、区旅游局、区商务委等有关部门出台关于老字号集聚区规划项目的政策，对规划的保障落实进行全面部署。以政府为主导，鼓励有关学术研究机构、大专院校、企事业单位、行业协会、第三方研究机构等方面力量，广泛参与到老字号企业的保护和发展中来，形成推动老字号发展的合力，为老字号发展提供全面有力的支持。

（2）强化政策宣传，推动政策落地。调查发现，部分西城老字号企业特别是规模较小的企业，对政府政策了解甚少，较少通过项目申请得到政府的扶持资金或补贴，更谈不上享受政策的实效。

借鉴各地在政策宣传方面的经验，西城区可采取灵活多样的方式，加大对国家、市以及区域老字号扶持政策的宣传，为老字号的发展营造一个良好的社会环境。比如协助企业建立老字号博物馆和非遗工作室，向各中小学校开放，成为他们的教学基地或参观基地。在提升博物馆利用率的同时大力宣传老字号企业和中华文化，提升老字号的企业认知度。在繁华商业街为老字号企业预留空间，加大老字号的宣传、推介力度，让更多的人认识喜欢和购买老字号的产品。

综上所述，政府作为公共服务的提供者，应该从有利于延续老字号、发展老字号的角度，提供必要的政策支持及外部条件，规范

市场经济活动秩序，保护老字号品牌所有者的合法权益，为推动老字号的永续发展奠定坚实基础。

参考文献

1. 张继焦，丁惠敏，黄忠彩：《中国“老字号”企业发展报告 No.1》，社会科学文献出版社 2011 年版，第 227-235 页、229-234 页。

2. 张继焦，刘卫华：《老字号企业案例及发展报告 No.2》，中央文献出版社 2014 年版，第 18-26 页、29-37 页、38-56 页。

3. 王红：《老字号》，北京出版社 2006 年版。

4. 商务部等十四部门．关于保护和促进老字号发展的若干意见 [J]. 现代商业，2008（16）：14-17。

5. 姜依菲．老字号如何在现有法律框架下寻求“自保”[J]. 时代金融，2012（14）。

6. 朱晓策，徐静，董宪军．北京市老字号的发展现状及对策研究 [J]. 北京行政学院学报，2004（3）。

7. 王成荣：《老字号品牌价值》，中国经济出版社 2012 年版。

8. 魏之川．天津老字号发展情况分析及对策刍议 [J]. 环渤海经济瞭望，2011（1）。

9. 安惠民．中华老字号发展现状及趋势——在第五次中华老字号工作会议讲话 [J]. 商场现代化，2012 年 12 月（中旬刊）总第 704 期。

10. 庞轶芳．老字号知识产权保护法律问题研究 [J]. 社会博览，2013 年 9 月（上）（总第 253 期）。

作者简介

课题负责人：谢　惠，土家族，北京西城区委党校讲师，主要研究方向为区域经济。

课题参与人：张晓光，西城区委党校副教授

胡维维，海淀区财政局副主任科员

附：

各地出台老字号政策相关文件汇总

北京市

1. 北京历史文化名城保护规划（2002年）

2. 北京商业服务业迎奥运三年行动计划（2005年）

3. 促进北京市商业服务业老字号发展专项资金使用管理办法（2006年）

4. 关于加快国有老字号企业改革发展的指导意见（2007年）

5. 关于印发加强北京工业品牌建设措施的通知（2007年）

6. 北京市加快国际商贸中心建设实施方案（2011年）

7. 关于支持文化产业创新发展的23条工作意见（2012年）

8. 北京老字号认定工作管理实施细则（2013年）

上海市

1. 上海推进实施品牌战略行动方案（2006年）

2. 上海市加快自主品牌建设专项资金管理暂行办法（2007年）

3. 上海市关于保护和促进老字号发展的实施意见（2009年）

4. 上海市支持“中华老字号”商标保护和技术改造等专项资金使用和管理办法（2009年）

5. “上海老字号”认定规范（2012年）

6. 关于本市加强品牌建设的若干意见（2012年）

杭州市

1. 杭州历史文化名城保护规划（2003年）

2. 杭州老字号保护规划（2005年）

3. 关于促进杭州老字号振兴发展的若干意见（2007年）

4. 杭州市重点传统工艺美术保护发展专项资金管理办法（2007年）

5. 杭州市老字号认定保护和发展办法（2008 年）

6. 关于加强杭州老字号档案工作意见的通知（2010 年）

广州市

1. 广州历史文化名城保护条例（1999 年）

2. 广州老字号历史商铺的拆迁及改、扩建听证制度（2011 年）

3. 广东老字号评定规范（2011 年）

天津市

1. 支持和引导个体私营等非公有制经济发展若干问题的补充意见（2006 年）

2. 市商务委促进科技型中小企业发展行动方案（2013 年）

3. 天津市历史文化名城名镇名村保护规划（2013 年）

沈阳市

1. 沈阳市恢复发展商业服务业“老字号”的实施意见（2005 年）

2. 《沈阳市加快发展服务业若干政策措施》的通知（2008 年）

3. 沈阳市促进服务业加快发展若干补充政策措施（2011 年）

影响北京西城“中华老字号”发展的关键因素分析

何　敏

【内容提要】本文以西城区 57 家“中华老字号”企业为调查对象，采用发放问卷和走访调查等方式，对经济全球化背景下影响餐饮、食品加工、茶业、医药、百货 / 商业零售、服务和文化休闲类等不同行业中华老字号企业发展的关键因素进行识别。结果表明，品牌维护、品牌建设、产品和文化创新、生产和经营模式的创新、紧跟消费需求、经营服务理念的提升分别是以上各行业发展的关键。从有效推进传承与创新、建设老字号特色积聚区、建立健全协调服务机制、提高老字号国际竞争能力等方面，提出建议。

【关键词】中华老字号　发展研究　关键因素　北京西城

一、问题的提出

“中华老字号”是指“历史悠久、拥有世代传承的产品、技艺或服务，具有鲜明的中华民族传统文化背景和深厚的文化底蕴，取得社会广泛认同，形成良好信誉的品牌”①。中华老字号企业是民族工业和传统商业的历史见证，也是民族传统文化的重要载体，在中华民族经济与文化的发展进程中，做出了重要的贡献。但是，随着我国加入 WTO 进一步开放市场和经济全球化的深化，面对日新月异

① 商务部《“中华老字号”认定规范》，商务部关于实施“振兴老字号工程”的通知（商改发〔2006〕171号）。

的市场竞争，不少老字号在“传承”和“创新”中焦灼，一些行业的中华老字号企业经受冲击，面临如何进一步发展的严峻课题。在经济全球化大背景下，老字号企业发展近况如何？存在哪些困难和发展瓶颈？应该针对哪些关键因素入手，更好地推动老字号的发展？这些都是亟待解决的现实问题。

为了全面把握老字号的具体情况，深入总结老字号的发展规律，了解不同类型老字号发展面临的困难和瓶颈，有针对性地提出促进西城区老字号整体发展和不同类型老字号发展的政策措施，2013 年 12 月至 2014 年 5 月，本课题组对北京市西城区的“中华老字号”企业进行了专题调研，形成以下调研报告。

二、研究对象和研究方法

（一）研究对象

本文以西城区的 57 家“中华老字号”作为研究对象。2006 年，商务部公布了全国首批 434 家“中华老字号”名单，北京的 67 家中有 37 家注册在北京市西城区①；在 2012 年商务部公布的第二批“中华老字号”名单中，北京的 38 家“中华老字号”中有 20 家在西城区。这 57 家中华老字号的经营领域，主要涉及餐饮、食品加工、茶业、医药、百货 / 商业零售、文化休闲类等不同行业。

表 1　西城区老字号行业分布情况②

老字号	行业	老字号	行业	老字号	行业
延吉餐厅	餐饮行业	步瀛斋	百货 / 商业零售业	白塔寺药店	医药行业
鸿宾楼	餐饮行业	马聚源	百货 / 商业零售业	鹤年堂	医药行业
烤肉宛	餐饮行业	内联升	百货 / 商业零售业	德寿堂	医药行业
砂锅居	餐饮行业	谦祥益	百货 / 商业零售业	元长厚	茶业
烤肉季	餐饮行业	瑞蚨祥	百货 / 商业零售业	馥郁永安	茶业

① 根据西城区商务委员会提供的名单。其中，同仁堂因归口于北京市国资委管理，在本报告中没有包括在内。

② 作者根据西城区社科联提供材料及调研实际情况整理。对部分老字号的分类做了调整，例如远东饭店实为旅店，应属服务业，而非餐饮行业。

续表

老字号	行业	老字号	行业	老字号	行业
同和居	餐饮行业	北京市地毯五厂	百货 / 商业零售业	张一元	茶业
柳泉居	餐饮行业	造寸	百货 / 商业零售业	北京茶叶（TP）	茶业
马凯餐厅	餐饮行业	户部街马记月盛斋	食品加工类	京华茶叶	茶业
护国寺小吃	餐饮行业	六必居	食品加工类	成文厚	文化休闲类
峨嵋酒家	餐饮行业	天福号	食品加工类	戴月轩	文化休闲类
曲园酒楼	餐饮行业	桂香村	食品加工类	一得阁	文化休闲类
同春园	餐饮行业	桂馨斋	食品加工类	荣宝斋	文化休闲类
又一顺	餐饮行业	天源	食品加工类	新华书店总店	文化休闲类
新路春	餐饮行业	金狮	食品加工类	西单商场	服务业
老西安	餐饮行业	龙门	食品加工类	菜百	服务业
西来顺	餐饮行业	王致和	食品加工类	远东	服务业
玉华台	餐饮行业	义利	食品加工类		
大地餐厅	餐饮行业	北京盐业	食品加工类		
全聚德	餐饮行业				
爆肚冯	餐饮行业				
仿膳	餐饮行业				
南来顺	餐饮行业				
小肠陈	餐饮行业				

（二）研究方法

根据文献梳理[①]和项目的预调研，本文将影响中华老字号企业发展的主要影响因素梳理如表 2。在对企业调查中，除企业经营的基本情况外，请相关负责人对影响因素按重要程度排序，以对影响中华老字号发展的关键因素做出识别，分为推动老字号企业发展的关键因素和阻碍老字号企业发展的关键因素两个方面。

① 现有对老字号的研究，主要集中在老字号的经营管理改进和创新上。营销和品牌理论的应用在相关文献中最集中（张永等，2012；李明义等，2010；李诚，2008）。这些文献普遍认为老字号陷入困境的原因是由于领导者的观念、现代营销和品牌建设等的缺失；还有研究将原因归于外部因素，认为老字号在宏观上受到体制、政府城市改造、经济管理体制，以及法律环境等因素的影响（张继焦，2013）。

表 2　影响老字号发展的主要因素

分类	主要影响因素	对应选项
内部因素	①经营模式：历史传承还是新的企业制度；	A 老字号的代代传承，保留原汁原味的老字号；B 实行产权多元化；
	②品牌建设、维护、营销宣传等；	C 老字号品牌建设和维护；D 使用网络、广告等对老字号品牌进行营销宣传
	③产品开发、创新等；	E 对老字号产品使用新技术进行再开发和创新
	④领导者的观念等。	F 改变传统经营观念，放开市场进行自由竞争
外部因素	①政策环境：经营管理体制、政府城市改造、相关扶持补贴政策等；	G 政府城市改造；H 政府支持和补贴
	②市场环境：消费者需求偏好变化、国内“老字号”市场大环境变迁、行业状况、市场开放引致的外来冲击等。	I 消费者需求变化；J 行业总体发展行情；K 外来洋品牌的冲击

从调查结果来看，不同行业类型、不同生产规模、不同发展阶段的老字号企业面临着不同的问题；但从趋势上来看，也存在很多共同之处。本报告主要以影响不同行业老字号发展的关键因素为主线，对调研情况进行说明。

三、中华老字号企业的总体发展现状

（一）中华老字号企业发展的基本特点

1. 历史悠久、文化深厚

西城区位于北京市中心城区西部，为皇城文化所在地之一，是北京传统民俗文化、商贾文化最为发达的地区之一，保留了大批的传统老字号绝活工艺。

目前，西城 57 家中华老字号的平均年龄 150 岁左右；百年以上的“中华老字号”31 家。老字号品牌排名前十位的分别为鹤年堂、六必居、柳泉居、荣宝斋、王致和、烤肉宛、桂馨斋、天福号、砂锅居、小肠陈，均创业于 15 世纪至 17 世纪中叶（见表 3）。其中，最年长的是药业老字号鹤年堂，创始于明永乐三年（1405 年），大部分“中华老字号”创始于清朝（见表4）。

表3　西城区号龄前十位中华老字号排名

序号	字号	创始时期	号龄（年）
1	鹤年堂	明永乐三年（1405年）	609
2	六必居	明嘉靖九年（1530年）	484
3	柳泉居	明隆庆二年（1568年）	446
4	荣宝斋	明天聪元年（1627年）	387
5	王致和	清康熙八年（1669年）	345
6	烤肉宛	清康熙二十五年（1686年）	328
7	桂馨斋	清乾隆元年（1736年）	278
8	天福号	清乾隆三年（1738年）	276
9	砂锅居	乾隆六年（1741年）	273
10	小肠陈	清乾隆年间	270

表4　西城区中华老字号创始的历史时期

创始时期	中华老字号企业数
明朝（1368–1644年）	3
清朝（1645–1912年）	30
民国（1912–1948年）	14
解放后（1949年以后）	10

悠久的历史为中华老字号带来丰富的文化遗产。在现有的57家中华老字号中，具有国家级非物质文化遗产13项，北京市级非物质文化遗产9项，区级非物质文化遗产12项。这些非物质文化遗产不仅是老字号绝世技艺的体现，同时也是一笔无形资产，提升了老字号的内在品牌价值（见表5）。

表 5　西城区现有老字号企业非物质文化遗产情况

项目级别	字号	非遗项目
国家级（13）	荣宝斋	荣宝斋木版水印技艺，古字画装裱修复技能
	全聚德	全聚德挂炉烤鸭技艺
	内联升	内联升千层底布鞋制作技艺
	张一元	张一元茉莉花制作工艺
	王致和	王致和腐乳酿造技艺
	六必居	六必居酱菜制作技艺
	鸿宾楼	鸿宾楼全羊席制作技艺
	烤肉季	牛羊肉烹制技艺，北京烤肉制作技艺
	烤肉宛	老北京烤肉制作技艺
	天福号	天福号酱肘子制作技艺
	月盛斋	月盛斋酱烧牛羊肉制作技艺
	北京地毯五厂	北京宫毯制作技艺
	鹤年堂	鹤年堂中医药养生文化
市级（9）	戴月轩	戴月轩湖笔制作技艺
	一得阁	一得阁墨汁制作技艺
	内联升	内联升千层底布鞋制作技艺
	瑞蚨祥	瑞蚨祥中式服装手工制作技艺
	柳泉居	柳泉居京菜制作技艺
	烤肉季	老北京烤肉制作技艺
	烤肉宛	老北京烤肉制作技艺
	护国寺小吃	护国寺清真小吃制作技艺
	步瀛斋	马聚源手工制帽技艺
区级（12）	丰泽园	丰泽园鲁菜制作技艺
	曲园	曲园酒楼湘菜制作技艺
	北京地毯五厂	北京宫廷地毯制作技艺
	仿膳	仿膳满汉全席烹制技艺
	烤肉季	烤肉季烤羊肉制作技艺
	烤肉宛	烤肉宛烤牛肉制作技艺
	鸿宾楼	鸿宾楼全羊席烹制技艺
	护国寺小吃	护国寺清真小吃制作技艺
	砂锅居	砂锅居烹制技艺
	同和居	同和居鲁菜烹制技艺
	峨嵋酒家	峨嵋酒家川菜烹制技艺
	天福号	天福号酱肉制作技艺

2. 地域分布集中、业态分布广泛

受历史影响，形成西城区老字号品牌相对集聚的现象，所处位置大多分布在繁华的商业街，位于北京前门大栅栏商业街、琉璃厂文化街和什刹海地区的门店最为集中。其中，大栅栏街区有全聚德、张一元、月盛斋、天福号、内联升、远东饭店、义利、步瀛斋、瑞蚨祥、谦祥益、大观楼等；琉璃厂街区有荣宝斋、一得阁、戴月轩等；什刹海地区有烤肉季、爆肚冯、同和居等。

这些中华老字号行业分布广泛，几乎覆盖了与百姓日常生活密切相关的主要行业（见图 1）。其中，有 23 家分布在餐饮行业，11 家食品加工类企业，7 家为商业零售类企业，3 家集中在医药行业，5 家为茶业，5 家文化休闲类，3 家为服务业。其中，餐饮行业的中华老字号最多，占总数近 43%。

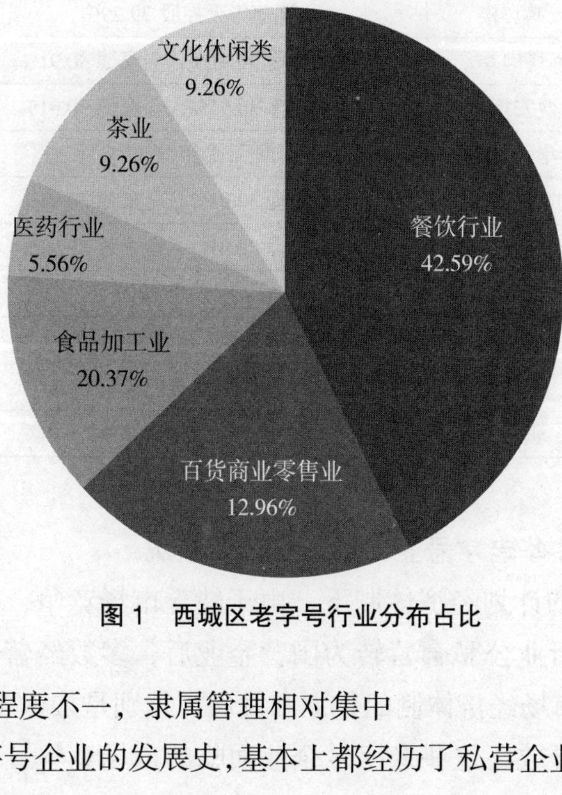

图 1　西城区老字号行业分布占比

3. 改制程度不一，隶属管理相对集中

纵观老字号企业的发展史，基本上都经历了私营企业、公私合营、国有企业、改革改制等过程。西城区的老字号，经过新中国成立后的社会主义改造，绝大部分实现了公私合营，逐步转变为国有企业。20 世纪 80 年代以后，区属老字号企业自上而下进行改制，大多成为国有资产控股、参股企业。原来老字号归口管理的委办局则转变成为集团公司，股权掌握在华天饮食、全聚德、金座投资等几家主要的公司手中，形成老字号隶属相对集中的管理格局，许多老字号企业是这些公司的二级、甚至三级子公司。但也有老字号企业彻底脱离国有资本的参与，成为个人资本控股的企业（见表 6）。

表 6　西城区老字号隶属情况举例

行业	字号	隶属公司	国有资本
餐饮行业	大地西餐厅	华天饮食 30.91%，全聚德 30.91%	61.82%
	又一顺	华天饮食 30.91%，全聚德 30.91%	61.82%
	玉华台	华天饮食 30.91%，全聚德 30.91%	61.82%
	鸿宾楼	聚德华天控股 79.29%	79.29%
	烤肉季	华天饮食 30.91%，全聚德 30.91%	61.82%
	西安饭庄	华天饮食 30.91%，全聚德 30.91%	61.82%
	华天延吉	华天饮食 46.11%	46.11%
	护国寺小吃	华天饮食 30.91%，全聚德 30.91%	61.82%
	曲园酒楼	华天饮食 30.91%，全聚德 30.91%	61.82%
医药行业	德寿堂	金座投资 50%	0
百货行业	瑞蚨祥	个人资本控股（金座投资 49.6%）	0
	内联升	个人资本控股（金座投资 25%）	0
茶业	张一元	金正资产投资 20%	20%

（二）中华老字号企业的总体经营状况

在传统的计划经济体制下，由于缺乏市场竞争，因而老字号企业在通过全行业公私合营转为国营企业后，多数经营良好。但是随着社会主义市场经济体制的建立和发展，特别是加入 WTO 之后国内市场进一步开放，这些老字号企业面临的市场竞争日趋激烈，目前的发展状况业参差不齐。基本上可以分为三个层级，情况各有不同。

1．第一层级：发展势头强劲，领先所在行业

这是一部分从原来的小作坊、单体店发展成为现代企业的中华老字号。这些企业规模大、竞争能力强，显示出良好的发展态势。如全聚德、西单商场等，均已申请上市，取得长足发展。全聚德2007年上市，到2012年，营业收入已达到19.44亿元，利润额达到2.16亿元。西单商场1996年上市，营业额从2006年的10亿元发展到2012年的32.3亿元（见表7）。

表7　老字号营业额亿元以上排名（单位：万元）

老字号	2006年营业额	2006年利润额	行业
菜百	153832	6622	服务业
全聚德	144991	8585	餐饮业
西单商场	101694	810.2	服务业
王致和	54239	639	食品加工类
新华书店总店	33279	–5444	文化休闲类
六必居	14970	380	食品加工类
天福号	10470	841	食品加工类

这些企业或为上市公司，或为隶属于国有参控股的大型商业集团，其自身或母公司实力雄厚，企业经营规范有序，成为北京乃至全国行业内的领跑企业，品牌价值逐年提升。由于调研拿到的最新数据不够完整，根据现有资料分析，这部分老字号约占总数的15–20%左右。

2．第二层级：发展健康平稳，速度和活力有待提高

这是一大批发展平稳的老字号企业。这些企业虽然具有一定的盈利能力以及品牌影响力，整体发展平稳，但在企业内部管理体制、创新能力、风险承受能力等方面仍然存在有待提高之处。在市场对外开放和北京宏观环境快速发展的浪潮中，这些老字号发展速度与发展活力表现较好，其规模约占西城老字号的60%–70%。如鸿宾楼、烤肉宛、烤肉季、柳泉居、峨嵋酒家、护国寺小吃等老字号。另一方面，

这些中华老字号虽然有稳定的经济效益，但随着消费者偏好和市场的多元化，也面临着成本上升、人才难留等一系列问题。不过这些问题在现阶段尚未对老字号的发展造成重大影响。除餐饮行业外，食品加工类的王致和、义利、天源等，商业零售、文化休闲、茶业、医药行业的部分老字号也属于这个层级。

3. 第三层级：发展不容乐观，有的濒临危境

这是发展面临极大困难的企业。这些老字号约占 20%，由于经营不善、经营场地拆迁等各种原因，面临种种困境，个别老字号企业甚至濒临停业。如北京地毯五厂，由于市场萎缩以及人工成本提升导致的“工人荒”、经济管理不善等各方面因素，该厂连续亏损，2011–2012 年企业利润率达到 –40.8%，目前仅靠政府支持和补贴勉强维持。医药行业的德寿堂也面临困境，严重亏损，营业额走低，发展前景十分令人担忧。

四、影响不同行业“中华老字号”企业发展的关键因素

（一）餐饮业：传承和品牌维护

餐饮行业是西城中华老字号的主体行业，面对当前百花齐放的餐饮行业，老字号独具特色的传统菜品和文化积淀使其依然保持着独特的优势。

根据调查，西城中华老字号的消费者以游客和中老年人消费居多，企业也面临原材料和人员工资成本上升、人才难留等一系列问题。归纳起来，主要有以下几个方面：

1. 人才机制不健全，如何传承尚待破题。“传承”和“创新”是老字号发展的永恒主题，而餐饮行业中华老字号目前面临的最大难题仍是如何“传承”。首先表现在人才构成趋于封闭，人才引进存在困难。老字号企业的管理人员，多是企业改制之前的老员工，人才构成整体学历偏低、年龄偏大（见图 3），对于现代企业管理体制的学习与应用接受度较差。而老字号非物质文化遗产的独门绝艺

仍多是通过“师傅传徒弟”的形式传承，技艺传承人从企业基层员工中选择和培养。但一些非物质文化遗产技艺要学会、学精，往往需要几年甚至十几年的时间，而目前从事基础工作的企业员工，往往是大专以下刚从学校毕业的学生，流动性大，老字号的技艺传承、薪酬福利、企业文化、规划培训等方面又欠缺吸引力，造成老字号人才引进存在较大困难。

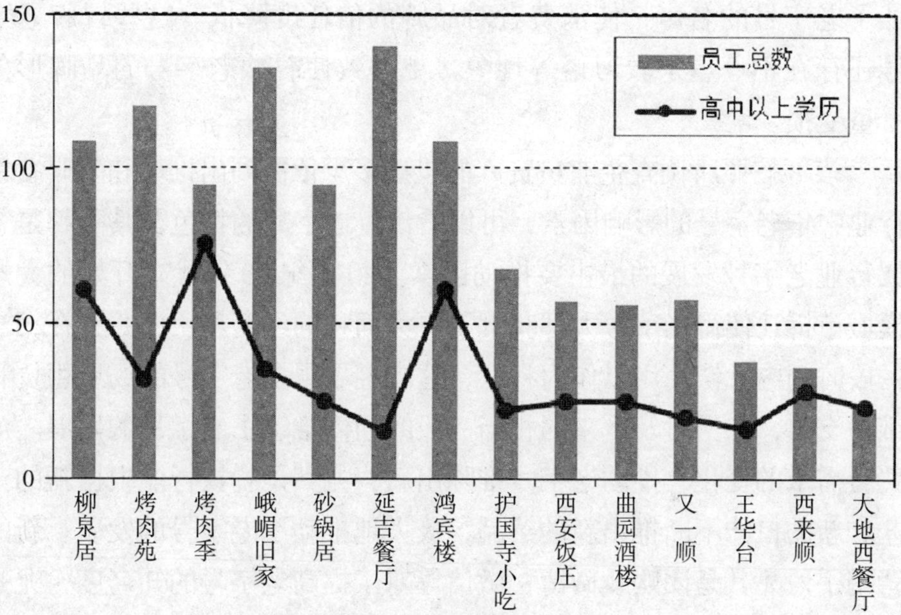

资料来源：根据聚德华天2013年内部资料整理。单位：人

图3 聚德华天“中华老字号”企业人员结构

2. 经营机制不畅，改制不彻底导致新问题。例如，老字号企业改制成为集团公司下属全资子公司之后，管理层级多，体制固化，这使得老字号在经营上没有自主权；由于利润上缴母公司，企业难有足够资本实现扩大再生产或尝试新的经营方式。另一方面，在改制时国有土地、老字号品牌等并没有作为股本进行评估入股，导致产权经营关系不明晰，这为推动老字号市场化运作、引入新的资本带来困难。

3. 品牌管理不系统，老字号价值仍有待提升。由于不实际拥有老字号品牌，使得一些改制后的老字号企业对老字号品牌价值提升重要意义的认识不够，维护品牌的动力不足，出现经营上的短视现象，导致品牌价值流失。由于餐饮行业“门槛”相对较低，很多地方出现了冒牌“中华老字号”餐馆，这些餐馆哄抬物价、欺瞒消费者的同时，又做不出老字号该有的风味，对于不了解北京特色的游客产生一定的误导，不仅使真正老字号的生意受到影响，更重要的是败坏了老字号的名声，使消费者对品牌的信任度降低。这些冒牌老字号还存在不尊重宗教习俗等现象，更是致使餐饮老字号的品牌形象严重受损。

表 8 按照所调查企业负责人的投票多少依次列出推动和阻碍餐饮行业中华老字号的影响因素，可以看出：老字号的特色及其品牌是餐饮行业老字号发展的最主要推动因素。20 世纪 90 年代末开始的大规模城市拆迁使得老字号大都获批了更大面积的经营场所，并且在相当一段时间内无偿使用以作为补偿，这减轻了很多老字号的场地租赁和维护支出，在当时及后来的相当一段时间内推动了老字号的发展。消费者需求的变化，推动老字号推陈出新，尤其是餐饮行业根据新的工艺和新的口味不断推出新的菜品，极大地推动了老字号的发展。新的营销手段尤其是团购、微博、微信等对于提高老字号的知名度，尤其是在年轻人中的知名度有很大帮助。

表 8　推动和阻碍餐饮行业中华老字号关键因素排序

序号	推动因素	阻碍因素
1	A 老字号的代代传承，保留原汁原味的老字号；	B 实行产权多元化；
2	C 老字号品牌建设和维护；	K 外来洋品牌的冲击；
3	G 政府城市改造；	I 消费者需求变化；
4	I 消费者需求变化； E 对老字号产品使用新技术进行再开发和创新；	
5	D 使用网络、广告等对老字号品牌进行营销宣传	

另一方面，推动市场经济的发展同时也是市场经济必然产物的

产权多元化，当前成为阻碍一些餐饮行业发展的主要因素。西城区的餐饮行业，大部分是投资公司控股下的集团公司。一些股东以保本稳妥为投资目标，对于有较大风险的经营方式和模式的探索持保留态度，导致这些老字号观念更新不够，也难于摆脱陈旧经营方式造成的较重负担。而外来洋快餐、新的消费时尚带来的口味的变化，导致年轻人较少青睐“中华老字号”的消费。

值得特别注意的是，政府因市政建设拆迁改造，为老字号无偿提供经营场所，曾为企业发展做出了贡献。但是，由于市场环境和管理规则的变化，对经营场所复征租金，这给原本就为人力和原材料等成本上升伤神的企业造成另一大额成本。由此在一定程度上导致政企关系的不和谐，这也成为影响一些餐饮企业发展的制约因素。

（二）食品加工业：品牌建设和维护

食品加工类中华老字号大都走在平稳发展的轨迹上，其主要消费群体约 60% 依然是老北京的居民，当然也不乏不少慕名而来的外地游客。近年来，尽管成本不断增高，但每年的收入利润率仍然呈现上升趋势。食品加工类的一大特点，就是与现代企业制度接轨程度较高。很多老字号把握住机遇，推动现代企业制度建设，大力推进连锁经营。最具代表性的是天福号、六必居和桂馨斋。这些老字号都推出了各种价位的真空包装礼盒装，方便携带和馈赠。天福号更与京东、窝窝团等网络团购合作，极大地促进了产品销售，提升了企业的知名度。

从表 9 可以看出：对于食品加工类中华老字号而言，加强品牌建设和按照消费者的消费偏好推动传承创新，是推动食品加工类中华老字号发展的主要因素；改变传统的经营观念，引进现代的经营模式和企业制度，是食品加工类中华老字号开拓进展的主要方向。同时也可以看出，食品加工类中华老字号内部竞争激烈，加之受外来洋品牌加工食品的影响，因此对企业的市场定位、市场渠道的精细化要求较高，对品牌建设的关注也相对较高。

表 9　推动和阻碍食品加工类行业中华老字号关键因素排序

	推动因素	阻碍因素
1	C 老字号品牌建设和维护；	I 消费者需求变化；
2	A 老字号的代代传承，保留原汁原味的老字号；	J 行业总体发展行情；
3	E 对老字号产品使用新技术进行再开发和创新；	K 外来洋品牌的冲击；
4	I 消费者需求变化；	F 改变传统经营观念，放开市场进行自由竞争
5	J 行业总体发展行情；	

（三）茶业：产品创新和文化传承

总体来说，茶业类中华老字号发展较好。主要表现在：一是通过企业在职人数、年营业收入的前后对比发现，属于中华老字号的各大茶庄发展均呈现稳中有升的趋势。如京华茶业有限公司从 2001 年至 2011 年的年营业收入翻了将近 6 倍，可见其发展趋势较为强劲。二是从公司性质来看，除了京华茶业有限公司是国有企业外，其余几家都是股份制企业。调查显示，从与现代企业制度接轨的角度考察，茶叶类老字号是发展较快的企业。三是在产品生产方面，部分企业有自己的茶叶生产基地。这些基地大部分都建于南方。如张一元在福建、浙江、安徽、云南、四川等地建立 30 个茶叶生产基地；永安茶庄在福建闽北建立自己的茶叶生产基地。四是在产品质量方面，茶叶企业普遍重视产品的质量。调查显示，张一元 1999 年通过 ISO9002 国际质量体系认证，2003 年通过 ISO9001 国际质量体系认证，2005 年成为通过 QS 认证的 A 级企业；永安茶庄 2005 年通过 ISO9001、2000 国际质量服务管理体系认证。五是在产品销售方面，这些企业主要面向的是国内市场，产品在国内、省际间销售，受国际市场变动的影响较小。

总的来说，推动茶叶类老字号企业发展的关键因素，一是来自对老字号产品（及包装）的创新。以京华茶业有限公司为例，该企业是第一个采用铝箔包装、第一个开创袋泡茶的品牌，在一定意义上可以说，它开创了一种新型的饮茶模式。二是对老字号文化的传承以及对其品牌的维护。如茶文化发展中心将中国茶文化的博大精深与书画古玩鉴赏完美结合，形成了特有的魅力。三是使用网络、广告、活动等各种方式对老字号品牌进行营销宣传。如永安茶庄运用现代营销理念，推出一系列富有成效的宣传手段和营销举措：成功举办四届绿茶节和花茶节，策划历年节假日、店庆营销活动等。四是积极研发新产品，引导市场消费趋势。近年来为顺应崇尚健康、安全的消费趋势，永安茶庄开发适应北京人口味的高中低档名优绿茶和保鲜绿茶，根据消费者的需求变化适时改变产品组合，促进了企业的发展（见表10）。

表10　推动和阻碍茶业中华老字号关键因素

序号	推动因素	阻碍因素
1	E对老字号产品使用新技术进行再开发和创新；	J行业总体发展行情；
2	A老字号的代代传承，保留原汁原味的老字号；	G政府城市改造；
3	C老字号品牌建设和维护；	D使用网络、广告等对老字号品牌进行营销宣传
4	D使用网络、广告等对老字号品牌进行营销宣传	
5	I消费者需求变化；	

阻碍茶业中华老字号发展的关键因素有以下几点：一是国内茶叶行业竞争十分激烈。茶叶虽说品种多样，但是存在同质性强、可替代性强等特点，导致企业之间的竞争加剧。二是不停地动工、搬迁、翻修带来部分消费者的流失，对企业造成一定的消极影响。三是营销渠道以及宣传水平的不足。传统企业营销观念的滞后、宣传水平的落后，都直接影响其品牌知名度的提高，制约企业的发展。

（四）医药行业：生产和经营模式的现代化转型

西城区医药行业中华老字号经营和发展的状况较好。白塔寺药店、鹤年堂、德寿堂这几家企业均为股份制企业。其中，发展较好的是白塔寺药店，年利润率维持在15%左右。在产品生产方面，均通过产品质量认证，白塔寺药店，鹤年堂（五年已到期，正在申请中）

和德寿堂已经通过 GSP（药品经营质量管理规范）。

医药企业的生产原料主要来源于三个渠道：大型零售商店、原料供应商和批发市场，并且大部分的供货商都是固定的。由于物价不断上涨，中药原料价格也随之持续攀升，医药行业均受到不同程度的影响。

表 11　推动和阻碍西城区医药行业中华老字号关键因素

序号	推动因素	阻碍因素
1	A 老字号的代代传承，保留原汁原味的老字号；	J 行业总体发展行情；
2	E 对老字号产品使用新技术进行再开发和创新；	K 外部冲击；
3		H 政府政策；
4		G 政府城市改造；

推动医药行业中华老字号企业发展的关键因素：首先是对老字号的传承，保留原汁原味的老字号。医药行业的中华老字号拥有深厚的历史文化以及特有的经营理念，是中国传统文化的重要组成部分。其次是对老字号产品进行技术再开发和创新服务。以白塔寺药店为例，前身为“琪卉堂”和“大和堂”，以选料地道、调剂讲究、饮片精纯、药品齐全出名。如今，白塔寺药店仍以中药饮片闻名全国。而德寿堂在 20 世纪 30 年代，以自创鸡鹤为注册商标的“康氏牛黄解毒丸”而享誉京城，逐渐从经营自制的丸散膏丹为主扩大到汤剂饮片，如今其经营范围又扩至中西药品、营养保健品、医疗器械、中药饮片等等。

而阻碍老字号发展的关键因素：一是西医的冲击。中医由于其煎药麻烦、见效较慢等，近年来行业总体发展受到局限。二是行业管制措施的影响。政府为控制医疗费用、降低患者医疗负担等制定了一系列管制措施，而近几年原料价格的大幅飙升，对医药行业造成了冲击。三是城市改造带来的消极影响。如德寿堂曾因地面塌陷的原因，从 2000 年至 2004 年停业四年，造成部分客源的流失、品牌知名度的下降、市场份额的减少等。

（五）百货 / 商业零售业：紧跟消费需求

在西城区百货 / 商业零售类中华老字号中，内联升、步瀛斋、瑞蚨祥和谦祥益这四家中华老字号均属于股份制、非国有控股企业，经营发展状况良好。马聚源发展也较为稳定。北京地毯五厂和造寸因为规模小等问题，经营一度面临窘境。造寸被红都集团收购后，逐渐出现转机，而北京地毯五厂仍深陷沼泽。以下有关调研分析，以前四家为主要对象。在商品生产和销售方面，内联升、步瀛斋、瑞蚨祥和谦祥益都通过国际 ISO 质量认证。这些企业的销售范围，主要是面向国内市场，更多是销售于当地市场。

中华老字号西单商场和菜百，以商场的形式进行经营，综合性强，竞争也较为激烈。如何提供更便捷的服务，不断加大宣传力度，打造其品牌优势，是推动此类中华老字号发展的主要因素。随着消费者对城市综合体等大型综合类商场的需求越来越多、越来越全面，新型商场将面临高额的装修、环境保护等方面的维护成本，同时地理位置的选择也会对其销售产生重要影响。

总的来说，推动百货 / 商业零售行业老字号企业发展的关键因素，首先是如何确保老字号的代代传承和老字号品牌的发扬光大。瑞蚨祥、步瀛斋、内联升发展至今已有上百年历史，在制作产品和提供服务时始终坚持认真仔细，提供最好的产品和服务，以此维护老字号的口碑和品牌。其次是如何同时满足消费者的各种需求。对于主要产品为服装鞋帽的老字号而言，能否顺应年轻人时尚而又舒适的消费理念，不断扩大消费群体，是企业面临的最大挑战，是老字号需要解决的长远问题。再次是如何应对洋品牌的挑战。市场开放后，大量进入中国市场的外国品牌对服装鞋帽类的老字号产生很大冲击（见表 12）。

表 12　推动和阻碍西城区百货 / 商业零售行业中华老字号关键因素

序号	推动因素	阻碍因素
1	A 老字号的代代传承，保留原汁原味的老字号；	I 消费者需求变化；
2	C 老字号品牌建设和维护；	K 外部冲击；
3	D 使用网络、广告等对老字号品牌进行营销宣传；	
4	I 消费者需求变化；	

（六）文化休闲类：提升经营和服务理念

文化休闲类中华老字号企业多以经营笔墨纸砚等“文房四宝”为主，主打产品与中国传统文化密不可分，依靠兴趣爱好者之间的口耳相传打造其口碑，客源相对稳定和集中，国外顾客相对较少。影响此类中华老字号发展的因素，主要是老字号的传承及老字号的品牌建设和维护，这是维持稳定客源的重要因素。

五、保护振兴中华老字号的发展方向和政策建议

从以上调研可以看出，对于不同的行业，具体情况各有不同。如何继续有效推进传承与创新，提升老字号品牌，振兴和促进中华老字号企业的发展，需要在企业、市场和政府中间形成良好的合作和成长机制，内外协力，共谋发展。

（一）未来的发展方向

1. 以文化对接为基础，引导老字号积极参与国际市场竞争

老字号是北京历史文化中不可缺少的重要元素，为北京市的历史、民俗、文化做出了卓越贡献。发展振兴老字号，是发扬中国传统文化遗产，把北京建设成文化名城的重要组成部分，也是促进经济发展、推动内需的新的增长点。在经济全球化和各种市场进一步开放的大背景下，西城区的中华老字号应以“老字号文化”为核心，以文化对接为基础，保护企业的核心技艺和文化传承，加大宣传推介力度，促进中外文化融合，扩大老字号的海外知名度；同时，推动老字号文化表现力创新，引导老字号企业自觉与现代市场经济体

制接轨，学习、掌握新的“游戏规则”，在竞争中拓展自己的经营活动领域，塑造传统老字号的国际新形象。

2. 建设老字号特色产业集聚区，推动商旅文一体化发展

如何将文化和产业更好的结合，实现“商旅文”一体化发展，将是老字号今后需要长期关注的方向。应该根据中央对北京城市功能的最新定位，认真研究西城区的区域核心功能，确定地区的主体产业结构，依托大栅栏、琉璃厂、西单、什刹海等区域，进一步打造老字号集聚区。升级现有街区公共配套设施，营造原汁原味的老字号街区场景，还原老字号街区的历史感；充分利用非物质文化遗产丰富的特色，打造文商旅一体化街区，形成立体化、生活化的北京生活与北京传统展示互动；依据行业及游览消费特点，根据不同消费层级与消费属性，分层次、有主题地进行布局与建设。通过现代化手段，集中展示各老字号的品牌发展历史、商业文化以及独特技艺。

3. 提升现代化管理水平，向定量化、标准化、信息化发展

应用现代化管理经验，进一步提升生产经营理念、提高产品生产技术，推动老字号管理向定量化、标准化、信息化发展，是振兴老字号的另一条重要途径。

以餐饮行业为例，中国历朝历代名菜名点载于史册者不计其数，但由于缺乏定量描述导致后人很难得其真谛，如用火称文火、武火，加料曰少许、适量，火候称七成热、八成熟等，只能凭个人理解来掌握。应用现代科学手段和管理措施，将食品烹饪过程定量化、标准化、自动化、连续化，提高餐饮烹饪过程中的科技含量；利用现代化信息技术，构建能够发挥企业优势、特色突出、与现代生活方式接轨的经营模式；发展电子商务，设立体验化的经营环境与线上线下同步营销的经营方式以提高经营营销的效率和档次，这些都将是餐饮业老字号管理与时俱进的第一步。

（二）政策建议

1．更新发展观念，提升服务意识

观念的提升是推动老字号发展的关键问题。除了产品创新设计和生产经营理念的更新和提升，还要从以下两个方面着手：一是对消费者需求变化和观念变化的动态掌握。随着我国进入全面建设小康社会加快推进社会主义现代化的新阶段，要积极追踪当今世界的新潮流、新趋势，努力适应消费者需求日趋多样化、欣赏品位不断提高的潮流，跟上时代的步伐。二是服务意识的提高。国有制下企业的管理者和生产者要自觉改变固有的观念，不断提高企业的服务意识，转变经营理念，拓展自己的活动空间，推动老字号与时俱进，树立新的企业形象。

2．优化企业人才培训晋升机制，逐步建立企业文化

首先，要强化经营激励机制。逐步实现总体薪酬支出与公司收益挂钩，个人薪酬与岗位、绩效挂钩；改变逐级晋升的干部任命方式，明确管理层岗位职责，通过公开选聘方式建立职业经理人制度，对职业经理人实现股权激励，对股权的取得、持有以及退出机制进行规范。其次，要完善企业人才的培训晋升机制。对于不同级别和层次的员工，确定标准，开展相应的培训，逐级提升培训级别，在企业发展的同时实现员工个人的发展。再次，逐步建立健全企业文化。“小企业看老板，大企业看文化”，老字号要想做强做大，需要逐步建立起独特的企业文化，形成积极向上的良好氛围。这样才能留住人才，使人才在企业安心发展。

3．制定激励和引导政策，有效利用现代营销手段

老字号企业应在营销形式、营销渠道、营销手段上开阔视野。首先，引导老字号从企业形象上与现代生活方式接轨，支持企业对VI系统、店铺装潢、产品形式与包装等进行改进设计，推进老字号文化表现力创新。其次，发展网络视频、手机客户端等新媒体营销；通过话题营销、微博营销等现代营销手段，鼓励老字号企业与区内、

外电商平台有效对接，适时在各种电商平台上建设西城老字号品牌专区等。此外，还可以根据具体条件，适时建设西城老字号博物馆，加大整体品牌形象的宣传。通过现代化的展览、展示手段，集中展示全区各个老字号的品牌历史、商业文化以及独特的产品、技艺；在博物馆内设立老字号集中宣传与信息发布的平台，为消费者提供现场设计、私人定制等个性化服务。

4. 加大体制机制改革力度，增强企业自主发展能力

首先，积极引进民营资本和市场机制，开展老字号战略投资和经营，从根本上打开管理者的视野，实现经营理念的进一步更新。通过民营资本管理、技术、资源的引入，充分发挥市场机制，提升老字号企业的管理水平与发展活力。其次，建立完善的老字号品牌价值评估体系，量化老字号品牌无形资产价值，实现老字号品牌量化入股，强化经营者对老字号品牌价值的认识，调动企业自主发展的积极性和能力。

5. 建立健全促进老字号健康发展协调服务机制

西城区是北京老字号的主要集聚区。近年来，西城区政府给予老字号企业很大的关注和支持。为了有效推进机制建设，应进一步协调和整合文化创意产业、旅游产业、信息产业、中小企业等现代服务业发展的政策措施，进一步整合优化国有资本金预算对老字号企业的支持政策，着重对老字号企业的改革转制、产品创新、服务创新、营销创新、文化表现力创新、商标商号保护、宣传推广等项目给予专项支持，进而逐步建立老字号发展促进协调服务体系。

具体可以采取以下措施：（1）筹备组建西城区促进老字号发展工作领导小组。由主管区长任组长，由区商务委、区国资委、区文化委、区旅游委、区科委、区社会办、区信息办、区财政局、区产促局、区工商分局、区行政服务中心、区新闻中心、区文促中心以及区社科联等部门组成，重点研究解决老字号发展过程中遇到的各类问题，形成全区上下研究老字号、关注老字号、服务老字号、宣传老字号、

发展老字号的浓郁氛围。（2）有效发挥西城区老字号行业组织的功能。由西城区老字号协会和西城区商业联合会牵头，努力搭建老字号企业与政府之间的沟通桥梁，积极推动老字号企业在规范经营、创新发展、信息沟通、宣传推广、岗位培训等方面不断发展。（3）借助数字化手段，加强西城老字号管理信息库建设。由于历史的原因，老字号管理经营资料不是没有留存就是已遭毁损，其中大部分都是凭借当时参与人员的回忆和描述，即使留存下来的也缺乏一定的连续性和准确性，这种情况相当普遍。应该在开展“中华老字号”和“北京老字号”认定工作的基础上，通过“西城老字号”的普查和认定，依托信息化平台，建立西城区老字号资源信息库。对全区的老字号品牌建立长效信息动态采集机制，及时更新、充实相关信息，通过长期的数据跟踪与分析，为老字号保护和发展提供基础依据。这项工作可以每3至5年普查一次，通过申请表和审查表的设计，统计其生产运营情况。

6. 加强分类研究，提高相关政策的针对性

政府要加强调查研究，针对不同行业，采取有针对性的措施。例如，针对餐饮业等诸多老字号后继无人的问题，政府应提供如资金、户口、廉租房等薪酬福利的激励政策支持。针对食品加工类老字号存在的品牌维护问题，应有效加强老字号企业的知识产权保护，打击侵害老字号知识产权和商标商号的违法违规行为；鼓励和引导企业指定品牌战略规划。针对茶业、医药行业老字号的技术开发和创新问题，应给予资金和政策支持。针对商业零售、服务休闲面临的营销和经营模式问题，应为老字号提供更多展示的平台和机会，引导老字号顺应市场的发展，提高自己的竞争能力。

参考文献

1. 陈天琪，章家清，胡德松．中华老字号对餐饮业消费行为影响调查分析[J].合作经济与科技，2013（13）：8-10。

2. 陈文．北京老字号振兴与发展问题初探[J]. 北京市财贸管理干部学院学报，2007（02）：15-18。

3. 龚桂英．北京餐饮业老字号的现状与发展对策[J]. 中国食品，2004（02）：18-21。

4. 李诚．影响老字号发展的关键因素分析[J]. 商业时代，2008（19）：14-15。

5. 罗颖．“老字号”餐饮企业现状分析和战略选择研究——以郑州市“老字号”为例[J]. 经济经纬，2010（04）：40-45。

6. 张继焦．从企业与政府的关系看“中华老字号”企业的发展——对鹤年堂、同仁堂的比较研究[J]. 思想战线，2013（03）：34-40。

7. 张永，张浩．中国老字号企业连锁经营模式研究——以全聚德为例[J]. 管理学报，2012（12）：1752-1760+1825。

8. 张玉凤．北京“老字号”餐饮企业生存现状分析与成长机制研究[J]. 旅游学刊，2009（01）：48-54。

作者简介

何　敏，外交学院国际经济学院讲师。

北京西城老字号企业产权多元化改制的特点及发展策略

高洪力

【内容摘要】随着我国市场经济的逐步完善，传统老字号国有企业的生存和发展也面临越来越大的挑战。北京西城的老字号企业纷纷从改革、改制和资产重组中寻找出路，并按照现代企业制度要求进行产权制度改革，积极探索国有资本参股、吸收民营资金、引进外资、管理层收购、职工持股及其恢复传统的民营等多种产权形式，使老字号企业获得新的发展。具有品牌优势的老字号企业，通过深化产权制度改制，可以激发老字号活力，增强老字号的竞争力，形成独具特色的发展模式。

【关键词】老字号　产权改制　发展策略

随着市场经济在中国的发展、国外先进企业的逐步进入以及国内民营企业的纷纷崛起，传统老字号企业的生存和发展面临越来越大的挑战。顺应市场经济发展的需要，京城许多老字号主动“试水”，从深化改革中寻找出路。本文结合北京市西城区老字号企业改制的实际，重点探讨深化产权多元化改制的有效路径，以此激发老字号企业活力，增强老字号企业的市场竞争力。

一、北京西城老字号企业产权多元化改制的现状及其典型形式

“老字号”的源起，主要在19世纪至20世纪初。当时，我国

出现了一些颇有声誉的工商企业。它们以独特的传统文化特色、独到的经营之道、历代相传的加工工艺（“绝活”）、周到的服务而受到世人青睐，名声渐著，长久不衰，被后人俗称为“老字号”。如耳熟能详的全聚德烤鸭、同仁堂中草药、瑞蚨祥绸缎等，从初始创立时的手工作坊，经过多种社会形态和经济形态的考验，历经百年而不衰。它们是民族工商业的骄傲，是传统经济文化的象征，在新中国诞生后，一度是国人心仪的著名品牌，主要分布在商业、医药业、食品业、饮食业和服务业。

在20世纪90年代国内贸易部第一次认定中华老字号企业时，老字号曾被定义为：中华老字号企业是指具有50年以上发展史，工艺、技术考究，产品质量好，能体现地方特色及产品品牌声誉高，在国内外仍享有较高知名度的名字号、驰名商标、传统商铺和工艺。通常是指1956年以前被当时商业主管部门认可经营并享誉地方，今天仍在延续发展的企业，涉及生产、生活、经济、文化等各领域。它们以数十年以至数百年的历史品牌，以有口皆碑的商业信誉，吸引了一批特有的消费群体。2006年在国家商务部“振兴老字号工程”方案中，将老字号确定为“历史悠久，拥有世代相传承的产品、技艺或服务，具有鲜明的中华民族传统文化背景和深厚的文化底蕴，取得社会广泛认同，形成良好新意的品牌”①。

根据北京市商委2001年的《北京传统商业保护规划（草案）》，按创立年代可将老字号划分为三类：明清时创立的为第一类；清末至新中国成立前创立的为第二类；新中国成立后至1956年对工商业私有经济实行社会主义改造前创立的为第三类。这三类老字号，在西城区都可以找到。

（一）北京西城老字号产权制度改革的现状

作为京城的老城区，北京市西城区拥有众多老字号企业，其中明清时期创立的，有耳熟能详的六必居、王致和、瑞蚨祥、桂馨斋、

① 丁维峻主编：《北京的老字号》，人民日报出版社2009年11月，第78页。

龙门、天福号、内联升、一得阁、全聚德、荣宝斋、张一元等40多家；清末至新中国前创立的，有桂香村、丰泽园、西单商场、新华书店总店、清华池、庆丰包子等30多家；新中国后至1956年对工商业私有经济实行社会主义改造前创立的，有马凯餐厅、护国寺小吃、莫斯科餐厅、大地餐厅、中国书店等10多家。据不完全统计，目前西城区约有老字号近百家，其中百年以上的有50多家[①]。

从明清到民国，是西城老字号的创立与发展时期。这些老字号企业大多是前店后厂（坊）式的手工业作坊，经济影响力远低于文化影响力和品牌的社会声誉。世代相传，是它们主要的经营模式。除个别企业外，规模都比较小，主要是自产自销，基本上处于简单再生产的状态。企业性质是合股或独资经营，企业制度为个体、私营经济，股份制企业较少。

1949年中华人民共国成立后，中共北京市委、北京市人民政府认真贯彻落实党中央关于恢复国民经济的政策，对有利于国计民生的工商业企业特别是老字号企业，采取了扶持的方针。一些在解放前已经关门停业的老字号企业恢复了经营；一些艰难维持的名店、老店逐步摆脱困境，度过暂时困难；特别是一些较有名的、规模较大的老字号企业，得到了发展和壮大，包括同仁堂、全聚德等都不同程度地得到政府的扶持。而且，为丰富北京市场，满足人民消费需要，商业主管部门还陆续从外地迁入一批具有不同特色的老字号。这时的老店、名店及老字号企业，仍然沿用老店名和招牌，保持着优良的服务传统和产品经营特色。

1956年前后，随着农业、手工业和资本主义工商业社会主义改造的深入，老字号企业也掀起公私合营的高潮。主要是通过“两步走”的方式：第一步是个别企业实行公私合营，其对象是经营困难的老字号企业，使它们不致破产。北京市政府先后对荣宝斋、丰泽园、全聚德、瑞蚨祥等企业采取个别公私合营的方式。对一些历史

① 西城区社科联2014年统计资料。

悠久、技艺独特、声誉卓著、有一定规模的老字号，北京市政府采取予以保留的政策，并在网点调整时以老字号和大店为主体进行并店扩充。如六必居、天源、全聚德、东来顺、仿膳、丰泽园等老字号，都是通过这种方式被保留了下来。第二步是全行业实行公私合营，到 1956 年，原有的各家老字号私营企业都转变为国有企业。

1978 年改革开放后，老字号企业迅速恢复与发展。市场经济体系的逐步建立和不断完善，为老字号企业的生存与发展带来新的机遇。随着改革开放的深入，根据中央“抓大放小”的原则，老字号企业也逐步改制，有些企业回归为个体、私营和股份制。许多老字号企业在改制中得到恢复与发展，实现产权多元化，走上现代企业制度发展之路。

从西城区的情况来看，由于大多数老字号在产权形式上都经历了家族企业、公私合营、国有企业以及国有企业改制这样的历程，因此目前的老字号产权性质比较复杂，形成个体工商户，私营（或家族）、合伙经营、国有或国有控股、股份有限公司、有限责任公司等多种所有制形式并存的局面。归纳起来，主要有这样几种类型：第一类是国有交叉控股，如全聚德、聚德华天等；第二类是国有控股 + 企业股 + 个人股，如柳泉居、烤肉苑、烤肉季、砂锅居、又一顺、马凯餐厅、护国寺小吃、玉华台等；第三类是企业股 + 个人股，如爆肚冯、德寿堂、大和恒等；第四类是国有控股 + 港台资本，如元长厚；第五类是 100% 国有和其他资本等。

（二）北京西城老字号产权制度改革的典型形式

综上所述，西城老字号产权的改革，具有多种形式，而且效果也各不相同。这里仅就其中几种比较典型的形式进行分析。

1．国有交叉控股模式

这种模式中比较典型的，是中国全聚德（集团）股份有限公司。由于历史的原因，京城经营全聚德烤鸭的店铺都是一家一店，分散经营，各自为政。生产方式则是前店后场，师徒相传，自成体系。

1993 年 5 月，以北京全聚德烤鸭店（和平门店）、前门全聚德烤鸭店和王府井全聚德烤鸭店为基础，成立法人联合体——中国北京全聚德集团公司，集几十家联营企业为一体。

1994 年 6 月，以北京全聚德烤鸭店和前门北京全聚德烤鸭店的经营性资产为投资主体，成立北京全聚德烤鸭股份有限公司，由全聚德集团公司、上海新亚（集团）股份有限公司、中国宝安集团股份有限公司、北京市综合投资公司、华北电力实业总公司作为主要的发起人，联合十几家社会法人共同投资组建。

2003 年，北京全聚德集团入股华天集团，成立聚德华天集团，以原北京华天饮食集团公司的优秀餐饮品牌和优良实物资产为基础，中国北京全聚德集团有限公司和北京国元投资有限公司分别以现金购买净资产入股，其中，全聚德（国有）和华天饮食集团公司（国有）分别占有 34%的股权，北京国元（民营）占 32%股权。

2004 年，由北京国资委牵头，首都旅游集团、新燕莎控股公司、全聚德集团公司宣布合并重组。2005 年初，首旅集团董事会正式做出决定，在北京全聚德烤鸭股份有限公司的基础上，组建中国全聚德（集团）股份有限公司。此次重组后，资金实力雄厚的餐饮航母不但加快老字号扩张的步伐，还带来新的现代管理手段，提高老字号全聚德的竞争力。分析全聚德的改制过程，主要具有以下三个特点：

（1）实现集团化经营，提升整体效益。1993 年中国北京全聚德集团公司的组建，实现两权分离，建立新的资本运营管理机制，形成以产权为纽带、以经营效益为中心、各司其职、权责明确的组织体系。1997 年，全聚德集团按照现代企业制度要求，转制为中国北京全聚德集团有限责任公司，彻底结束一家一店分散经营的历史。

（2）建立股份有限公司，实现公有产权交叉持股。为了最大限度地盘活原有的国有资产，吸纳更多的社会资本，集团公司大力推进企业的股份制改造。1994 年成立北京全聚德烤鸭股份有限公司，采取公有产权交叉持股模式，使企业可支配存量资产迅速扩大，缓解企业发展的资金需求，推动企业经济效益的提高。

（3）入股华天，成立聚德华天集团，实现强强联合，打造中国餐饮品牌联合舰队。中国全聚德（集团）股份有限公司重组后，将不仅包括直接控股首旅集团所属的东来顺集团、仿膳饭庄、丰泽园饭庄、四川饭店等餐饮企业，而且还包括华天旗下的鸿宾楼饭庄、砂锅居饭庄、烤肉宛、烤肉季、护国寺小吃等 20 余家老字号餐饮企业。全聚德也将成为囊括北京最著名老字号的餐饮品牌，变成一个可以扩充全聚德历史文化内涵的符号。企业重组真正实现强强联合，集团公司将实施多品牌、多元化经营战略，紧跟消费和市场发展趋势，围绕餐饮经营这一主业，推进资本经营和连锁经营两个层面的市场化运作。并将通过整合、培育、发展三个步骤，使新集团公司逐步发展成为跨地区、跨领域、跨所有制，具有体制完善、管理科学、技艺精湛、文化独特、规模经营、效益显著特色的大型餐饮控股集团。全聚德改制的成功，表明公有产权交叉控股改制合作，走集团化的改制之路，是必然的也是可行的选择。

2．吸引民营资本介入模式

随着民营企业实力的增强，民营企业投资老字号企业的也越来越多，六必居、华天、德寿堂等许多老字号吸引民营资本参与老字号企业改制，给老字号企业的生存与发展带来活力。

北京华天餐饮集团公司吸引北京国元投资有限公司民营企业投资，成立北京聚德华天控股有限责任公司，是一个成功的案例。

1958 年，北京市西城区将区内的理发、饮食、租赁等行业统一管理成立西城区服务公司，其中包括西城区的一些老字商号。1987 年，随着国有企业改革的逐步深入，西城区对区内的一些老字商号实施行业管理，成立“西城区餐饮公司”，产权形式为国有。1989 年成立“北京华天餐饮公司”，代表区政府行使对区餐饮业进行全行业管理的职能。

为了充分发挥西城区老字号餐饮行业的优势，形成竞争优势，1992年6月11日正式挂牌成立北京华天餐饮集团公司，包括鸿宾楼、烤肉季、烤肉宛、砂锅居、峨嵋酒家、柳泉居、又一顺、曲园酒楼、护国寺小吃等享誉京城的中华老字号。2003年，北京华天餐饮集团公司进行整体改制，公司以原华天饮食集团公司的优秀餐饮品牌和实物资产为基础，通过资本市场运作，吸引民营资本——北京国元投资公司，以现金购买净资产方式入资，北京国元占有32%股权；同时全聚德集团也以现金购买净资产方式入资华天。

华天改制后，全聚德集团公司和华天饮食集团公司分别占有34%的股权，北京国元占有32%股权，形成北京聚德华天控股有限责任公司。

吸引民营资本介入模式的特点与优势在于：（1）遵循市场经济客观规律。通过引进民营资本，规避资本风险，加强引进市场机制和管理机制，改变经营观念，适应市场竞争的需要。（2）发挥国有企业与民营企业各自优势。民营企业具有较强的技术优势和管理优势，通过与民营企业合作经营、加强经济合作和技术交流，能够提高企业知名度，提高产品质量。进一步扩大市场份额，推进企业技术创新、机制创新，达到提高企业核心竞争力、促进企业发展的目的。这种合作模式，可以把民企的机制优势与国企的资源优势有机结合起来，达到双赢的目的。

3．引进外资模式

这种模式比较典型的，是北京同仁堂。北京同仁堂和记医药投资有限公司在海外成功上市，为它向世界知名跨国公司迈进奠定基础。

同仁堂是我国最大的中成药生产经营企业，在中药行业中久负盛名。中国北京同仁堂（集团）有限责任公司与和记黄埔中国有限公司所属的和记中药投资有限公司共同出资成立的北京同仁堂和记医药投资有限公司正式在京落地。新公司的总投资额约为2.39亿美元，同仁堂与和记各占49%股权，另由同仁堂选定的小企业出资占余下2%的股权。和记黄埔此次实际注资1.17亿美元。有关方面希望凭借同仁堂的专业知识与经验，加上和记黄埔的全球业务网络，可以推动中国传统医药事业的更大发展。2003年11月25日，与香港泉昌合作扩张海外市场。

北京同仁堂和记医药投资有限公司的特点与优势在于：（1）积极应对海内外市场挑战。老字号在继承传统优势的同时，主动适应社会主义市场经济体制的要求，积极进行企业的整合与改制，以应对日益激烈的国内、国际竞争。（2）以不断完善企业内部机制为基础。企业制度的不断创新，要依赖于企业内部机制的完善，从而使老字号企业能够在充分发挥品牌优势以及资源优势的同时，积极开拓市场，并以此制定和实施企业发展战略目标。（3）主动引进新的经营理念。通过与外资的合作，带来经营理念、经营模式、管理方式的变革，是老字号企业走向国际化的非常关键性一步。利用合资可以拓展老字号企业的海外市场，推动老字号企业品牌走向世界。

4．职工持股模式

这种模式比较典型的，是北京张一元茶叶有限责任公司和王致和食品集团。

北京张一元茶叶有限责任公司的前身张一元茶庄是京城著名的老字号，始建于清光绪年间，已有百余年历史。张一元因其制作的茉莉花茶适合北方人的口味而享誉京城。北京解放后，张一元划归北京宣武区副食品公司。

1992年，张一元茶庄率先从北京宣武区副食品公司分离出来，成立北京张一元茶叶有限公司。但是，由于当时国有企业改革的大环境，虽然成立了公司，却并没有真正能够实现改制。

经过几年尝试，张一元在1999年正式改制，股本300万，国有（企业）参股20%；10%社会法人股，主要是两家上游生产企业；其他70%为职工股。这彻底改变了原有企业的国有性质，完成了股份制改造。改制后经济效益明显，企业销售额2000年1.1亿元，2001年1.3

亿元，2002 年 1.7 亿元，2003 年 1.98 亿元，2004 年突破 2 亿元大关，达到 2.13 亿元。2004 年实现利润 1400 万元，公司人均创利连续七年居全国同行业之首。

作为北京市体改委的企业，王致和食品集团进行职工持股的改制，王致和食品集团 1999 年 12 月正式注册成立，注册资本为 1.3 亿元，其中 80.4% 为国有控股，19.6% 为职工持股。当时，集团将以前积累的结余资金转作职工股，同时按照盈余资金转股和职工自出资金认股比例为 1 ：1 的原则，在全体职工中募集股份。企业成立职工持股理事会和监事会，对职工采用自愿认股、只宣传不动员的方式，积极筹集资金，最终实现 94% 的在职职工认购企业职工股，基本达到全员持股。职工出资 1400 万元，盈余资金转股 1300 万元，加上 1 亿多元的国有股，形成王致和食品集团成立之初的资本结构。这不仅给企业带来宝贵的经验，在同业中也率先提出对老字号企业经营体制改革的思考，为其他企业起到很强的示范和参照作用

张一元和王致和两家企业改制的特点与优势在于：（1）增强员工的主人翁意识。职工持股转制，使职工的收入和企业的命运真正联系到一起。职工考虑自己的收入，就不能不考虑企业的发展。权益与风险相结合，使职工的主人翁意识增强，调动了职工为企业发展做贡献的积极性。（2）力求实现企业利益最大化。企业经营者和员工追求的是个人绩效最大化，张一元通过职工持大股，同股同利，使出资者和经营者、员工联股联心，达到和谐统一。正如张一元董事长王秀兰所说："几年来企业没有呆账，资产运作良好，并保持了国有资产 80% 的增殖率。转制决定机制，通过转制带来企业活力"。（3）改善产权结构，形成多元化的投资主体。由于职工以股东的身份参与企业管理，行使股东的权利，监督其它股东和经营者，从而促进整个公司运作的规范化、决策的科学化，避免和减少决策的失误。

5. 其它形式

国家商务部商业改革司在《2006 老字号发展报告》中提出，

在产权改革中，应允许国有老字号企业的私有化，允许老字号企业原家族传人或主要经营者有优先购买权，或者是拥有以技术参股的权利。

西城区在老字号改制过程中，也采取了个人与个人、个人与其他资本、企业与个人等形式。不论是哪一种形式，都具有十分重要的意义：恢复老字号的名号，并带来一定效益；满足喜欢老字号的消费者需求，恢复一些京城人喜欢的小吃；给老字号企业带来新的生机与活力。

总之，老字号实施产权多元化，一方面，老字号国有企业可以利用其资产设施等与外商和港澳台企业发展合资、合作企业，对国有企业进行有效的改组和改造：另一方面，老字号国有企业可以在市场竞争中不断优化组合，国家资产、集体资产和个人资产彼此联合、互相渗透，使多样化的“混合产权”成为一种必然。这种产权的多元化，能弥补原有资产的不足，发挥不同产权的优势互补作用，推动老字号企业的发展。

二、深化老字号企业产权制度改制的必要性

老字号企业在经过产权改制后，对企业发展起到了明显的积极作用，也给企业带来一定的经济效益，使企业获得了发展的空间，增强了企业的活力。但是许多老字号企业在产权方面依然存在产权不明晰、机制转换不到位等问题。适应中国市场经济的发展、全球化经济环境的变化，党的十八届三中全会《决定》明确指出，要“使市场在资源配置中起决定性作用和更好地发挥政府作用”。西城区的老字号企业均是一般性竞争性行业，因此老字号企业深化产权制度改革十分必要，而且成为推动企业长期发展、建立现代企业制度、增强企业竞争活力的关键所在。

（一）产权制度改革是老字号企业建立现代企业制度的核心

产权制度是指对财产占有、支配、使用、收益和处置过程中所

形成的各类产权主体的地位、权利、责任以及相互关系加以规范的法律制度。

传统国有企业的产权制度，是一种出资人所有权和法人财产权合一的产权制度。在这样的制度背景下，政企完全合一，国有企业既是一个行政组织又是一个社会组织，唯独不是一个本来意义上的经济组织。企业虽然有技术上的边界，但没有真正经济意义上的边界，这与以出资人所有权和法人财产权相分离为核心的现代企业制度是格格不入的。

没有现代企业制度下的产权分离，也就谈不上企业内部所有权对经营权的激励和监督。事实已经证明，用加强企业内部管理代替国有企业改革的做法是难以奏效的。传统国有企业的产权制度不适应现代企业制度的要求，以现代企业制度为方向推进国有企业产权改革，是历史的必然。从这个角度考察，多年来产权改革的主线被放在国家与企业之间重新划分产权、以实现政企分开上，是不可能真正解决产权制度问题的。

从一般意义上来说，“产权清晰”应当包括两个方面的内容，一是在投资主体多元化的情况下，在广义所有权的层次上进行产权界定，根据“谁投资谁所有”的原则厘清所有权的归属；二是狭义所有权与其他产权拥有主体的产权界定，也就是划分出资人所有权和企业法人财产权。如果以上两方面的产权都界定清楚了，就可以说国有企业“产权清晰”的任务基本上完成了。

现代产权理论认为，合理的产权制度对于高效经济组织的建立和经济的持续发展具有重要的保障作用。从本质上说，产权实质上是由于物的存在和人们对物的使用引起的人与人之间的经济行为关系，是财产主体人与其所占有、所支配的物之间经济上和法律上的关系。合理的产权制度可以减低交易费用，增强激励约束，从而使外部性内在化。不同的产权安排决定不同的公司治理结构和不同的激励约束机制，而公司治理和激励约束的有效性对企业的效率提高有着重要作用，因此可以说，产权制度是影响企业经营效率的重要因素，是建立现代企业制度的重要保证。

从西城区老字号企业改制现状来看，目前许多老字号企业产权状态并没有发生根本性变化，依然存在产权不明晰的问题。具体表现为；一些老字号企业进行股份制改造以后，尽管实现了股权多元化，但国有股比例仍然较大，管理体制尚不够完善，且受到过多的行政干预；一些老字号从国有化到民营化的过程中，股权过于分散，人人持股，员工与股东身份高度重叠，由于持股员工的年龄相对偏大，新进员工多数没有股份，使得老员工新员工之间产生隔阂，引起不必要的内耗。因此老字号企业发展的出路，也必然是进一步深化产权制度方面的改革。

（二）一些老字号依然存在“一股独大”的局面，致使企业竞争力下降

商务部商业改革司在《2006年老字号发展报告》中指出，许多老字号企业尤其是条件较好的老字号企业，仍然存在产权不清晰、国有色彩较浓等问题。很多老字号企业原来就是纯国有股份的，有些企业在改革体制后，仍然出现一股独大的局面，老机制、老弊端、老问题套牢了老字号，制约了企业发展。虽然这个报告是在2006年公布的，但是用于分析目前西城区老字号企业改制情况，仍有现实意义。

目前西城区的老字号中，中国书店、新华书店、荣宝斋、丰泽园、仿膳等十多家企业仍然是全部国有企业；鑫园浴池的国有股占85%，华天旗下的鸿宾楼、烤肉季、烤肉宛、砂锅居、峨嵋酒家、柳泉居、又一顺、马凯餐厅等十几家企业的国有股占60%以上；白塔寺药店、元长厚等企业的国有股占50%及其上；历经多次产权调整的全聚德，其国有股也占46.48%[①]。

不彻底的产权制度改革，“一股独大”的局面，一方面会导致老字号产权不明晰、企业经营权不到位，没有真正的法人财产权，

① 根据西城区社科联2014年提供的统计资料整理。

导致老字号企业政企不分、政资不分，行政主管部门对企业生产、经营、投资、分配等经济活动统得过死，致使老字号逐渐失去企业的生存空间与发展的有利条件。另一方面，影响企业经营机制创新和建立健全现代企业制度，法人实力结构不完善，经营者无法实现市场化配置，激励机制和约束机制都不够健全，内部的经营管理机制没有相应的转换，导致老字号竞争力下降。

值得借鉴的是，同样是老字号企业的菜百，在二次改制后，社会资本进入，国有股减持，由原来的国有法人股的72.22%降为29.73%，总资本由原来的1800万元增值为1.5亿，使企业发展增强了活力，企业规模、经营效益迅速发展。因此，老字号企业要根据自身情况和市场经济发展规律，进一步深化产权制度改革，确保企业的持续发展。

（三）民营企业参与老字号资产重组的必要性

目前，由于其固有的体制性原因，我国许多国有老字号企业在激烈的市场竞争中步履维艰，正面临着如何退出竞争性领域的问题。在这种背景下，民营企业积极参与并购老字号企业、受让国有股、购买国有资产等一系列重组活动，对于保持整体经济持续、快速、健康发展具有重要的意义。

1. 民营企业参与老字号资产重组，有助于进一步推动老字号企业制度创新

现代企业制度的基本形式是公司制，而现代公司的主体是产权多元化的股份公司。一元产权主体的独资公司只是一种特殊形式，它仅适用于少数执行特殊功能和必须实行特殊管理方式的大型国有企业。对于一般老字号企业来说，要实现战略性转移，就必须把企业改造成各种形式的股份公司，吸纳民营资本参与公司制改组，使其成为多元产权主体的公司制企业，推动老字号企业的制度创新。

2. 民营企业参与老字号资产重组，有助于推动全行业的发展

长期以来，大多数老字号企业或行业都存在集中度低、过度竞

争和单个企业规模较小等问题，在相当程度上这些都与企业的所有制形式有关。民营企业参与老字号企业资产重组，可以推动这些企业所属行业的重组与整合，发挥资源优势，提高行业集中度，形成良性竞争格局，并适当扩大单个企业的规模。这对于提高老字号行业的整体素质和国际竞争力都具有重要的意义。

3．民营企业参与老字号资产重组，有利于民营企业自身实现可持续成长。

民营企业虽然发展较快，与传统国有企业相比，具有机制灵活、经营高效等特点，但自身也还存在很多问题。民营企业在通过迅速吸收、盘活国有企业的资产、技术、人力等资源，坚持不断创新，解决重大问题，使老字号企业资源发挥最大效应的同时，也能够逐步做大做强自身，从而提高全社会的整体经济效益。

总体来看，通过引入外资、民营等资本，深化老字号企业产权制度改革，有利于推动老字号企业建立“产权清晰、责权明确、政企分开、管理科学”的现代企业制度，有利于企业“自主经营、自负盈亏、自我约束、自我发展”；有利于国有资产从非关键性行业逐步退出，建立起有效、规范的公司治理结构和长效的激励、约束机制；有利于解决长期困扰老字号企业重组资金不足的问题，实现有进有退、有所为有所不为的目标，推动老字号企业的制度创新与永续发展。

三、北京西城老字号企业改制的启示及发展策略

2011 年发布的《北京市西城区保护和促进老字号发展若干意见的通知》明确提出，要“支持老字号企业机制创新。鼓励和引导老字号企业建立健全现代企业制度。支持老字号企业进行资产重组，鼓励和规范各类资本参与老字号企业的改组改制。鼓励老字号企业通过控股、收购等方式，组建和发展老字号企业集团，培育行业龙头企业。支持有条件的老字号企业上市融资”，这为老字号发展提

供了良好的政策环境。

企业活力的基础是有效的企业制度。老字号要继续保持其长盛不衰，唯有根据企业的内外发展状况不断创新，特别是要注重从改革和完善企业产权关系入手，为企业发展奠定制度基础，形成与保持其核心竞争力。根据西城区的实际情况，应该着重抓好以下几个方面的工作。

（一）进一步推动老字号企业资产重组，提高老字号企业市场竞争能力

针对各种老字号实际情况的不同，应该分别确定不同的企业改制路径，并采取相应的改制措施。

1. 老字号国有企业实行产权多元化改革或根本性退出

在单一的产权结构下，国有企业不可能摆脱行政干预，产权无法真正清晰，权责难以分明，机制不能搞活。老字号国有企业应该引进多元化投资主体，大力发展混合制经济，实现国有企业股权分散化、经营机制多样化的目标，为构建科学合理的企业法人结构奠定基础；实施产权结构多元化调整，企业内部各利益主体相互制衡、相互监督，企业拥有独立的法人财产权，自负盈亏，成为真正的市场主体，适应市场经济发展，最终脱离政府直接管控，实现政企分开；在股权分散的情况下，通过吸收其他主体进入国有企业，从根本上转换经营机制，按照市场规律运作，建立有利于企业持续发展的运行机制，借助社会资源盘活国有资产，实现全面发展。

西城区老字号国有企业基本上是竞争性企业，具体实现路径是任何投资主体都可以进入，没有政策性或产业障碍。企业可以依据自身实际，以产权多元化为突破口，建立多个投资主体相互制衡的产权结构，逐步建立规范的公司法人治理结构。这对于推动老字号企业体制机制创新，完善国有资本有进有退、合理流动的机制，通过市场资源的优化配置实现企业的融资发展，都具有十分现实和深远的意义。

通过国有民营途径摆脱政府的行政干预，排除产权结构一元化，形成多元化的产权制度。经营权的非国有化，可以解决由于所有权国有化而带来的产权一元化和企业缺乏活力等问题，有利于促进企业的产权结构多元化

2．经过改制已经发展的企业继续优化股权结构，国有股减持或退出

在深化改制过程中，正确处理政府与市场的关系，始终是一个关键问题。党的十八届三中全会明确指出：深化经济体制改革的核心问题，是处理好政府和市场的关系。在现代市场经济体系中，政府和市场是相互关联的两个重要组成部分，政府和市场的关系，决定着市场经济体制的基本走向和运行质量。只有按照十八届三中全会《决定》的要求，切实转变政府职能，深化行政体制改革，创新行政管理方式，实行科学的宏观调控和有效的政府治理，保障公平竞争，加强市场监管，维护市场秩序，弥补市场失灵，才能真正确保社会主义市场经济体制优势的有效发挥。

改制是一个不断探索、试错、修正的过程，随着中国经济的快速发展、市场经济体制的不断完善、经济全球化进程的加快，老字号企业所面临的内外环境都在变化。对于通过改制已经发展起来的如同仁堂、全聚德、王致和等知名老字号企业，可以进一步优化股权结构，根据所处行业特点和企业规模，以国有股减持或退出为改制方向，进一步激发企业活力，提高改制效率。总体而言，要根据党的十八届三中全会提出的要求，不断扩大改革成果，转换经营机制，真正解决阻碍老字号发展的根本性问题。菜百公司实行国有股减持后，利润、专业化经营、职工收入等都明显增长，处于本市同行业前茅，就是一个鲜明的例证。

3．借鉴港澳台老字号发展经验，大多数中小老字号企业回归民营

资本实行民营化符合老字号企业生存发展规律，鉴于国企改制

涉及诸多敏感问题，本着在稳定中求发展的原则，根据老字号所处行业和企业自身特点，对于竞争性行业、餐饮、服务性及其传统的技艺等中小老字号企业，应该借鉴港澳台经验，使之回归民营。港澳台老字号企业多数为家族式民营企业并且世代相传，产权关系清晰，因此，这种老字号企业适应市场发展的环境，不断发展壮大。西城区老字号企业基本属于一般竞争性行业，而且多数集中在餐饮、服务、商业等领域，完全可以放弃政府对老字号企业的束缚，使之真正成为市场主体。具体路径可以根据企业实际情况与特点确定，如规定家族传人、主要经营者或技术骨干等具有优先购买权等，重新走家族式民营化的发展道路。

（二）坚持改制与完善机制相配合，形成发展合力，不断推动改革创新

产权多元化改制只是老字号企业发展的基础，建立完善的企业经营机制，才是巩固改制成功与发展的关键。要研究制定确保企业真正适应市场、具有竞争活力和优势的激励措施，并在项目投资、产品开发、市场开拓等方面加以体现。从北京老字商号改制经验来看，西城区要根据行业特点、市场特点和企业特点，不断完善和创新各项管理和运行机制，为改制企业进一步开拓发展思路奠定良好基础。

（三）要以实现最佳经济效益为最终目的

老字号企业资产重组与改制的最终目的，是要促进企业不断发展，实现利润的最大化。但是，规模大并不表示实力强，规模经济并不等同于经济规模。企业规模的大小，受本行业技术特点、产品需求量、原材料和能源供应及其他生产资料等要素的影响。如果违反行业、部门、企业规模的合理界限，盲目地一味扩大规模，反而可能降低企业的效益。

从生产能力看，当产量增加的比率大于规模扩大的比率时，扩大规模是合理的；当产量增加比率与规模扩大的比率相同时，应停止规模扩张；而当产量增加比率小于规模扩大比率时，就会出现规模不经济。从管理效率看，如果企业规模过大，或层次太多，就会增加协调企业内部各要素的难度，导致组织管理运行费用大幅度提高，最后的结果也必然是规模不经济。

因此，要认真研究企业规模与经营体制的内在关系，探索适合不同形态老字号的经营形式和企业规模，确保实现改制的预期目标。

总之，西城区老字号企业的多元化改制，要立足企业实际，以企业达到最佳经济效益为目的；要注重借鉴国外著名企业的成功经验，加强企业文化建设，将传统文化与现代经营理念结合起来，通过企业改制形成新的发展合力；要建立健全科学的经营管理机制，巩固改制的成果，带动老字号企业健康、稳定、可持续发展。

参考资料

1. 北京市西城区人民政府关于印发《北京市西城区保护和促进老字号发展若干意见的通知》，西政发〔2011〕32号。

2. 尹庆民、林妍梅、高洪力：《北京老字号商号产权多元化改革研究》，同心出版社2008年版。

3. 边英英：老字号只有改革创新才能永葆生机—全聚德集团董事长姜俊贤访谈实录。

作者简介

高洪力，北京联合大学师范学院教授，主要研究方向为政治经济学和管理学。主要论文有《论老字号企业国有资产战略性重组的策略》《老字号企业创新能力的理论探讨》《老字号企业利用外资值得注意的几个问题》《北京老字号国有资产战略性重组的特点及启示》《北京老字商号产权多元化改制现状及启示》《京华茶叶“外嫁”八年后回归的启示》《北京老字号企业社会责任实践特征及其启示》等。

北京西城老字号集聚发展策略研究

林妍梅

【内容提要】地方产业的集聚被大量实践证实是提升区域产业竞争力的重要途径。北京西城的老字号已形成集聚发展的态势，本文运用 SWOT 分析方法，对西城区老字号集聚发展的优势、劣势、机遇和挑战进行分析，针对“优势－机遇”“劣势－机遇”“优势－挑战”“劣势－挑战”四个方面的组合，提出相应的发展策略：防止集聚区陷入路径依赖，引导老字号企业突破发展瓶颈；鼓励老字号集聚区与文化创意产业相结合，实现老字号企业的可持续发展；重视业态准入的分析研究，制定规模适度、业态优化的集聚区管理模式；加强外部环境建设，建立强有力的老字号集聚发展支撑体系。

【关键词】北京西城　老字号　集聚发展

一、产业集聚发展的内涵

关于产业集聚问题的研究，产生于 19 世纪末。马歇尔在 1890 年开始关注产业集聚这一经济现象，并提出两个重要的概念，即“内部经济”和“外部经济”。马歇尔之后，产业集聚理论有了较大的发展，出现了许多流派。影响比较大的学说，有韦伯的区位集聚论、熊彼特的创新产业集聚论、E · M · 胡佛的产业集聚最佳规模论、波特的企业竞争优势与钻石模型等。

根据目前公认的观点，“产业集聚”是指在产业的发展过程中，处在一个特定领域内相关的企业或机构，由于相互之间的共同性和互补性等特征而紧密联系在一起，形成在地理上相对集中、相互联系、相互支撑的产业集群现象。这些产业在某一地区集结并构成相对完整的产业链，彼此之间是一种既竞争又合作的关系，呈现横向扩展或纵向延伸的专业化分工格局，通过相互之间的溢出效应，使得技术、信息、人才、政策以及相关产业要素等资源得到充分共享，聚集于该区域的企业因此而获得规模经济效益，进而大大提高整个产业集群的竞争力，呈现出空间集聚性、部门专业性、经济外部性、功能互补性、环境共享性等特征。

不同产业集群的纵深程度和复杂性相异，代表着介于市场和等级制之间的各种新的空间经济组织形式。许多产业集群还包括由于延伸而涉及销售渠道、顾客、辅助产品制造商、专业化基础设施供应商等，政府及其他提供专业化培训、信息、研究开发、标准制定等机构，以及同业公会和其他相关的民间团体。因此，产业集群超越了一般产业范围，形成特定地理范围内多个产业相互融合、众多类型机构相互联结的共生体，构成这一区域特色的竞争优势。当前，产业集群发展状况已经成为考察一个经济体或其中某个区域和地区发展水平的重要指标。

二、推进西城区老字号集聚发展的意义

大量实践证明，地方产业的集聚是提升区域产业竞争力的重要途径，集群正成为全球许多地区制定经济政策的战略工具。推动北京西城老字号的集聚发展，对促进老字号企业自身的发展和提升区域经济发展品质都有着重要的意义。

1. 有利于整合西城老字号及相关资源，为老字号整体发展提供战略空间

目前在西城有近百家老字号，经营状况呈现“三级分化”的态势。10% 的第一层级企业发展势头强劲，在相关行业领域领先于全

国，品牌价值不断提升；80% 的第二层级企业近年来有一定发展，但发展速度、活力不足，企业提升需要新的平台；10% 的企业经营落后面临危机，亟须抢救性保护和品牌新生[①]。在老字号各单体间发展“分级严重”的情况下，那些发展相对较慢甚至难以为继的老字号更有必要集聚在一起。例如，老字号小吃本身利润微薄，单体经营的广告成本等外部环境成本都相对太高，就迫切需要依托聚集区，充分吸收整合周边商业资源，打造信息资源共享、宣传促销同步的商业经营共同体，扩大老字号的发展空间。

2. 有利于集中展示老字号传统文化，培育、壮大老字号的消费群体

在激烈的市场竞争之下，多数老字号企业在商业、餐饮、加工制造等行业中的单体发展是难以为继的，而以商旅休闲、文化创意为特色的商业旅游街区则是适应现代社会背景下老字号企业发展需求的新兴业态载体。大力挖掘历史文化资源，发展特色产业，做强特色消费，把集聚区打造成为独具特色的传统风貌街区、旅游者非去不可的目的地，推广老字号所包含的中国式生活方式，使老字号身上承载的传统历史文化与现代体验式消费潮流相结合，使城市商业文化肌理与现代老字号创新文化相结合，以此培育、壮大老字号的消费群体，提升老字号品牌形象和发展水平，可以让老字号金字招牌产生出黄金价值。

3. 有利于充分挖掘老字号历史文化基因，为地区发展提供更多的选择空间

具有上百年悠久历史的老字号，是中华传统文化的承载者，与普通百姓的日常生活息息相关，是具有中国特色的企业形态，具有不可替代的经济社会价值。在大力发展社会主义市场经济的条件下，通过集聚发展，可以进一步深入挖掘、充分展示这些老字号在满足群众多种需求、提升人民生活品质、传承中华民族文明、丰富社会

① 韩凝春：《提振北京老字号文化软实力相关产业政策研究》，《北京财贸职业学院学报》，2014，4：16。

经济业态等方面的重要作用，为推动地方企业加快转型、主动与现代企业制度接轨提供更多的选项，有效扩大中国企业在国际市场上的竞争空间。

三、西城老字号集聚区发展的现状

在“十二五”期间，西城区政府每年投入2000万元，加强特色街区的升级完善，积极引导老字号企业的产品和服务聚集，全力打造中华老字号集聚区，增强国内外影响力，形成老字号发展示范区，加大特色产品对外来消费的吸引力。

2010年11月3日，由市商业委员会、中国商业联合会和西城区政府联合主办的中华老字号高峰论坛在西城区琉璃厂荣宝大厦隆重举行。会上，中国商业联合会中华老字号工作委员会为大栅栏地区授牌，正式命名大栅栏为“中华老字号集聚区”，这也是全国授出的第一块“中华老字号集聚区”牌匾。在这块1.5平方公里的地面上，汇集了30余家老字号。“买鞋‘内联升’，买帽‘马聚源’，买布‘瑞蚨祥’，买表‘亨得利’，买茶‘张一元’，买咸菜要去‘六必居’，买点心还得‘正明斋’，立体电影只有‘大观楼’，针头线脑最好‘长和厚’[①]”，老北京百年来流传的这个购物口诀所提到的老字号，都坐落在大栅栏。集聚区授牌之后，西城区积极吸引来自全国各地的十余家老字号来这里落户，计划使大栅栏的老字号总量达到50家。

2011年10月26日上午，有着800年历史的北京护国寺街以全新面貌开街。护国寺街东起德胜门内大街，西至新街口南大街，长约600米，位于什刹海历史文化保护区内，是老北京著名的商业街，也是老北京风情最浓郁、文化底蕴最深厚的街区之一。本次施工改造历时两年，改造了护国寺街的水、电、气、热管线。与此同时，在停车位上做了较大的调整，整合现有停车资源，计划开辟地上、地下共80个停车泊位，人民剧场内部停车场也将对外开放，以此缓

① “长和厚”是大栅栏一家以经营纯手工京绣为特色的店铺。

解停车难题。

在护国寺街改造过程中，对以传统小吃为代表的经营业态也进行了调整。以护国寺小吃、合义斋、人民剧场、护国新天地等商家为代表，积极发展特色餐饮、特色酒店、戏曲话剧演出、胡同民居游等多种主题业态。通过对原有特色商业街区资源的挖掘，尤其是对以北京特色小吃为代表的传统文化的深度发掘以及对周边旅游文化资源的延伸利用，打造“体验北京”“光影北京”“漫步北京”“庭院北京”四大主题区域，引入优质商户，提升商业品质，形成业态互动，使现代风尚与传统文化进一步融合，通过别致、复古的景观元素营造文化地标和人气聚集节点，将护国寺地区改造成一片充满生命力的新天地。

改造完成后的护国寺特色街，两侧的建筑物色调、风格实现了基本统一，店铺青砖灰瓦、红窗飞檐，体现着传统的明清建筑风格。这条体现老北京新生活的特色街将成为什刹海地区对外联通的重要节点，与新街口商圈、西单商圈形成更加紧密的商业联动，与阜景文化街、北海旅游区形成更加密切的旅游联动。

2012 年起，西城区进一步加大对老字号的扶持和保护力度，依托大栅栏、琉璃厂、什刹海、护国寺街等区域，建设和修缮老字号特色商业街。通过对区域内商业用房回购或回租等方式，配合租金减免、优化服务等政策，鼓励和支持老字号品牌回迁或新落户，同时积极引入全国各地老字号企业入驻，将这些区域打造为老字号集聚区。

2012 年 8 月 9 日，在由中国商业联合会中华老字号工作委员会举办的“中华老字号工作委员会第五次工作会议暨前门历史文化节中华老字号发展论坛”上，颁布《中华老字号集聚区认定规范（试行）》。据此，到“十二五”末，西城将形成大栅栏、什刹海、琉璃厂等多个集中展现中国式生活方式的老字号集聚区。

四、西城老字号集聚发展态势分析

1．西城老字号集聚发展具备的优势

（1）西城区拥有的老字号企业数量众多。西城区已经成为北京市老字号品牌的主要集聚区。据不完全统计，2012 年初西城区拥有 95 家老字号资源，占全市老字号数量的 50% 以上，其中商务部认定的“中华老字号”55 家，约占北京全市的 47%。这些老字号主要都分布在吃、穿、用等与百姓生活息息相关的行业中，有着深厚的文化底蕴，其中餐饮业约占 50%，商业服务业约占 30%，食品加工等行业约占 20%[①]。

（2）西城区老字号集聚区的历史悠久、特色鲜明。历史可追溯的西城老字号平均年龄 144 岁，百年以上历史的 41 家，其中的鹤年堂等著名企业，为北京品牌历史最为悠久的老字号。在漫长的历史进程中，大栅栏和琉璃厂分别形成了以商业和文化艺术两大主题为特色的产业集聚区。在大栅栏地区，有廊坊头条的灯笼街、廊坊二条的玉器街、大栅栏街的商业街、珠宝市的珠宝和银炉、门框胡同的小吃街、施家胡同的银号街，从中诞生了同仁堂、大观楼、内联升、瑞蚨祥等众多老字号品牌；在琉璃厂则诞生了驰名中外的荣宝斋、汲古阁、戴月轩、一得阁、中国书店等。

（3）建有良好的硬件基础。西城区老字号的集聚发展具有悠久的历史沉淀，近年来政府着力对主要街区进行更新改造，老字号的生存空间和发展环境得到了较大的改善，为打造老字号集聚区奠定了坚实基础。从 2003 年开始，陆续启动大栅栏－琉璃厂地区以及周边整体环境、道路和市政基础设施的更新改造。2009 年，有着 600 年历史的大栅栏西街（旧名观音寺街）保护修缮工程全面完成，正式开街。在恢复传统风貌的同时，还完成了大栅栏西街市政基础设施的改造，水、电、气管线全部入地，铺装路面，增设监控探头和

① 首都之窗–北京市政务门户网站http：//www.beijing.gov.cn/zfzx/qxrd/xcq/t1191492.htm。

紧急广播系统等。大栅栏西街改造前，商业店铺多以中小旅店为主，经营业态低下。修整后的大栅栏西街，整洁的环境、富有历史特色的建筑和丰富的风味饮食，大大提升了这里的商业环境。在功能定位上，大栅栏西街弥补了大栅栏商业街和琉璃厂文化街餐饮、休闲、旅游住宿的不足，京味十足的旅馆成为背包客的最爱。

2010 年，位于大栅栏文保区东端的大栅栏商业街、中端的观音寺街完成修缮改造，它们之间仅仅相隔一条不足 10 米宽的煤市街，游客可以随意在两街之间信步徜徉，不受阻碍。但再往西，连接观音寺街地带与琉璃厂的杨梅竹斜街、一尺大街、樱桃胡同等几条必经之路，还比较狭窄，不方便游客穿行，同时商业业态也还不成形。

为了实现大栅栏商业街、观音寺街、琉璃厂的连通，形成一条总长 1.5 公里的本市最长商业步行街，2010 年启动这个地区的院落腾退和人口疏解工作，启动杨梅竹斜街与樱桃胡同的贯通工程，打通大栅栏至琉璃厂的联络线。采用片区改造、保护更新、节点辐射、原生态保护、市政带动等多种模式，全面提升大栅栏 – 琉璃厂的产业结构、改善风貌。到 2012 年，完成取灯胡同、炭儿胡同和杨梅竹斜街传统风貌修复工程，启动招商引资。

2. 西城老字号集聚发展存在的劣势

（1）集聚区地价高、租金贵。西城区的老字号集聚区位于北京城的黄金地段，市场化的租金很贵，但老字号的产品销售价格相对低廉，很多老字号都是薄利，难以负担高额的房租，特别是小本经营的老字号小吃，更是不堪重负。2009 年，大栅栏西街开街时，11 家大栅栏名小吃齐聚在京城唯一一座保存完整的轿子楼建筑——青云阁，期望重现当年门框胡同“小吃一条街”的胜景。当时租金价格高达 50 元 / 平方米 / 天，而老北京小吃的租金超过 5 元 / 平方米 / 天就存在较大风险。到 2010 年 6 月，青云阁小吃城和美食百老汇关张，这也意味着前门地区所有传统小吃全部撤出（当时鲜鱼口美食一条街尚未开业）。市场化的租金水平，成为横亘在集聚区与老字号企业之间的一道鸿沟。

（2）面对多元文化冲击，老字号历史文化内涵的挖掘不足。老字号集聚区的发展需要具备三个要素，一是挖掘老字号文化内涵；二是老字号精神文化内涵体现价值，增加产品附加值；三是老字号要有衍生产品。要实现这种纵深模式的发展，首要任务就是深入挖掘老字号的文化内涵。

而在多元文化的冲击下，“拼盘”模式来得更为容易。例如，什刹海街区的文化构成，已经由本土京味儿文化发展成为传统文化、异域文化、新型时尚文化并存的局面。文化的变迁，集中体现在什刹海街区经济版图的改变，酒吧、咖啡厅、水上游、西餐厅等时尚商业形式兴盛，民俗店面数量越来越少。《西城区统计年鉴》显示，什刹海街区的支柱产业是批发零售业，其次是住宿餐饮业。批发零售业中，除少数经营传统手工艺品之外，多为皮革制品、现代抽象艺术品、生活用品等；餐饮业涉及中西正餐（35%）、小吃（20%）、酒吧（20%）、快餐（19%）、咖啡（4%）、茶馆（2%）。近年来，什刹海街区的产业发展较为散漫，产业链过于简单，缺乏积极整合、统一引导和有效管理，导致发展速度较慢、后劲不足。

3. 西城老字号集聚发展面临的机遇

（1）区政府注重政策倾斜、加大资金投入。2012 年 2 月 16 日，西城区发布《保护和促进老字号发展若干意见》，明确表示，今后五年每年投资 2000 万元，以大栅栏和琉璃厂传统商业区为依托发展老字号，同时进一步提升护国寺特色街、门框胡同等特色街区的环境和业态，鼓励老字号向主题化、多元化、体验化方向发展，全力打造中华老字号集聚区，形成老字号发展示范区。

目前大栅栏商业街、观音寺街、琉璃厂的企业，以传统老字号为主。经营领域涉及衣帽服饰、饮食、古玩字画、文房四宝等，缺乏高端文化创意消费场所。三条街巷连通后，相关部门将着重发展文化创意产业，以形成具有世界影响力的文化品牌，把大栅栏打造成为中国传统文化创展中心、国家级艺术品交易中心、老北京传统文化体验中心，形成文化氛围浓郁、商业特点突出、高端商务集中、休闲气息洋溢的“中央文化商务区”。

在形成最长商业步行街的同时，相关部门还将启动周边环境的改造。根据最新编制的大栅栏文保区发展规划，在三到五年时间内，将疏解该地区 70% 的人口，腾退修缮 80% 的文物和重要历史遗存建筑物，从北到南建设 3 条精品旅游线路；同时深入挖掘以正乙祠大戏楼、韩家潭京剧名家聚居地、梨园公会旧址等为代表的戏曲文化等历史文化资源，作为发展文化创意产业的有力支撑。

为了加快符合集聚区特点的业态聚集，西城区引入“孵化器”机制。具体做法是：前期通过以租金减免、优化服务等政策，鼓励和支持老字号回迁或新落户集聚区；中期通过帮助老字号引进资金，创新技术、提高管理水平等方式，促进老字号快速成长，实现规模化发展；后期支持老字号企业进行独立市场化运营，形成老字号集聚区企业的良性发展循环。

（2）老字号抓住引领市场新秩序的契机。老字号的品牌在广大消费者的心目中是产品质量、信誉的保证，在时下假冒伪劣商品给人们造成困扰甚至恐慌的背景下，老字号企业的金字招牌将是引领市场新秩序的重要元素。

以乳制品为例，三聚氰胺、工业明胶等一个又一个陌生而让人畏惧的名词走进国产乳制品的世界，在国产奶制品全面信任危机的困局中，有记者把视角聚焦在老字号身上。根据记者在西单、王府井等北京市繁华地区随机对 100 名行人的采访，全部受访者对国产乳制品持负面或者怀疑的态度。其中，有 12 名受访者听说过或者品尝过传统北京奶酪，并且都给予正面的评价。当记者问道“您认为老字号是否也会存在质量问题”这个问题时，得到的答案全部是“不会吧”“不应该吧”这一类略带怀疑的反问。采访数据显示，奶酪魏等“老字号”的光环使消费者将其区别对待。光顾奶酪魏的，不仅是中老年顾客，年轻人占客户总数的1/3[①]。因为老字号是用传统工艺制作，不含有工业胶、防腐剂、香料等对人体有害的成分，属于绿色环保食品，得到消费者的信任。

2013年，国民经济下行压力不减，一季度GDP增速降至7.4%，北京老字号企业在此背景下逆势增长。20家重点监测老字号企业的销售额、利润额和缴税额分别比2012年同期增长10.43%、18.68%和18.12%。新增店铺261家，6家企业入选《2012中国特许经营120强》[②]。

（3）老字号认定工作助推企业发展。2006年和2010年，国家商务部两次进行中华老字号的认定。各地在各级老字号协会的统领下，进行区域性老字号的认定。2008年浙江省公布首批浙江老字号，至今已经认定四批浙江老字号；广东省2011年开始实施《广东老字号评定规范》，进行广东老字号的认定。此外重庆、山东、河南等老字号数目较多的省市也已开始地区老字号的认定。北京市2013年启动此项工作，2014年6月首批对145家企业、151个品牌进行认定和授牌。这意味着，北京终于拥有了自己老字号品牌的官方名册，这或许会给解决长期以来北京老字号称呼混乱、管理缺位、认定艰难等治理难题迎来曙光。

认定的目的是引导和促进北京地区老字号企业的发展，在认定过程中，评审专家会给企业提出相应的发展指导意见。如居仁堂京瓷（北京）文化有限公司，在认定北京老字号之前，这家公司起了一个非常后现代化的名字，评审专家了解后发现，这是一家从宫廷中传出、完全属于北京人自己的瓷器品牌。为此，专家建议在企业名称上略做改动，传递出企业的文化内涵，以利于进一步明确企业的市场定位，扩大企业的社会影响。

北京老字号的认定，让企业对自身的背景和历史文化进行了一

① 刘亚力：《老字号奶酪如何成为市场主流》，《北京商报》，2012-04-23。

② 贺陈慧：《北京老字号“履新”》，《北京商报》，2014-04-18。

次再梳理。字号代表着质量保证和诚信经营，拥有“老字号”这个称号，能提升企业的公信力，增加信用等级，不管是在老字号企业品牌价值的构建上，还是在老字号无形资产的评估中，都会对企业提供较大的帮助。

4. 西城老字号集聚发展面对新的挑战

（1）滥竽充数现象屡禁不止。在西单、大栅栏、琉璃厂等北京的老街区，“老字号”“老北京”的招牌随处可见，其中出现了很多不知名的店铺。这些打着虚假广告的企业已经出现了很长时间，但未见有所整改。例如，永丰莜面、永沣老北京炸酱面、锅贴王等品牌均不在北京老字号名单之列；烤肉季、通三益等中华老字号门店也均是加盟店。在餐饮、食品行业里，中餐不像西餐那么标准化，所以中餐的加盟店在品质上较难真正保证做到原汁原味。而且，经营这些企业的公司是一家位于东北的企业，同样也是由于餐饮行业往往具有浓厚的地方风味特点所致，这容易使人对企业能否保持正宗“北京味儿”产生怀疑。

（2）业态融合难度较大。老字号的生存与发展，在主要有赖于其品质和信誉的同时，怀旧情结也在发挥着不可忽视的作用。老字号可以说是一个地方的人文象征。但当人们发现，那些老字号已迁移新址且换上亮丽的新招牌时，难免会感到怅然若失。就像一个人不可能坐在全聚德里喝咖啡，也不可能坐在星巴克里吃烤鸭。保护老字号的困难之一，就是如何在保留历史特色的同时，主动适应时代发展需要适当转型，与新的业态实现有机对接，以实现经济效益的最大化。

以前门大街为例，在政府部门最初的规划中，前门大街被定义为传统文化与现代时尚紧密结合的特色商业街。而开街以来却一直“折腾不断”，一个重要原因，就是由于无法把握好传统与现代之间的平衡，缺乏清晰而具体的定位。

开街之时，前期宣传将入驻的 LV、Prada 等品牌纷纷爽约，后来还是靠天信百货、京华琴行、大明眼镜和兴龙马珠宝等一系列北京老字号品牌入驻才得以顺利开街。但不过两年，上述商铺在租约到期后纷纷撤离。于是，2010年引进了大量服装品牌。美特斯邦威、森马、圣迪奥、红豆男装、李宁、361度等中端服装品牌入驻前门大街。但是这次调整时入驻的许多服装品牌，已是上市公司或准备上市，选择在前门大街开店只是为了进行品牌推广，并没有长远打算。因此，当服装品牌很快陷入高库存、净利缩水的泥沼时，上述服装品牌均纷纷关店止损。

现代和外国品牌的引入，让前门大街的经营方向陷入争议之中。前门大街的历史传统就是老市井、小胡同，是平民百姓的聚集地。但前门大街重新开街后，大多数游客都是冲着隐藏在前门大街一侧的大栅栏来的，无论冬夏，里面都是一派繁忙的景象，而在前门大街上长时间逗留的游客却并不多。

同样道理，在什刹海这个今天洋味十足的地方推动老字号集聚，需要怎么样的业态，也是难以抉择的问题。

总体而言，能否建成老字号集聚区，除了准确的产品定位之外，还取决于物业条件、业态组合、目标客户群、与周边商圈特征是否吻合等因素。

大栅栏商业区有一条胡同叫门框胡同，北起廊坊头条南至大栅栏。有谚语提到京城的繁华之处："东四西单鼓楼前，王府井前门大栅栏，还有那小小门框胡同一线天。"门框胡同能够和王府井等地相提并论，可见名气之大。当年的门框胡同汇聚了京城著名的小吃摊，从南到北依次有：复顺斋酱牛肉，年糕王，豌豆黄宛，油酥火烧刘，馅饼陆，爆肚杨，卖年糕、炒饼、汤圆的厨子杨，年糕杨，豆腐脑白，爆肚冯，奶酪魏，康家老豆腐，炒火烧沙，包子杨，同义馆涮羊肉，瑞宾楼（原名祥瑞）褡裢火烧，德兴斋的烧羊肉白汤杂碎和俊王爷烧饼等。这些贩卖小吃的小摊饭铺虽然门脸不大，但几乎每家都有悠久的历史和丰富的传说。

门框胡同的繁荣，就受益于当年大栅栏合理的业态组合。早年的大栅栏地区，不仅是京城的商业中心，还是娱乐中心，在这里云集了“广和”“广德”“三庆”“中和”“庆乐”等戏楼，“同乐”“大观园”等影院。很多戏曲文艺界的名流常出入此地，他们也是门框胡同小吃摊的常客。裘盛荣、尚小云、金少山、鲁迅、常宝坤等文化界名人均是这里的忠实顾客。

岁月流转，如今的门框胡同小吃街已经荡然无存，过去的各家小吃早已四散各处。除了廊房二条的爆肚冯，大栅栏街的月盛斋，其他的都远离门框胡同了。而新张开业的饭馆，也早已没有了昔日门框胡同里的京腔京韵，因而失去了对顾客的吸引力。

（3）腾退文物建筑困难重重。多数老字号的原址都存在产权不清等历史遗留问题，为腾退工作带来诸多困难。以什刹海老字号集聚区的建设为例，多数专家都提出应该恢复会贤堂。位于什刹海前海北沿的会贤堂，是当年京城“八大堂”之首，也是八大堂之中唯一保存完整原址、原味的建筑。民国初年，溥仪曾派内务府大臣绍英等在此专门宴请徐世昌等人。1912 年，鲁迅曾三次来会贤堂，京剧演员梅兰芳、余叔岩等在此有过表演。很多人都认为，会贤堂的恢复将为什刹海带来正宗的北京味儿。但从 2008 年开始的权属之争，一直到 2013 年 6 月才终于明确了产权归属，可是依然没能完全腾退。原因主要在于腾退文物建筑缺少法律依据，占用文物古建的单位或者个人，往往借此索要巨额补偿费，令腾退工作难以进行。目前会贤堂 60% 面积的居民已经完成腾退，仍不腾退的剩下不到 400 平方米，成为当前恢复会贤堂最大的阻力。

五、西城区老字号集聚发展的对策

通过前文对西城区老字号集聚发展具有的优势、存在的劣势、面对的机遇和挑战的分析，我们认为，应该将内部资源与外部环境有机结合，发挥优势因素，克服劣势因素，利用机遇因素，化解威胁因素，运用系统分析的思想，把各种因素相互匹配起来加以组合，分析得出可选择的对策（组合矩阵详见表 1）。

S–O 组合：鉴于西城区老字号企业众多，且历史悠久、特色鲜明，需要充分利用西城区政府的鼓励政策大力发展集聚区；但是因为西城区的老字号集聚区已有一定的发展基础，所以未来的工作重点，要定位于防止集聚区陷入路径依赖，引导老字号企业突破发展瓶颈。

W–O 组合：由于西城区地价高、租金贵，所以需要老字号借助文化创意产业的力量，增加老字号企业产品和服务的附加值，挖掘老字号集聚区的可持续发展能力。

S–T 组合：鉴于西城区老字号企业众多，且间有一些滥竽充数的企业，而集聚区发展的业态融合难度又较大，所以要重视业态准入的分析研究，制定规模适度、业态优化的集聚区管理模式。

W–T 组合：考虑到集聚区建设面临着政策、法律、法规等方面诸多的困难和障碍，所以应该加强外部环境建设，建立强有力的老字号集聚发展支撑体系。

表 1　SWOT 战略分析总结表

<table>
<tr><td rowspan="4">外部环境</td><td colspan="3">内部环境</td></tr>
<tr><td>优势 S
劣势 W
机遇 O
挑战 T</td><td>优势 S
1. 老字号企业数量众多
2. 历史悠久、特色鲜明
3. 已有良好的建设基础</td><td>劣势 W
1. 集聚区地价高、租金贵
2. 受多元文化冲击，缺乏历史文化内涵的挖掘</td></tr>
<tr><td>机遇 O
1. 各级政府的政策倾斜、资金投入
2. 老字号抓住引领市场新秩序的契机
3. 老字号认定助推企业发展</td><td>SO 战略方向：防止集聚区陷入路径依赖，引导老字号企业突破发展瓶颈</td><td>WO 战略方向：鼓励老字号集聚区与文化创意产业相结合，实现老字号企业的可持续发展</td></tr>
<tr><td>挑战 T
1. 滥竽充数现象
2. 业态融合难度较大
3. 腾退文物建筑困难重重</td><td>ST 战略方向：重视业态准入的分析研究，制定规模适度、业态优化的集聚区管理模式</td><td>WT 战略方向：加强外部环境建设，建立强有力的老字号集聚发展支撑体系</td></tr>
</table>

依据上述分析，提出以下四个方面的具体建议。

1. 防止集聚区陷入路径依赖，引导老字号企业突破发展瓶颈

集聚发展在带来规模效应、促进内外部经济的同时，也可能带来负面作用，主要表现在集聚区的小环境使得企业产生路径依赖，对环境变化的反应会渐渐失去必要的敏感，从而使技术发展陷入锁定状态，阻碍产业群的创新进程，尤其是传统产业集群更容易如此。老字号的品牌效应、集聚区的旅游资源均在一定程度上维持了部分客源，由于集群企业与集群外相关企业联系较为松散，这在一定条件下降低了自身技术进步和组织变化的积极性。换言之，产业集群内企业对过时的生产工艺墨守成规，不愿放弃与现存技术连为一体的聚集经济利益，这使产业集群内企业面临巨大的市场风险和技术风险。产业集群内部如不思进取、不冲出旧技术轨道，而一味寻求旧技术的改进，结果整个产业集群将被锁定，最终导致产业集群的衰落。

什刹海地区的“九门小吃”事件生动地说明了这一点。2012 年 3 月 15 日，奶酪魏、羊头马、豆腐脑白等 7 家老字号小吃撤离九门小吃；4 月 28 日，九门小吃封门停业；8 月 19 日又易主重张。在这段时间里，九门小吃可谓风波不断。其实，九门小吃的集聚模式没有问题，几个北京小吃集聚在一起，招徕人气，这个思路是正确的。但是他们没有按照现代企业制度的新理念和新模式，积极寻求自主革新，使得发展方向不是十分清晰。加之房租从一年 40 万元猛涨到 360 万元，导致无法继续正常经营。

2012 年 8 月 19 日，九门小吃重新开张，之前离开的爆肚冯、年糕钱、月盛斋、羊头马、炸糕辛、奶酪魏、豆腐脑白又回来了，但经营理念、模式均有改变。在西城区各方的共同努力下，经什刹海商会大力协调，这几家老字号联合成立九门送福小吃公司，公司采取股份合作形式。这就意味着，这些老字号现在是公司的股东，而不再是以往的租户和档口的承包人，他们将联手运营，共同发展。

九门小吃成立董事会，聘请职业经理人，负责统一的推广、宣传、营销等事宜。

在这种经营模式下，这些老字号要做的，就是专心呵护老字号手艺，将它们一代又一代地传承下去。在成立公司之后，与什刹海商会共同成立老北京小吃保护基金，其目的一个是传承老北京小吃，另一个就是挖掘失传的老北京小吃，为那些缺乏资金的小吃提供帮助。在今天的九门小吃，阔别两年之久的小肠陈也被迎回，这正是帮扶同业、联手发展老北京小吃的生动见证。

实践表明，创新是产业集群升级的动力。面对产业集群的衰落，对策是通过技术创新、制度创新，实现产业集群活力的持续发展。

2. 鼓励老字号集聚区与文化创意产业相结合，实现老字号企业可持续发展

在知识经济时代，文化成为经济发展的重要资源，文化创意产业成为重要的支柱产业。从国际经验来看，人均 GDP 突破 5000 美元之后，现代化进程处于由投资驱动向创新驱动过渡的关键时期，经济发展主要依靠自主创新提高产业附加值，依托高科技和文化有机结合的创意理念和创新能力，拉动产业（企业）发展。

2012 年，北京市文化创意产业收入首次突破 1 万亿元，2013 年，北京市文化创意产业实现增加值 2406.7 亿元，增速超过 9%。文化创意产业已成为北京市仅次于金融业的第二大支柱产业。文化创意产业涵盖领域广泛，主要包括文化艺术、新闻出版、广播影视、软件服务、广告会展、艺术品交易、设计服务、休闲娱乐和其他辅助服务九大门类，资源消耗少、环境污染小、产业附加值高。

就西城区而言，“十二五”以来，文化创意产业遵循区域功能定位和产业发展规律，在政策引导、理念创新、环境优化的基础上得到平稳较快发展，产业运行良好，规模总量逐年扩大，逐渐成长为区域支柱产业之一；重点产业发展平稳；有 6 个集聚区进入《北京市文化创意产业功能区建设发展规划（2014–2020）》规划范围；

文化、科技、金融和文化、商业、旅游产业深度融合，形成互为支撑的产业发展格局；创新集聚发展模式，引导优质企业形成空间集聚，初步形成龙头企业带动中小企业发展的“产业生态链”；优化产业生态环境，初步建立起“以大带小，联小成大”的企业整合机制；产业规模、影响力和跨产业融合度逐步提升，初步形成具有西城特色的文化创意产业发展模式①。

围绕促进文化艺术、新闻出版、设计服务、艺术品交易、旅游休闲娱乐等重点产业发展，推动老字号企业与文化创意相结合并加以产业化，将是西城老字号集聚区创造新的经济增长点以谋求可持续发展的重要途径。通过老字号与文化创意产业的结合，可以推动老字号开发衍生产品，推动服务创新，增强传统文化的时尚气息，增厚集聚区文化、旅游、消费的圈层，激发新的市场需求。推动包括特色街区设计、传统文化演艺、四合院酒店、老字号会展博览、特色餐饮、特色品牌店、富含老字号元素的旅游纪念品等不同形式的多主题深度体验消费，将老字号的文化资源优势转化为文化创意产业优势，利用集聚区的地理区位优势进一步提升大栅栏、琉璃厂、什刹海、护国寺、门框胡同等特色街区的环境和业态。

3．重视业态准入的分析研究，制定规模适度、业态优化的集聚区管理模式

虽然产业集群有利于交易效率的提高和交易费用的降低，从而带来递增收益，但这并不意味着集群越大越好。过度拥挤和竞争，是集群进入成熟期之后经常出现的现象。根据俱乐部理论（James M Buchanan，1965），俱乐部产品的一个特点，是成员增加到一定程度会产生拥挤效应，即随着新成员的加入，俱乐部公共产品边际收益呈现递减状态。这时，就会产生俱乐部最佳规模的确定问题。

集群相当于一个自愿聚集在一起的组织的聚合体或者俱乐部，Buchanan 认为，一个俱乐部的最佳规模就在外部不经济所产生的边

① 西城区文创办：《关于西城区文化创意产业发展情况的报告》（内部资料），2014年8月。

际成本正好等于由于新成员分担运转成本所带来的边际节约点上。但当集群内企业数量超过最佳规模，就会引起产业集群内企业的生产成本增加，导致经济利益降低。具体表现为企业的集群引起对生产资料的需求大幅增加，从而导致生产要素价格的上涨。虽然部分生产要素可以通过市场调节得到解决，但像土地、专业化的劳动力等则不是那么容易解决的；企业为了留住人才也不得不大幅增加工资和各种福利等，导致生产成本的增加。

公共产品的供给也会由于来自过多地使用而变得沉重不堪，提高企业的额外负担。成本增加的同时，在产业集群内，大量企业集群生产相同或相似的产品，面对激烈竞争，会产生不法企业“搭便车”现象，生产劣质产品充当好的商品，从而影响了集群整体品牌和声誉，大大削弱企业的竞争能力。

所以，集聚区的科学、持续发展，需要重视业态准入的分析研究，制定规模适度、业态优化的集聚区管理模式。

建议制定《西城区老字号特色商业集聚区创建管理办法》，对集聚区的培育及创建、评定及命名、动态管理等方面制定业态准入标准和业态调整申报制度，保证老字号集聚区规划特色的实现，规范老字号集聚区的建设与管理。

在业态准入问题上，首先是要尊重老字号自身的发展规律。例如，琉璃厂是京城著名的文化街，在笔墨纸砚的文化氛围中不是什么业态都适合混合发展的。北京还没有老字号博物馆，作为老字号企业数量最多的西城区，可以考虑在琉璃厂设立老字号博物馆。还可以考虑规划建设集策划、创意、展示、销售、服务等功能于一体的“北京老字号博览中心”。

其次是要尊重老字号的历史。早在清乾隆五年（1740 年），东琉璃厂就有信远斋出售酸梅汤等食品。末代皇帝溥仪的老师朱益藩对信远斋的蜜果脯和酸梅汤非常欣赏，题写“信远斋蜜果店”匾额。文人墨客逛文化街，都愿到信远斋优雅的店堂来喝上一碗爽口的酸梅汤。目前，信远斋在琉璃厂消失了，使人感到几分遗憾。打造老字号集聚区，应该把它引进来，以延续历史上曾经的辉煌。

4. 加强外部环境建设，建立强有力的老字号集聚发展支撑体系

“竞争战略之父”波特指出，政府应该努力创造一种能支持生产力提高的环境，他们应该促进集群形成和升级以及对许多相关联企业有重要影响的公共物品和准公共物品的建设。在当代中国市场经济条件下，当地公共部门是引领集群升级的关键驱动力量。想要做好老字号聚集群，政府需要在财政、税收、金融等方面建立长效机制，确保老字号的可持续发展（其中的传导机制见图 1）。

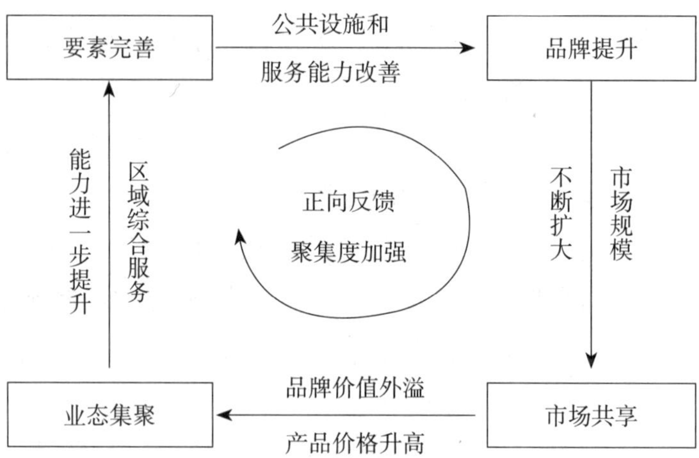

图 1　老字号集聚发展模式

（1）制定促进西城区老字号集聚发展的财政政策。一是将老字号集聚区的基础设施建设纳入财政预算，每年安排一定比例的资金，支持集聚区的基础设施建设。二是充分发挥文化产业发展专项资金的带动作用。设立老字号企业发展专项资金，以贷款贴息、项目补助等形式助推老字号企业。随着经济规模的不断增大，政府财力的增加，老字号企业发展专项资金以一定的比例不断增加；同时注重对民间资金投入的带动，发挥财政资金的导向作用。

（2）制定促进西城区老字号集聚发展的税收政策。一是降低税率，减轻老字号企业的税收负担。尤其是对蕴含文化传承、文化创意的企业实行差别税率，体现政府对老字号扶持的税收政策导向。二是制定针对小微老字号企业的税收优惠政策。一方面，可以专门针对小微老字号企业技术升级改造的优惠项目，给予各种政策、资金的支持；另一方面，可以在融资方面给予小微老字号企业所得税抵扣、减免等优惠，或给予税收担保，减轻融资负担，增强竞争力。三是制定适用于老字号集聚区长期可持续发展的税收优惠政策。如为增加老字号企业对未来发展预期的确定性，以有利于制定企业中长期发展规划，可将目前相关税收优惠条款的适用年限由一般的 2–3 年延长至 5–10 年。

（3）制定促进西城区老字号集聚发展的投融资政策。政府相关部门应理清发展思路，运用产业政策引导银行资金流向。由集聚区的主管单位与商业银行合作，定期或不定期召开各种层次的老字号企业与银行座谈会以及多种形式的银企对接活动，由集聚区主管单位介绍老字号产业的发展经营情况；商业银行通报金融运行情况及有关货币信贷政策、开发针对集聚区老字号企业融资特色的产品与服务；老字号企业推广介绍自己的项目，银企双方根据市场原则，进行双向选择。

（4）制定促进相关社会组织发展的政策。一是推动行业自律组织建设。实现老字号的集聚发展，必然会产生一些以前没有遇到过的矛盾。应该注重更好地发挥大栅栏商会、西单商会、什刹海商会等已有组织的作用，同时根据地区发展需要，加大新的老字号集聚区商会组织的建设，加强行业自律，协调解决各种问题。二是推动社会智库建设。在社会主义市场经济条件下推动老字号集聚发展，是一个崭新的课题。应该紧密依托首都优质社科资源，积极发挥区委决策咨询委员会、区政府专家顾问团、区社科联专家库、专家联谊会等组织以及各种民间智库的重要作用，围绕老字号集聚发展的目标、条件、障碍、路径、谋略等重大问题，开展前瞻性、战略性、实证性、应用性研究，提出切实有效的对策、建议。三是积极搭建老字号集聚发展的互动平台。以现有活动形式为基础，大力打造新的平台，推动政企合作、银企合作、上下游企业合作、老字号与文创企业合作、老字号与地区合作，加强企业与社会的联系、沟通，推动老字号集聚发展，提升老字号的社会影响力和市场竞争力。

在充分发挥市场经济体系决定性作用的同时，政府的指导、引领作用也不可小觑。总体来看，推动老字号集聚区建设，迫切需要政府主管部门注重顶层设计，将之纳入地区发展整体规划，从确定发展目标、深度整合资源、协调各方力量、转变企业机制、发挥市场体系作用、营造良好氛围等方面，加强统筹规划，扎实推进各项工作，确保取得预期成效。

参考文献

1. 韩凝春．提振北京老字号文化软实力相关产业政策研究[J]. 北京财贸职业学院学报，2014，4：16。

2. 王先庆，武亮．现代服务业集聚的模式与结构机理研究[J]. 商业研究，2011，11：93。

3. 陈柳钦，黄坡．产业集群发展的制度经济学分析[J]. 云南财经大学学报，2008，1：45-47。

作者简介

林妍梅，北京联合大学商务学院副教授，主要研究方向为中小企业投融资管理、环境金融。主要论文有《管理层收购在老字号企业中的实施情况分析》《论老字号企业战略性资产重组的策略》《论老字号引进民营战略投资者的策略》《论北京传统商业货声中的贾道文蕴》《北京老字号产权改革的问题与对策》《老字号月盛斋改制经验的启示》《民营资本进入北京老字号的典型案例研究》等。

老字号药店如何推动“大健康战略”

田东华　张胜发　徐会文

【内容提要】社会进入大健康时代，医疗模式由单纯的疾病治疗转向疾病预防与控制，推动治未病与治已病的有效结合，催生“大健康战略”的产生与发展。在大健康时代，许多传统老字号中药店开始尝试大健康生活馆经营模式，向大健康药店转型。本课题通过总结、梳理西城老字号药店在预防、保健、康复、治疗等方面的养生保健理念和品牌，提出充分发挥老字号药店的优势和特点，将大健康战略思想与老字号药店的品牌优势有机结合，提高大健康战略在西城居民中的影响力，有效改善居民的健康水平；以实施大健康战略为契机，大力弘扬其医药精髓，提升老字号药店的软实力，促进老字号药店发展壮大；推动传统中医药产业链不断延伸，加速扩展和整合，使之成为我国生命健康产业中最具成长性的组成部分。

【关键词】大健康战略　中华老字号　药店　养生保健

中华老字号是中国名牌企业的重要组成部分，是中华传统企业文化的重要载体，具有深厚的文化底蕴，具有很强的历史价值、社会价值和经济价值，凝聚了我国传统民族企业家的艰辛和传奇。特别是在预防保健方面，医药类老字号品牌在中国传统医学发展过程中发挥了举足轻重的作用，出现了许多老字号品牌药店，如同仁堂、鹤年堂、九芝堂、达仁堂、云南白药等。这些家喻户晓的中华老字号药店，既是中国医药的前沿代言人，也是我们国家宝贵的文化遗产。

随着中国经济、社会的飞速发展和人民生活水平的显著提高，健康已经成为全社会热议的话题，城乡居民对于健康的关注日益高涨，对于健康知识和健康生活的诉求也愈发强烈。尤其是自20世纪90年代以来，我国居民的疾病谱由以传染性疾病为主转向慢性非传染性疾病为主，人们也更加注重亚健康的调理和预防。社会已经进入大健康时代，医疗模式由单纯病后治疗转向预防与治疗，推动治病与治未病相结合，寻求一种“预防、治疗、康复”三位一体的“大健康”保健模式，由此催生了今天的大健康产业。

我国中医学的整体健康观念、辨证论治方式等优良传统，与这种保健模式的转变正好吻合，中医药在促进养生保健和加强亚健康群体防治方面具有独特优势。世界卫生组织组织正在制定相关政策，将传统/补充替代医学纳入国家卫生保健系统；通过提供评估和质量保证标准的指导，提高传统医学和补充替代医学的安全性、有效性和质量。当前国际医药市场上，天然药物已突破30%的市场份额，年销售额高达270亿美元，全球中草药销量以每年10%的速度增长，明显高于化学药品。国际上对植物药和天然药物的研究和开发不断深入，美国有中医药研究机构146个，法国有近百家中药或植物药厂、10余家中药研究机构，德国、加拿大、澳大利亚等国也对中医药特别是针灸开展深入的临床研究。

但是，当前对中医药的深入研究进展缓慢，中医药的理论创新还未取得突破性进展。由于医疗领域市场化和补偿机制的不完善，严重影响了中医药技术和优势的发挥。作为中国的传统医学，中医药在大多数亚洲国家得到认可，但在其他一些国家和地区则得不到法律认可；在医疗服务领域，中医药的优势和应用在逐步缩小，医疗服务功能在下降；中医药发展面临文化和技术壁垒的挑战，存在文化的鸿沟和准入障碍；传统药物的安全性和有效性评价尚未得到欧美国家的完全承认，草药管制方面缺少研究数据，中医药走出国门依然任重道远。

老字号药店在预防保健方面数百年的积累和传承，可以很好地契合“大健康战略”。中医自古有“上医治未病”的传统，直接体现出了预防保健的思想。通过借鉴老字号药店在预防、保健、康复、治疗等方面的传统理念和成功做法，提高“大健康”理念在居民中的影响力，可以有效改善居民的健康水平。另一方面，依托老字号药店实施“大健康战略”，可以推动传统中医药产业链不断延伸，加速扩展和整合，使之成为我国生命健康产业中最具成长性的组成部分。而老字号药店也可以实施“大健康”战略为契机，大力弘扬其医药精髓，提升企业的软实力，实现医药老字号的持续发展。

为此，本文重点研究将大健康发展战略思想与老字号药店品牌优势结合起来，通过实施大健康战略推动老字号药店进一步发展的策略、方式。

一、我国大健康战略的产生与发展

随着时代不断地进步、生活水平的不断提高和科学技术的飞速发展，人们追求健康的观念、对健康的认知、疾病预防的重点以及健康的内容都在不断发生着变化。健康意识经历了“环境时代——医药时代——生活方式时代”的认知过程，社会逐渐将健康重点转移到预防领域和应对生活方式变化带来的健康挑战方面。在全面向小康社会过渡的中国，亚健康人群增多、慢性病发病率上升、重大公共卫生事件频发等现象已经向我们敲响了警钟。

如果把整个大健康产业比做海上的一座冰山，那么，治病救人的医药事业只是浮在海面上的冰山一角；而治未病的保健事业就是沉在水面下的部分，体量大得惊人。有鉴于此，国内众多医药企业已经开始反思，谋求转型，走大健康战略之路。面对当前我国居民的保健意识、保健行为有待加强的现实情况，迫切需要以科学的理念引导人们进一步把握科学的健身知识，规范自己的消费行为。同时，我国社会保健服务机构与人才极其缺乏，保健食品企业的主体行为需要进一步规范；面对“入世”竞争，民族保健行业、民族保健文化需要扶持与弘扬。

“大健康战略”是根据时代发展、社会需求与疾病谱的改变而提出的一种全局性健康促进战略。它的范畴涉及各类与健康相关的理念、产业和服务，也涉及各类组织为了满足社会的健康需求所采取的行动。

大健康战略的核心，是“大健康”理念先行，紧紧围绕人们期望的核心，让人们“生得优、活得长、不得病、少得病、病得晚、提高生命质量、走得安”；是倡导一种健康的生活方式，不仅是“治病”，更是“治未病”；是消除亚健康、提高身体素质、减少痛苦，做好健康保障、健康管理、健康维护；是帮助民众从透支健康、对抗疾病的方式，转向呵护健康、预防疾病的新健康模式。由此推动医疗模式由单纯病后治疗转向预防保健与治疗相结合，催生“大健康产业”。

大健康产业是21世纪经济的核心产业，基本内涵就是转变传统医疗产业发展模式，即从单一救治模式转向“防——治——养”一体化防治模式。为此，除了应继续发展以医疗器械为主、以药品为主的医疗医药工业，还应加快发展以饮食来调节机体健康、预防和治疗疾病的健康餐饮业，以保健食品、药妆、功能性日用品等为主的保健品产业，以个性化健康检测评估、咨询服务、疾病康复等为主的健康管理服务产业，以食物、药膳、针灸、推拿、气功、太极等具体方法为主的健康保健产业，以中医中药为品牌特色的医疗旅游产业等。

2009年实施的国家基本公共卫生服务均等化政策，是深化医药卫生体制改革的重要举措之一。通过对城乡居民健康问题进行干预，减少主要健康危险因素，有利于预防和控制传染病及慢性病的蔓延，使城乡居民逐步享有均等化的基本公共卫生服务，是我国政府坚持以人为本、落实推动大健康理念发展的重要措施。

中医药在全面推动大健康相关政策、参与深化医药卫生体制改革中发挥着重要作用。随着医药卫生体制改革的不断深化和国家大健康战略的实施，中医药发展面临许多新情况、新问题。中医药特色服务在预防、保健、康复领域的发展还不能满足人民群众健康服务的新需求，还需进一步拓展；中医药在防治重大、疑难、传染性疾病等方面的科技攻关成效还不显著；一些特色诊疗技术、方法濒临失传，继承不足、创新不够同时并存的问题十分突出，一些重大理论和关键技术尚未取得突破性进展；中医药文化传承有待加强，社会认知度还需提高；中医中药发展缺乏统筹规划，中医与中药发展不协调；中医药人才队伍还不能满足事业发展的需要，高层次中医药人才不足，基层中医药人员严重短缺；中医药基础差、底子薄的现状仍没有得到根本改善，城乡之间、区域之间中医药发展不平衡，中西部地区和广大农村基层中医药工作基础还很薄弱。中药资源保护与利用矛盾突出，产业低水平重复建设严重；中医药管理体制尚不健全，与中医药事业发展的要求还不相适应。

在大健康战略下，如何发挥中医特色服务优势，发挥中药品牌特色优势，转变健康理念方法，以中医药推动大健康战略和大健康产业的深入发展，是一个亟待研究的问题。

2013年，作为我国首个指导健康服务发展的纲领性文件，《国务院关于促进健康服务产业发展的若干意见》颁布。《意见》明确指出健康服务业以维护和促进人民群众身心健康为目标，主要包括医疗服务、健康管理与促进、健康保险以及相关服务。同时指出，加快发展健康服务业是深化医改、改善民生、提升全民健康素质的必然要求，对于稳增长、调结构、促改革、惠民生，全面建成小康社会，具有重要意义。《意见》特别强调要全面发展中医药医疗保健服务，并在提升中医健康服务能力；充分发挥中医医疗预防保健特色优势；推动医疗机构开展中医医疗预防保健服务；开发中医诊疗、中医药保健仪器设备；推广科学规范的中医保健知识及产品；加强药食同用中药材的种植及产品研发与应用；宣传普及中医药保健知识，推广科学有效的中医药保健服务等多方面提出了推动中医药事业的发展策略。这些都为大健康时代背景下中医药的发展指明了发展方向。

2014年，国家出台的一系列与大健康相关的政策，相关的大健康产业和医疗服务领域得到国家政策的大力支持，给中医药推动大健康战略的发展带来契机。按照国家科技部关于推动大健康产业创新和发展的思路，大健康产业涵盖的领域很广，其产品领域包括医药产品、生物产品、化妆品、保健（功能）食品、绿色食品、器械以及与健康有关的各种产品等。文件提出要积极创立大健康产业化基地，鼓励和支持大健康产业的创新和科技进步①。

我国目前大健康产业的主力军，包括天士力、云南白药、修正药业、哈药集团、康恩贝等大企业。国内成功发展健康产业的企业有以下特征：（1）都是制药企业，具备开发大健康产业的技术条件、人员储备和资金实力等先天优势。（2）都是通过发挥产品差异化特点，成功开拓大健康产业。如云南白药通过白药秘方开发牙膏减轻牙龈出血的功能；修正药业以参茸产业的技术优势致力于打造世界级人参品牌和鹿茸品牌等。（3）都呈现信息网络化新趋势。如哈药集团专门开辟哈药健康产业网，发布健康信息，教育和引导消费者。目前，国内医药电子商务平台和快速物流配送系统已相当成熟，网上在线销售药品、保健品等健康产品将是一种潮流趋势。

二、大健康药店的含义及其在大健康战略中的重要作用

随着大健康时代的到来，越来越多的大健康产品将逐渐走进人们的社会生活。药店作为连接健康产品与大众消费者直接的桥梁，

① 2010年3月12日上午，在天津滨海高新区召开的“大健康”产业发展座谈会上，科技部社发司生物医药处张兆丰副处长介绍了科技部推动“大健康”产业创新和发展的思路和举措。

在大健康战略发展过程中起着关键作用。在大健康时代，药店不仅仅是药品储存和销售的集散地，更重要的是扮演着“为消费者健康服务”的角色，把药店打造成便民超市、健康超市，通过普及保健知识，让老百姓学会根据自身情况正确选择保健产品。

进入21世纪以来，竞争成了医药零售行业的主旋律，药品利润空间越来越小。许多药店纷纷把产品线从疾病的治疗拓展到疾病预防、保健、护肤美容等“大健康”领域，引进健康管理中心服务会员的模式，开始向大健康药店转型。

（一）大健康药店的正确含义

我们这里谈到的大健康药店，是指为了解决消费者疾病预防、保健、康复、美丽、个人护理和亚健康状态逆转等相关问题，提供产品和解决方案的大型综合药店或者解决以上相关问题的特色专科药店，围绕消费者的健康提供全方位的产品和服务。这就要求大健康药店在商品的设置上必须与健康主题相关联，以文化宣传为辅助，使消费者全方位地感受到健康服务。如果是以中医诊疗为主的药店，在诊所里可以开辟中药标本展示区。如上海蔡同德堂药号，在经营传统中医药的同时，向消费者展示中国名贵的中药材及当地的药材，传播普及医药、药学知识，以浓厚的中药氛围向人们展现祖国传统民族医药文化的博大精深。重庆西部药城开辟图书阅览室，收集各学科书籍与杂志，免费向顾客提供医药保健知识，增强人们的自我诊疗意识，防病于未然。北京鹤鸣堂药店引进自动煎药机及传统砂锅煎药，让消费者自我感受环保健康、保证中药煎煮的纯正。

大健康药店还应将健康服务产品作为经营品类，为消费者提供健康咨询、专项健康问题解决方案、个人健康管理等非物质类产品和服务，帮助人们达到真正的健康状态。此外，当前各类药店也在不断尝试开展大健康讲堂、邀请国内健康权威专家与广大市民共同探讨健康等活动，推动大健康理念深入人心。

总之，大健康药店的品类设置，必须围绕一个清晰的主题，其增加的化妆品、保健品、个人护理品、健康用品、药食同源的药膳等经营品类，都应该是直接与人们的健康生活密切相关的。这与传统的多元化经营有着本质的区别，也并非人们一般所理解的“一站式购物”。这种经营方式将提升消费者在健康消费方面的空间，同时也为药店带来新的利润来源。

（二）大健康药店在发展过程中存在的主要问题

目前有很多药店在试水大健康药店，但是从整个实施状态和业绩表现情况来看，理想与现实之间依然存在相当大的差距。主要存在以下几个问题。

1. 人们对大健康药店的理解存在偏差。很多药店认为在经营的品种中加入日常生活用品就是大健康药店，一时间，药房的经营品种五花八门，牙刷、牙膏、毛巾、洗发水、花露水、眼镜、书籍等纷纷摆上药店的货架。应该认识到，药店经营这些品类，尽管也得到部分消费者的肯定，但在药店业态上仅能算是药店的多元化而已，实际上并不符合甚至偏离了大健康药店的发展方向。

2. 目标群体定位不准导致营销策略混淆。大健康药店与传统药店及平价药店针对的消费者群体是不一样的。大健康药店针对的是亚健康人群，年龄段主要以30–60岁为主体；而传统药店及平价药店针对的是患者，特别是以中老年患者为主体，因而二者的日常促销手法必然有差异性。平价药店的日常促销，基本上以价格、实惠为卖点，促销商品品类覆盖较广；传统药店特别是社区便利店的日常促销，基本上以实惠和便利为诉求点，突出的是专业形象。

大健康药店现阶段的促销，应该以目标客源为主，在表现方式上以主题性、公益性为切入点。如在药店所覆盖的区域中进行高血压免费讲座，告诉目标人群高血压的发病机理、日常饮食习惯、初期症状等。对已经发病的消费者，通过收集检讨病人疾病和用药历史、确认已存在或潜在的用药问题、建立疗效管理准则、追踪病患顺从度、与医生（团队）共同讨论并解决用药问题、追踪与监测药物治疗成效、注重与评估生活品质等步骤，推出与高血压相关的产品，进行让利和优惠活动。在营销氛围的布置上，应该广泛张贴关于高血压的教育资讯海报，为病患提供免费血压检测，免费赠送高血压健康指引手册和健康刊物。对参加活动的消费者，邮寄感谢函，谢谢他们的来访，并提供小礼品，吸引其再次拜访。

3．业态定位不准导致运营模式模糊。大健康药店的定位与医药零售业现有的业态不同，介于医院和一般传统药店之间。当前，专科药店是解决某一类疾病的专业药店，如江西黄庆仁栈华氏大药房的糖尿病、心脑血管药店等，它要求的营业面积不一定大，但解决这一类疾病的商品和人员必须专业，提供的服务与其他药店相比专业性更强。而由于大健康药店是重点解决相关几个问题的专科药店，因而在经营项目和产品上必须具有多样性；在经营面积上，至少要达到600平方米以上；在治疗基础上必须加入保健、康复、亚健康管理等元素。以此满足大健康药店覆盖商圈大、面对消费人群广的要求，实现大健康药店应有的运营模式。

三、老字号药店的品牌特点和服务“大健康战略”的优势

（一）中华老字号药店的特征和内涵

中华老字号是一个积淀了厚重的传统文化和丰富的人文内涵的称呼。“老字号”代表着她是历史悠久的商品品牌或招牌，有着丰富的内涵和特征。首先，“老字号”具有深厚的历史性，多则数百年，少则也有数十年。其次，“老字号”具有鲜明的民族性和文化性，它植根于中华文化沃土，是中华民族宝贵的无形资产，蕴涵着中华民族和中国人的价值观。再次，“老字号”具有很强的信誉性，在消费者心目中树起了良好形象，在社会上具有较高的知名度，具有很高的品牌效应。第四，“老字号”具有可靠的优质性，其产品质量优良。

老字号药店是中华老字号品牌的一个重要组成部分，是老字号

品牌丰富内涵和特征的集中体现。自明代以来，我国药店老字号，以四家大中药店最为名声显赫，即北京同仁堂、杭州胡庆余堂、广州陈李济、武汉叶开泰。此外还有北京鹤年堂和德寿堂、武汉马应龙、广州潘高寿等老字号药店。

老字号药店有以下几个具体特征：其一是历史悠久，口碑相传，在城市居民中的知名度、美誉度都很高；其二是中医药特色鲜明，往往有祖传秘方和老中医坐堂，药品和服务有较好口碑，并有固定的消费人群；其三是讲究诚信，童叟无欺，药材地道；其四是中医药专业服务到位。此外，许多老字号药店更以其古香古色的店堂环境，传统内涵的店名，有传说、有来历的经营理念，有特色的中药百子（斗）柜等一些特有的历史符号和传统文化背景，成为城市中一道独特的风景线。

（二）老字号药店的优势特色

老字号药店在它发展兴盛的几十年、上百年中逐步形成一整套经营管理理念，靠着这些在实践中形成的制度和理念，老字号从一开始的小作坊，逐步发展成为一个个大企业。这些制度和理念主要体现在以下七个方面。

1. 重视质量管理，视产品质量为生命。超乎寻常的质量要求，是老字号药店立足于商海的根本。同仁堂严格按照“炮制虽繁必不敢省人工，品味虽贵必不敢减物力”的古训，在制药工序上丝毫不苟，在使用贵重药材上宁缺毋滥。同仁堂的传统选料原则，就是不怕价高，但求货好，所有药材一律选用产地、季节、货色真实的地道药材。德寿堂药店自制成药时，一定要选用地道的药材。为判断某种药材是否地道，总是严格控制药品加工后的颜色，如果颜色达不到标准，宁肯将整批原材料销毁不用，以保证本店药品的质量和信誉。

2. 重视自身品牌，注意维护产品形象。大多数传统老字号都是用企业自身的字号给产品命名，并以此来树立企业形象。如历史上同仁堂的名气大，又供奉御药，在咸丰、同治年间就有一些药房假冒同仁堂的名义卖药。官府曾对这些假冒药店进行取缔，店主被游街示众三天。在没有经济法规的当时，这可能是最早的政府打假行为。

达仁堂的创始人乐达仁，曾在国外留学，吸收了一些西方文化，采取资本主义的经营方式来经营达仁堂。德国拜耳药厂曾经找他商讨合作事宜，双方在合作企业采用名称与选址问题上发生争议。乐达仁主张地址选在天津，名称用达仁堂；拜耳药厂主张地址选在青岛，名称用拜耳。表面上看似只是厂址的选择，实质上，这是一个以谁为主的问题。由于乐达仁不愿失掉自己的自主权，宁可放弃与外商有利可图的合作。由此可见，一些老字号在创立之初就明确意识到要保护自己的品牌，以维护企业形象和自主权。

3. 拥有独具特色的品牌产品。大多老字号企业都非常讲究用料的考究、操作的精细化和工艺的独特性，生产出来的产品质量卓著而有特色。六味地黄丸、乌鸡白凤丸、牛黄清心丸、国公酒、牛黄解毒片等产品是同仁堂名药的代表，占据着相当大的市场份额。鹤年堂根据宫廷秘方和民间验方，组合成益寿药膳、滋补肺阴药膳等不同系列产品，成为鹤年堂药店存在、发展、延续的“绝活”产品和工艺。通过产品创新，提升老字号的竞争力，拓宽市场，树立良好的品牌形象。

4. 采取灵活多样的经营方法。大部分企业创始人都富有冒险精神和创新意识，许多经营方法都是他们在实践当中摸索、总结出来的。许多老字号药店在鼎盛时期，在全国甚至在国外开有十几、几十个字号，产品多达几十种。

这些老字号十分注重紧跟市场需求，开展多品种经营。许多老字号在创立之初，都紧跟市场的变化，满足人们的各种需求。鹤年堂门市经营中的药品，采用分别包装的办法，在每一品种的包装内都放有“图说内票”，票上印有药名、产地、气味、主治何病和药的图形。顾客抓药后，可以对照说明书查对，其实这就是我们现在的药品说明书。老字号注重产品的独特包装，使产品在产品外观、使用说明、售后服务等方面都与其他厂家的同类产品形成鲜明区别，既在服务上与消费者拉得更近，又形象地宣传了本字号。

5. 提供专业周到的特色服务。老字号在服务方面别具特色，都有自己的具体服务措施，而其共同之处就是他们在服务上自觉坚持以人为本，始终注重为顾客着想，能够深入细致地提供多样、优质的服务。

北京德寿堂坚持老店“重医德，顾客至上”的经营宗旨，不断增加名、特、优、新经营品种，经营全国各地名优特新中西药品、营养保健、医疗器械、中药饮片、参茸等。同时还注重提供特色便民服务项目，内设中医诊室，聘请名医应诊，开设代客邮寄、代客加工、代煎汤药、电话咨询、缺货登记、专家诊病等业务。德寿堂把让顾客满意作为立店之本，积极打造以“名医+名店+名药”的老字号服务特色，突出以名老中医凝聚人心、以优质特色服务吸引顾客的企业形象，进一步密切顾客和药店的关系，增加顾客持续消费的概率，更好地满足顾客的需求，不断拓宽客户市场。

6. 立足传统文化的人才资源管理。老字号药店坚持以人为本，以人为中心，深受传统儒家人本论思想的影响，形成“以和为贵”的文化特色，尊重个人价值。一些老字号企业的成功，往往就是依靠独特的人才队伍和管理方式，有效降低企业的运营成本提高，提升核心竞争能力。

同仁堂在创立之初，就坚持“树品牌要先树人”，把培养一代又一代优秀人力资源作为首要任务，用“同修仁德，济世养生”的企业精神凝聚职工，用同仁堂优秀的文化传统教育职工，引导职工树立正确的世界观、价值观，增强群体意识和责任意识，把德、诚、信的优良传统和竞争机制有机结合起来，把传统对个人的道德要求升华为企业道德、职业道德，使之成为集体的行为规范。借鉴现代企业经验，大力挖掘人力资源的潜力和创造力，构筑科研人才、营销人才、管理人才、一线生产操作技术人才等全方位人力资源体系，优化人力资源结构，促进企业快速健康发展。事实表明，优秀的“同仁堂人”，是同仁堂金字招牌经久不衰的重要保证。

7. 自觉履行企业的社会责任。医药卫生事业承载着整个社会道德的底线，处在医药流通行业末端的药店，肩上所要承担的，不仅仅是卖能治病的药，卖正确的合理的药，而且应该是向广大社会大众传播健康的新理念，使消费者及时获得健康的资讯，获得健康的生活方式。

同仁堂是老字号药店自觉履行社会责任的典型代表。早在清朝时期，同仁堂就特别注重提高知名度，维护自己的社会声誉，积极参与公益慈善事业，塑造其“仁”“德”形象，如利用朝廷会考机会、免费赠送“平安药”，冬办粥厂，夏施暑药，办“消防水会”等。每当遇到国家发生重大事件，比如在2003年全国遭遇非典之际，中药市场混乱、物价上涨。而同仁堂坚持“以民为本”和“同修仁德，济世养生”的宗旨，把人民的健康放在第一位，甘愿企业亏损，停了国公酒的两条生产线，集中力量专门生产用于抗击非典的相关药品，为首都和全国医药市场的稳定发展做出巨大贡献，也为同仁堂品牌增添新的光彩。

进入21世纪以来，许多老字号药店积极参与公益活动。如深入社区，宣传“安全用药健康生活”；在各门店宣传疾病的防治、自我保健知识；与政府相关部门主办承办社区健康活动；在社区店及人流量大的独立店开设24小时售药窗口，方便群众；推出“诚信维权，安全用药，共建健康和谐社区”特别活动等，进一步展示老字号药店的社会责任感。

（三）老字号药店在大健康战略中的重要作用

在大健康时代，许多老字号中药店积极与世界先进国家药店经营理念及经营模式接轨，全力推进大健康生活馆经营模式，尝试大健康药店，为顾客疾病预防、保健康复提供更加到位的服务。从当前情况来看，加强中医药养生保健理念的传播，是中医药产业营造社会条件、打牢产业市场根基、实现大健康产业发展的必由之路。

养生保健文化战略目标是：通过倡导和弘扬传统中医药文化，使中医药养生的理念更加深入人心，使大健康产业的发展水到渠成。通过整合养生保健资源、培育养生保健产业，充实品牌的养生保健内涵。通过“制定战略—设计蓝图—塑造品牌—定位功效”等环节，引导药店走上以健康概念和传统文化价值为核心的健康产业发展之路。

1. 树立防病胜于治病的思想。“治未病”是中医药奉献给人类最先进、最超前的思维，我国已经把中医“治未病”纳入卫生发展的总战略。“治未病”的实质，是人人享有健康。在实施养生保健文化战略中，最重要也最迫切的一点，就是向人们传播“治未病”的理念，引导人们认识到平时坚持健康的生活方式对于健康的重要性，努力帮助人们树立起注重养生保健的观念。

2. 大力传播中医养生保健理论及优点。中医养生保健能焕发旺盛生命力，主要得益于中医历来重视养生保健，养生保健理念历史渊源深厚、内容博大精深，养生保健方法丰富多彩。另一方面，中医养生保健也是社会需求所致。现代医学模式已由纯生物式转变为“生物—社会—心理”综合模式，完整的健康观包括身体、心理、社会适应能力等多个层面，而这与中医养生保健的整体观高度一致。

现代疾病谱已发生明显变化，慢性疾病、脑血管疾病、各类老年病以及亚健康状态等正日益威胁着现代人的健康。中医养生保健与中国民众之间具有深厚的文化亲缘，中医文化与中国传统文化一脉相承，具有非凡的亲和力，容易实现与中国民众的心理沟通。因此，中医养生保健作为一种绿色、安全、均衡的养生保健方法，应该成为人们在疾病防治方法上的首选。

3. 积极倡导中医养生保健理念和方法。中医的养生保健理念、方法源自于医学，又贯穿于百姓衣食住行的方方面面。特别是中医的许多养生保健方法简单、易行，花费少、获益大，有益于推动养生保健从贵族化走向平民化，促进身体、精神和情感各方面的平衡，使健康养生保健真正成为一种大众化的生活方式。

（四）实施“大健康战略”对于提升老字号品牌价值的含义

1. 有助于传播养生保健文化概念与提升老字号服务品质的有机结合。把单纯对产品的推广转向侧重文化营销，将传统中医药文化特色转化为市场营销助力。通过挖掘老字号的内涵和强化专业定位，运用中国传统养生保健理论，走专业化健康产业发展道路，满足消费者个性化健康需求。中医学讲究“三因”原则，即“因时，因地，因人”，同一种病，不同的人有不同的原因；同一个人，在不同的时间或不同的地域生病，原因也有不同。养生保健方法的多样性，取决于不同人在不同时间或不同地域身体的多种变化。在传统养生保健、现代生活以及产品选择之间建立起联系，扣住时代发展的脉搏和现代人的健康需求，以通俗易懂的方式传播“治未病”的理念，强化健康概念，突出产品功效。

2. 有助于大力弘扬老字号核心价值理念。将大健康战略与老字号中医药传统有机整合，提炼老字号文化内核和核心价值理念，注入大健康战略发展的整个过程。引导消费者认同老字号的品牌价值和品牌产品，了解老字号传承、创新和发展的历史，提升老字号药店在大健康领域的市场地位，增加市场份额。以文化为载体，推出“养生保健文化园”，积极宣传中医保健养生的理念，提升企业的社会认知，树立老字号药店自觉服务百姓健康的良好企业形象。老字号药店在迈向大健康产业的过程中，更加积极地参与社会公益活动，把群众的养生保健热情引导到正确的中医养生保健轨道，以实际行动认真履行自己的社会责任。

3. 有助于进一步推动中医药养生保健知识传播。在产品宣传中紧扣健康、功效，通过“功能 + 情感”两条主线来传播中医药养生保健理念，按照“未病常调，将病预调，已病医调”的整体养生保健原则，寻求传统养生保健文化与现代社会健康需要相对接的切入点。通过宣传大健康理念，可以促进相关中医养生保健知识的传播，使更多的人了解中医药相关知识，了解中医药的科学性和安全性，了解功能性产品的实际功效，进一步扩展中医药产品市场。鹤年堂在推广养生沐春茶时，把中医方药的精华融入优质绿茶之中。这种茶外观颜色温润深沉稳定，泡出的茶水碧绿清澈安详，既保持绿茶的品质，又增加怡情养性、调理养生保健的内涵，使人在饮茶品香的同时，收到调和营卫、补弱固本的效果。这种养生沐春茶功效独特、品质天然健康，不仅满足市场需求，也迎合现代人对健康时尚的追求和消费特点，因而越来越被消费者所喜爱，实现健康养生保健文化的全面诠释。

四、老字号药店推动"大健康战略"的策略和方式

我国传统中药店尤其是老字号药店大多以经营药品为主，基本上都是顾客或者其亲朋好友出现身体不适时，才来购买相关药品，了解相关知识。他们关注的重点，是药店的药品专业化程度和商品本身的对症性，购买的目标性非常明确。而大健康药店经营的商品，介于药品和日常生活用品之间，顾客购买的紧迫性不强，属于可买可不买的商品。因此，老字号药店应对广大居民的健康问题做全方位的关注和有效的促进，才能持续吸引百姓的注意力。

就产品本身而言，药店要注重"大健康"的丰富内涵，在实施大健康药店战略前期，重点是发挥药店"药学专业"的优势。引进的非药商品，要围绕满足日常保健产品需要做文章，最初可以直接结合解决常见问题、预防常见病症的需要，挑选妇婴用品、保健品、医疗器械、慢性病人护理用品、美容产业和功能性食品等。原则上，没有健康保健功能的，最好不要引入大健康药店。待发展到一定阶段后，再采用适当的企业战略，逐步扩展经营内容和服务方式。

老字号药店转型大健康药店，应把握好大健康产业和产品的发

展趋势，以传统中医养生保健文化为战略核心，以品牌药品作为核心业务，借助品牌效应，扩展经营品种，多元化发展大健康品类；应用高新科学技术，创新品牌健康产品，提高技术壁垒，确保市场份额；传承老字号文化品牌特色，不断推动文化创新；明确人才战略，培养新生代忠诚度；扩展战略视野，向国际化大健康产业发展。

（一）以弘扬传统文化为核心，大力推动养生保健文化战略

在现代生活中，中医养生保健文化与人民身心健康息息相关。养生不治病，着眼点在"治未病"，通过弘扬中医药养生保健文化推进大健康产业发展。老字号药店的核心竞争力，是经历了数百年品效验证、弥足珍贵的中国非物质文化遗产。"调元气，养太和"的系统养生保健理念，正宗的中医调理技艺，秘传配本和养生大谱中记载的良药精方，口传心授的传统制作工艺，国家级传承人领衔的传承人队伍，这些宝贵文化遗产奠定了老字号药店走向大健康药店的深厚基础。

老字号药店应从自身历史文化中汲取营养，深挖细究每一种传统制作技艺的原生态技法，把握传统配方的作用机理及原料要求，探求传统调理方法、手法技艺中蕴含的医理，深刻阐释传统养生保健理念的丰富内涵。紧紧抓住当前民族复兴的历史机遇，打破传统思维模式，打造适应大健康需求的中医养生保健平台，打造与人民健康需求相适应的养生保健模式，在承担"寿人寿世"社会责任的同时，弘扬自己的品牌文化。

西城老字号药店如同仁堂、鹤年堂等中华老字号，目前已经开始创办一些养生保健机构。下一步，老字号药店可以根据自身规模、战略需求、市场需求等情况，综合规划和布局养生保健机构，以老字号药店品牌为基础，探索大健康时代养生保健服务的新模式。按照"未病常调，将病预调，已病医调"的整体养生保健原则，融入经络疏理、食养内调等养生保健方法，筹备开办包括传统中医门诊、药店、经络保养调理和食养内调等集"未病—将病—已病"于一体

的全健康模式保健机构。为客户群提供专业的经络保养项目，提供食养内调的养生酒、茶、膏，聘请资深的养生保健专家，努力为每个人提供个性化的养生保健建议。

（二）以建立核心产品和特色服务为核心，实施品牌优化战略

西城的老字号药店应该充分发挥自己的文化优势，把企业文化纳入到企业的各项建设之中，推动药店向大健康药店转型，以品牌产品和优质服务为重点，健全大健康产品营销体系和服务体系。

大健康产品的营销，既要利用众多老字号药店的信誉优势与老字号品牌药品的市场影响力，使大健康产品市场快速扩张，又要通过健康产品项目的整合营销，培育和提高消费者对企业品牌的忠诚。大健康理念下的老字号药店应该更注重在专业化服务的基础上开展个性化服务。设立个性化服务项目，如“药师用药指导”“医师疾病诊疗咨询”“心理咨询”“膳食营养咨询”和“保健康复咨询”等。

这种服务主要有两种，一是在药店内长期开展或（和）定期开展各种服务，如长期开展药师、医师服务；根据具体情况定期开展营养师、保健师和心理医师服务等。二是组织专业人员定期定点深入社区，与有需求的居民面对面提供个性化服务；针对行动不方便的患病居民，直接定时上门服务。

为此，要建立各类顾客个性化服务档案，包括顾客的相关信息，如姓名、地址、联系方式、服务需求和服务人员等，便于药店专业人员能够快速查询到顾客的个性化服务需求，及时服务需求对象。

根据所在区域群体的不同需求，扩展自己的多元化经营业务，扩大经营品种，增加非药品类（健康产品）的销售；坚持老字号特色服务搜索，通过为每一位顾客进行个性化的用药指导、免费建立健康档案等一系列无微不至的服务，增强广大顾客的信任。努力发挥名店、名医效应，促进经营业务扩大。

依托老字号品牌优势，针对目前心脑血管病和糖尿病患者日益增多的现实，特设降糖降脂和心脑血管药品专柜，聘请专科名医，为前来购药、就诊的顾客提供全方位的医疗服务。药店内增设健康咨询、健康宣传室等，合理安排名医坐诊，定期组织名医为顾客免费义诊等活动，扩大相关产品影响。在店内设置宣传科学养生保健、疾病防治、合理用药等内容的科普园地，突出以科学引导消费、以知识传递关爱的服务特色。

（三）以加强新产品研发为核心，实施技术创新策略

加大技术创新和新产品开发力度，不断推出能给消费者带来信任和激情的新产品，是老字号药店转型为大健康药店的重要途径。

西城的老字号药店应积极采用高新技术和先进适用技术，改造和提升传统中医药产业，向更加注重质量和效益方向转变，推动中医药和大健康产业有效融合，使老字号药店实现发展多元化、创新药品产业化。凭借老字号药店的科研实力和经济实力，开发具有高科技水平的新剂型中医药产品，提高中医药健康产品的科技含量和附加值。进一步建立健全科技创新体系，坚持开发与引进、消化与吸收相结合，依靠科研单位的创新能力，提升关键技术。加强中药材生产的科研，解决生产中的技术难题，抓好道地药材良种选育，培育优良品种。加强技术推广，建立健全科技推广网络，加快高新技术、适用技术的推广应用，促进科技成果的转化，提高药农种植水平。开展制药关键技术、新剂型及相关标准研究，加快拥有自主知识产权的新产品开发，提高中药质量控制水平。制定有效的政策措施，支持和保护企业的技术创新活动，加大企业技术创新投入，提高技术创新能力。以中医理论为基础，发挥中医药的优势和特色，与现代科学技术相结合，加快产品的二次研究与开发；搞好中药材深度开发，如中药功能性食品、中药材综合利用、提取物、中成药等。

在研制健康产品上下功夫，延伸产业链，大力发展以绿色中药和绿色保健食品为主的新产品，形成各具特色的绿色中药系列、绿色保健食品系列、单味药材有效成分提取物系列，树立天然、绿色、健康的企业形象。积极涉足更加广阔的保健食品、功能性美容化妆

品等健康领域，形成新的大健康产品品牌。

西城的老字号药店有着悠久的中医养生保健理论和丰富实践，应坚持以中医“治未病”的理念为核心，以中医药理论与技术为基础，弘扬“调元气养太和”的传统特色，开发养生保健技术和产品。对中医养生保健服务体系进行研究和建设，探索和创新中医养生保健服务的内容和方法，规范技术方案和服务流程，探索建设开放的中医养生保健技术与产品研究开发平台，在自主进行中医养生保健技术研发的基础上，联合外相关单位开展专项养生保健技术的研发。在原有的中药系列之外，重点研发符合“发展生命健康产业”需要的产品，主要是功能食品线，包括保健食品、功能饮料、特殊膳食、传统滋补品等。

（四）以更新人才理念为核心，实施科技人才战略

老字号药店应该坚持用特有的企业精神凝聚职工，引导职工树立正确的世界观、价值观，把德、诚、信的优良传统和竞争机制有机结合起来，把优良传统对个人的道德要求升华为企业道德、职业道德，实现老字号药店的持久发展。

进一步树立全面的人才观，大力挖掘人力资源的潜力，借鉴现代企业经验，构筑科研人才、营销人才、管理人才、一线生产操作技术人才等全方位的人力资源体系，优化人力资源结构，促进企业快速健康发展。与中医药大学、中医院研究所等机构合作，共同培养符合大健康时代需求、意识先进、技术扎实的中医药人才。在专业人才的培养过程中，要融入传统中医药文化和大健康理念，完善人才培养机制，使培养出的专业人才更加适合大健康产业链发展的需要。

（五）以实现长远发展为核心，实施国际化战略

大健康产业要做大做强，必须立足本土，面向世界。作为中药生产和零售企业的代表，老字号药店应该致力于发展绿色中药，树立天然、绿色、健康的企业新形象，大力拓展国际天然药物市场，扩大自己的市场份额，努力把自己打造成国际品牌，形成具有国际品牌效应的大健康产品。

目前，同仁堂大健康药业产品体系除了传统的中药系（包括中药饮片和中成药）之外，研发的重点是符合国际标准的“发展生命健康产业”，主要是功能食品线，包括保健食品、功能饮料、特殊膳食、传统滋补品等。同仁堂大健康药业产品体系以传统中医药养生保健理论为基础，以传统药食同源中药为原料的功能食品，将有能力在国内外市场占领更大的份额。依托同仁堂品牌在国际上的影响力，将中药产业延伸和发展为大健康产业，使中医药文化更加深入人心。

各家老字号药店都可以根据自身实际情况，确定拓展经营的重点领域，尽快研究制定“走出去”战略，有效提升企业的核心竞争力，积极开发海内外市场。

作者简介

课题负责人：田东华，北京师范大学社会发展与公共政策学院党总支书记、博士研究生导师，北京师范大学中国医疗卫生政策研究院常务副院长。兼任中国卫生经济学会农村卫生分会理事，中民养老规划院专家委员会委员等。重点从事医疗卫生政策、农村卫生研究老年健康与促进、慢性疾病防治、农村卫生、精神卫生等方面相关研究。

课题参与人：张胜发，北京师范大学社会发展与公共政策学院博士研究生

徐会文，北京师范大学社会发展与公共政策学院博士研究生

餐饮类老字号的经济拉动作用及潜力挖掘

赵彦云　朱建宇

【内容提要】北京市西城区聚集着大批餐饮类老字号，它们为西城区增添了历史文化的厚重感和不断发展的活力，对西城区的持续发展具有直接和间接的拉动作用。经济的迅速发展、社会的不断变迁，为餐饮类老字号的生存和发展带来严峻的挑战；同时也提供难得的历史机遇。本文归纳西城区餐饮类老字号的经济拉动作用，从宏观和微观两个角度对其发展环境进行分析，探究如何进一步挖掘市场潜力，推动餐饮类老字号的进一步发展。

【关键词】餐饮老字号　拉动作用　宏观环境和微观环境　潜力挖掘

老字号是一种具有独特文化内涵的经济组织，是地方优质历史文化资源的重要组成部分，也是当代文化软实力的构成要素。北京是享誉世界的文明古都，是全国的政治、文化、科技和对外交往中心，同时也是老字号最多、规模最大的城市，老字号与北京市的历史文化名城地位相辅相成。

在北京地区众多独具古都特色的老字号中，目前仍有经营活动的有 200 多家，其中百年以上历史的超过百家。2006 年在商务部“振兴老字号”方案中，老字号被定义为历史悠久，拥有世代相传承的产品、技艺或服务，具有鲜明的中华民族传统文化背景和深厚的文化底蕴，取得社会广泛认同，形成良好信誉的品牌。

西城区作为北京建城和建都的肇始之地，老字号资源极为丰富，拥有95家老字号，占北京市老字号总量的50%以上；其中获得中华老字号称号的54家，约占北京市的46%，是北京老字号最集中、特色最突出的区域，是展现西城历史文化魅力的独有的亮丽名片①。在95家老字号中，餐饮类老字号占比接近50%。有集团规模化经营的聚德华天控股有限公司旗下的护国寺小吃、又一顺等，有闻名海内外的全聚德、莫斯科餐厅等，也有平民百姓日常消费的平价小吃奶酪魏、爆肚冯等。

我国拥有5000年悠久历史，饮食文化博大精深。《汉书·郦食其传》中即有“王者以民为天，而民以食为天”的论述，充分说明“食”的重要性。西城区众多的餐饮类老字号，是我国丰富饮食文化的集中体现和精华所在。在历史研究领域，餐饮类老字号是当时日常生活、商业经济状况和历史变迁的写照，具有极高的研究价值和重要的保护意义。无论是在历史上还是当今时代，餐饮类老字号都为促进地区乃至全国的商业、经济发展发挥了重要作用。但是，在改革开放、发展市场经济的环境下，西城区餐饮类老字号的发展也正面临巨大挑战，需要社会各界给予关注和支持。

本此研究的重点，是归纳西城区餐饮类老字号在地区经济发展中的拉动作用；全面分析其面临的宏观环境和微观环境；挖掘西城区餐饮类老字号的市场潜力；提出进一步推动老字号发展的具体建议。

一、西城区餐饮类老字号的经济拉动作用

中国老字号品牌具有深厚的文化底蕴，是中华商业文化的重要载体，是中华民族工商业的精英，是中国名牌经济的重要力量，历史文化价值和经济价值极高。

遍布京城的餐饮类老字号，是历代餐饮企业家和劳动者勤劳的

① 西城区人民政府网站. 西城区出台新政策 着力保护促进老字号发展[EB/OL]. http：//www.beijing.gov.cn/zfzx/qxrd/xcq/t1191492.htm， 2012-02-27/2013-09-25。

产物、智慧的结晶，是我国商业文明的宝贵遗产，并且不具备短期内的再生性；同时也是城市发展、百姓生活变迁的历史见证。陈瑾曦、朱文一在《老字号与当代北京城》（2007年）中提出“老字号空间”的概念。他们指出，“老字号空间”是北京城市的社会、历史博物馆中重要的展厅，是城市公共空间中对市民和游客的记忆、心理和行为起重要影响的节点，是北京城市空间标志性、可识别性和多样性的重要组成部分，也是展现“京味文化”的重要载体[①]。餐饮类老字号就是这样的“空间”。

（一）餐饮类老字号可以直接促进区域的经济发展

餐饮类老字号作为直接参与市场活动的经济实体，作为中华民族工商业的奇葩，对区域经济的发展发挥着重要的直接拉动作用。主要表现在下述几个方面。

1. 大规模经营餐饮类老字号对提升区域经济水平做出直接贡献

西城区的餐饮类老字号中，不乏经营规模较大甚至连锁经营的企业，比如全聚德、砂锅居、爆肚冯以及囊括了众多餐饮老字号的聚德华天控股有限公司等。这些大规模的老字号企业，可以让更多的人来这里就餐和旅游，直接拉动该地区的餐饮业和旅游业及上下游产业的发展，并且直接或者间接增加很多就业岗位，对该地区的经济发展发挥直接的积极影响。比如小肠陈为国家纳税，由过去的几千元发展到2013年的百余万元；为社会解决下岗职工就业和安置剩余劳动力100多人。

西城餐饮类老字号提供的核心产品是菜品，而菜品的生成，必定对其上游企业具有明显的带动作用。在一个完整的菜品生产过程中，包括基本原料的来源、物流运输、销售最终菜品到消费者手里等一系列环节，这一系列环节或活动由此形成一条“价值链”。因为处于城市核心地区，西城区的餐饮类老字号很难发展成为覆盖上下游的规模庞大的综合企业，而基本处于产业链的下游。由此，老

① 陈瑾曦、朱文一：《老字号与当代北京城》，《北京规划建设》，2007.7。

字号企业的存在，主要是拉动为其提供中间产品或生产要素的上游企业的发展。

以全聚德为例，全聚德建有专门的鸭子养殖基地，该基地位于北京市大兴区。而对鸭子的屠宰和初步处理，则在位于通州区的生产加工基地。全聚德以其庞大的需求量，带动了大兴区和通州区鸭子养殖基地和生产加工基地的发展。大兴区的鸭子养殖基地和通州区的鸭子屠宰处理基地，目前也成为数一数二的行业龙头企业。

老字号对旅游业的带动作用，主要体现在两个方面。第一，老字号集聚区成为北京核心区重要的休闲旅游区；第二，老字号的商品和服务为北京市其他旅游企业带来示范作用。

2011 年，北京市旅游部门和北京烹饪协会联合评选出首批 10 家北京旅游特色餐厅：北京饭店谭家菜、便宜坊哈德门店、东来顺新东安店、都一处前门店、仿膳饭庄、丰泽园餐厅、鸿宾楼饭庄、晋阳饭庄、莫斯科餐厅、全聚德前门店。其中，仿膳饭庄、丰泽园餐厅、鸿宾楼饭庄、晋阳饭庄、莫斯科餐厅等老字号来自西城区。

在 2014 年北京市打造的“北京礼物”旅游品牌中，专门设置了北京老字号主题，西城区的全聚德的产品有望成为“北京礼物”，被国内外游客带往世界各地。全聚德的烤鸭成为游客到北京必须要吃的特色产品。

西城区的餐饮类老字号是北京旅游中不可或缺的一站，成为与长城、颐和园、故宫等著名景点并肩的旅游首选目的地。

2．丰富企业经营模式，增添区域经济活力

在我国，家族型企业所占的比例还比较少，发挥的作用也很有限。然而在很多发达国家，家族型企业比较普遍，而且不少家族企业具有相当的规模，是一个国家经济体不可缺少的一部分。在西城区餐饮类老字号中，有很多是家族型企业。他们的存在和发展，有利于发展和丰富我国企业的经营管理模式，为研究我国家族型企业的发展提供参考和帮助。而且，不同的企业经营模式在一个区域的经济活动中，能给企业间的合作、企业与消费者的互动和企业与政府之间的互动关系提供更多的合作方式和推进思路，增添区域经济的活力。

餐饮类老字号传承的核心是技艺、经典口味和其中的精神，西城区餐饮类老字号中很多已经进行了产权改革，引进多种社会资本，但是仍然有一些老字号坚持传统的家族经营，以求最大限度地保护技艺、口味和精神的完整和纯粹，并且取得良好的成果。比如茶汤李、小肠陈等，他们仍然坚持家族传承经营企业，并且关注对继承人的培养和教育。这种企业经营模式虽难以推广，但是其存在和良性发展，仍然为西城区乃至全国的类似企业提供借鉴意义，增添经济活力。

（二）餐饮类老字号对区域经济发展的间接带动作用

餐饮类老字号除了是能带来价值的经济实体外，还是宝贵的历史文化遗产，从而在社会文化等领域间接促进区域经济的发展。

1. 精湛技艺、精彩绝活的宝贵价值

每一个老字号都会有其独特的技艺与文化，随着老字号的发展，这些技艺与文化也得以传承和发展下来，成为每一个老字号最重要的组成部分，更成为最具中国特色的民间传统文化艺术瑰宝。同时，这些技艺与绝活，又绝不仅仅只具有观赏性，还具有很强的实用价值。正是这些高超的技艺、绝活，成就了各家餐饮类老字号的看家美食，为其发展提供了最根本的保障和资本，并且有些技艺、绝活的精彩表演，本身也成为对消费者的强力吸石。

2. 老字号的内在精神鼓舞人心

餐饮类老字号历经千百年的发展，经受近代中国社会变迁动荡的洗礼，得以生存、发展下来，其中的艰辛与困难可想而知。而其生存、发展的背后，则是老字号一代代传承人勤劳、勇敢、锲而不舍并且勇于创新的宝贵精神。这些精神是中华民族的优良传统，在社会浮躁、舆论浮夸的当代，发扬、恪守、遵行、继承与发扬这种精神，对于区域社会经济的繁荣乃至整个国家的昌盛富强都能发挥重要作用。

3. 品牌效应强大，对其它相关产业的辐射带动作用

老字号以其良好的口碑和悠久的历史文化，可以使得与之相关的一些产业也可以比较轻易地被人们接受。随着宣传推广力度的加大，势必会吸引越来越多的人前去品尝老字号的产品，而客流量的增大也会给该地区其他相关产业带来积极的影响，促进他们的销售和品牌的传播。餐饮类老字号品牌的建立，会成为区域“名片”，提升整个区域的知名度和吸引力，从而带动整个区域的发展活力。

二、西城区餐饮类老字号企业发展环境分析

随着经济全球化进程的不断加快，特别是在我国加入WTO之后，商业和服务业已全方位对外开放，大量的跨国商业和服务业企业以极快的速度进入我国各大中城市。这既为中国餐饮老字号学习外国先进经验提供了一个窗口，提供了新一轮发展的机遇，同时也给老字号带来严重的冲击。老字号企业要在激烈的市场竞争中发展自身，最关键的是要认清自己所处的宏观环境和微观环境，弄清自己的优势和劣势，抓住环境变化带来的机遇，及时扬长避短，弥补差距，创造新的辉煌。本节着重对西城区餐饮类老字号企业发展的宏观环境和微观环境进行分析。

（一）西城区餐饮类老字号企业面临的宏观环境

所谓“宏观环境”，是指那些为其提供发展机会或形成环境威胁的外部因素。本节从“机遇”和“威胁”两个角度，对西城区餐饮老字号所面临的宏观环境进行分析。

1. 西城区餐饮类老字号企业面临的发展机遇

（1）各级政府大力促进产业结构调整，推动文化旅游产业。经济全球化促进全球产业结构的调整，使服务业在GDP中的比重不断提高。服务业在发达国家已达70%以上，在某些发展中国家也达到50%，而在我国只占国内生产总值的40%。近几年，西城区政府相

继出台多项措施，调整产业结构，促进文化产业和旅游产业的发展。饮食业是服务业的重要组成部分，而老字号企业很多从事餐饮业和服务业，因此发展潜力巨大。同时，这也是餐饮类老字号学习外国企业先进管理经验、经营理念的一次机会。老字号企业可以借此调整产权结构，转换经营机制，利用自己的品牌优势，加快与国外资本的合作与发展，在市场经济的考验中成长壮大。

（2）旅游业发展迅速，对餐饮类老字号的拉动作用加大。近几年，西城区旅游业蓬勃发展，旅游机构、旅游人数和旅游收入不断增长。许多饮食业老字号都依附于当地的旅游产业，其本身就是地方旅游资源独具特色的重要组成部分。随着人们生活水平的提高，旅游业作为第三产业，也越发受到重视。西城区旅游业的蓬勃兴起，必将为西城区的餐饮类老字号带来新的需求、新的市场、新的发展理念。

（3）各级政府政策对餐饮类老字号支持力度加大。针对老字号所面临的经营困难、濒临破产等问题，各级政府相继出台一系列扶持、保护政策。爆肚张在 2007 年旧房拆迁时，就得益于老字号优先安置政策，没有受到搬迁的明显影响，每天顾客仍有三四百位，日营业额近万元。

（4）人民生活水平和消费水平不断提高，在外就餐成为日常。随着我国经济水平的不断发展，人们的收入日益增加，消费水平不断提高，消费观念发生变化。在外就餐已经变成人们的日常消费行为，在外就餐人数和每个消费者的在外就餐次数都大大增多。这也为西城区餐饮类老字号提供了更加广阔的市场前景。

（5）科学技术不断发展，导致引入成本下降。冷藏技术、物流技术、烹饪设备技术的不断成熟和完善，以及引入成本的下降，都为餐饮类老字号的规模化、标准化发展以及提高企业运营效率提供了必要的技术支持，为餐饮类老字号在效率至上的当下取得长远的发展提供可能。

（6）法律法规不断健全，普法、重法观念日益深入人心。餐饮类老字号独特的产品、技艺以及标识，都是西城区乃至全国的文化瑰宝。现在我国相关的知识产权保护的法律法规日益健全，相关法律从业人员处理这些问题的经验也日益充足，可以为西城区餐饮老字号的进一步发展提供法律保障。

2. 西城区餐饮类老字号企业面临的发展威胁

（1）消费者消费行为改变。快节奏的生活方式正在改变着人们传统的消费观念，人们不单看重产品的价格和质量，更注重产品的式样、便利以至消费环境。而一些餐饮类老字号店面陈旧老式、员工态度冷淡，个别店铺环境卫生条件堪忧，这样的消费环境难以满足现代消费者需求。

（2）面临强大竞争对手。改革开放与中国“入世”，导致国外先进企业纷纷登陆中国，大量地方饮食企业崛起，京城餐饮市场竞争愈发激烈。餐饮类老字号一般投资规模小、发展速度慢，而竞争对手大多具有成熟的经营理念和雄厚的资金支持，普遍采用新技术、新工艺，注重对菜品进行改良，这对老字号构成很大的冲击。

（3）外资企业的恶意收购或不良合作。许多外资企业面对巨大的中国市场，往往采取收购老字号品牌或与老字号合作的策略。而在实际运行过程中，一方面，一些餐饮类老字号在合作时未遵循中方控股的原则，致使品牌荒废在外资企业手中；另一方面，外资企业收购餐饮类老字号，多是出于打开中国市场的战略目的，而并不会过多考虑对中国品牌的保护。一旦目的达到，相比外资企业的自有品牌，餐饮类老字号无疑缺乏挖掘价值与潜力，极易被抛弃。

（4）城市拆迁带来的损失。大多数餐饮老字号习惯于“扎堆”人流密集的老城区。随着城市改造的开展，老城区的拆迁不可避免，而这对餐饮类老字号尤其是规模较小的小吃类老字号，可能会带来致命的打击。一方面，老城区拆迁之后，势必会带来更高的经营成本，经营规模较小的老字号往往难以承担，所以不得不另谋他处；另一方面，餐饮老字号的日常经营往往依赖于一些老街坊，老城区拆迁过程一般会经历数年时间，这必将带来顾客的流失。由此可见，城市拆迁对西城区餐饮老字号的正常、持续经营都会造成一定的负面影响。

（二）西城区餐饮类老字号企业面临的微观环境

所谓“微观环境”，是指对企业服务顾客的能力构成直接影响的各种力量。本文重点着眼企业内部的一些因素，如品牌、经营理念、企业文化等。下面将分别从优势和劣势两个方面来对西城区餐饮类老字号的微观环境进行分析。

1. 西城区餐饮类老字号企业的发展优势

这些老字号企业能够经受漫长历史的考验，发展到今天，表明自身有着强烈的竞争力。他们所具有的这种民族品牌和地方品牌优势，是西方老字号所不能比的。

（1）品牌文化。品牌文化能够充分体现一个企业及产品的鲜明特色和文化积淀。拥有百年历史的老字号，享有得天独厚的品牌文化优势。这些老字号的市场也因此很难被其他企业瓜分。北京就有这样的习俗：“腊月二十六，老礼儿割年肉”，“年肉”就指老字号“天福号”的酱肉。在除夕吃天福号酱肘子，寓示着“肥猪拱门福到家”。资料显示，在2007年春节期间，天福号的酱肘子一天就能卖出13吨左右。由此可见，这些餐饮类老字号已经成为传统民俗文化中不可或缺的一部分，人们吃佳肴、品美味，更是吃文化、品历史。这种与中国传统文化融会贯通的独有品牌文化，具有其他饮食企业所无法比拟的优势。

（2）产品质量。老字号的产品常常以其制作精细或其祖传绝技著称，产品质量高且独具特色。如茶汤李的茶汤、奶酪魏的奶酪、爆肚冯的爆肚，还有享誉海内外的全聚德烤鸭等，这些都是餐饮类老字号赖以生存的关键和引以为傲的资本。消费者注重品牌，但最终还是优异的产品质量才能为品牌带来持久生命力。在品牌竞争时代，老字号的品质优良与产品特色依然是品牌运营的优势。

（3）经营理念。“诚信”是在现代市场经济中企业竞争取胜的不二法则。延续百年的餐饮类老字号，总是自觉恪守“以德讲信、诚信为本”的经营理念与原则。一个企业的经营理念，要深入消费者心里，获得社会广泛认同，需要一个长时段的积累过程，这是其他新兴饮食企业暂时无法相比的。

（4）地方特色。随着时代的发展，餐饮类老字号逐渐形成或代表了一个具有地方特色的本地化饮食模式，在烹饪风格和菜品式样上都带有鲜明的地方个性，如西来顺的涮羊肉、全聚德的烤鸭、砂锅居的白肉等。这使许多餐饮类老字号成为能够代表当地特色的鲜活名片，不仅是外地人品尝正宗地方菜肴的首选，也是海内外游客了解当地民俗文化、风土人情的最佳途径。

2. 西城区餐饮类老字号企业的发展劣势

与此同时，与国内外知名品牌相比，餐饮类老字号品牌也显露出明显的不足。主要表现在以下几个方面。

（1）管理方式陈旧，品牌理念缺失。在管理方式上，20世纪50年代的公私合营，使得所有的老字号都改姓“公”、姓“国”，成了政府经营的国有企业或集体企业。国家大包大揽，干部和职工，经理和业务员，人人端的都是铁饭碗。一旦置身于改革开放后的市场经济，面对转型期令人眼花缭乱的商业竞争，虽然一些老字号国有企业也进行改制，但其管理层并无实质性更换。国有老字号企业职工人数多，离退休人员也多，包袱重。随着改革开放和市场经济体制的建立，老化的观念、僵化的体制，沉重的负担，严重制约老字号企业的发展，导致它们步履艰难。

老字号长期在计划经济和短缺经济条件下经营，形成“坐商”的惰性思维和行为方式，经营中习惯于“产品第一”，缺乏以市场和消费者为导向的现代经营理念和主动积极参与市场竞争的内在动力，这些都成为老字号企业发展的最大障碍。

（2）操作流程难以标准化，影响企业扩张。餐饮类老字号虽有前人留下的丰富经验和高超技艺，但在烹饪制作中存在很大的模糊性和随意性，难以提炼和开发出一整套流程合理、技艺规范、可复制的标准。主要是因为中国饮食制作长期形成的习惯，不适应当代规范化的要求。另外，全国各地的口味有着很大的差别，如南方喜欢甜、而北方又偏爱咸，若坚持统一标准和流程，则很难适应其他市场的需要；若完全按照不同地方消费者对于饮食的需求去做，又很难维护品牌的一致性。

（3）科技含量低、经营规模小。西城区餐饮类老字号往往采用手工操作，生产规模小，技术设备落后，科技含量低。同时，人才流失问题长期困扰老字号。餐饮老字号的核心竞争力是独有技术，往往靠传统的师承制方式传承。一些老字号由于自身机制和效益不佳等原因，身怀一技之长的员工经常被其他企业挖走。这些技术师傅往往把他们掌握的无形资产带到新的工作单位，作为谋求高薪丰酬的筹码。而急需的人才又难以引进，造成后继乏人。与先进企业所引进的智能决策系统、ERP系统等相比，存在着明显的劣势。另外，一些饮食业老字号因为经营规模小、筹资渠道单一，导致企业利润下降、资本积累困难、抗风险能力弱等，影响了老字号品牌优势的发展。

（4）自我保护意识薄弱，无形资产损失严重。知识产权是餐饮类老字号企业的命根子，餐饮老字号企业发展的根本，就是几代人积累起来的知识产权。但老字号企业保护自我知识产权的意识薄弱，往往致使经营者不愿拿出钱来或筹钱注册商标，反映出一些老字号经营理念方面的陈旧。

当前，恶意注册与侵权问题尤为突出，餐饮类老字号对自己品牌不注册或注册不当，在外国被抢先注册的案例屡见不鲜："女儿红"在日本被抢先注册，"王致和"在德国被恶意抢注等。个别老字号的驰名产品也被外地抢注或注册为外地产品。餐饮类老字号的黄金招牌还招致许多假冒伪劣商品乘虚而入，这不仅增加消费者购买正宗老字号产品的难度，更是对老字号品牌价值的一种不可修复的侵权和破坏。

这种保护意识的严重缺乏，对于餐饮类老字号企业来说，损失的不仅仅是商标、经济利益，更重要的是老字号长久积淀起来的文化精髓、品牌效益将被毁于一旦，这些都是无法弥补的无形资产损失。品牌意识的淡薄，严重影响餐饮类老字号实施品牌营销和品牌扩张战略。

（5）品牌区域性特征过强，影响跨区域发展。餐饮类老字号产品本身具有一定的文化特征，它们是性格鲜明的企业名片。但是在全球化的市场背景下，区域性强的特点往往也会成为一把“双刃剑”。有时过分强调地域特征，反而可能限制目标顾客群，阻碍品牌的跨区域发展。

在长期发展过程中，餐饮类老字号依靠特色产品和信誉赢得特定区域的顾客，这些特定市场的文化和生活习惯成为品牌的文化内涵。比如，苏州本地农历二月二有吃“撑腰糕”的习惯，这个传统的目的是让人们身体健康、硬朗。但是，其他区域的人们就很难了解它的含义，使之销售范围受到限制。而且，一年之中只有这一天当地的百姓会吃这种糕点，导致销售时间太短，影响着老字号品牌的发展。

三、餐饮类老字号消费者调研结果分析

当今的消费市场瞬息万变，消费者的消费行为也不断变化，只有顺应市场趋势、迎合消费者需求，才是不断发展的根本和王道。为此，项目组根据本课题的主旨，设计了餐饮老字号消费者调查问卷，以获取市场和消费者的第一手数据。

调查问卷主要分为三个部分，第一部分为老字号餐馆消费情况；第二部分为老字号餐馆满意度情况；第三部分为个人信息。调查时间段为 2014 年 1 月至 2014 年 3 月，调查时间均选在就餐高峰期的周末中午。调查地点为包括全聚德、奶酪魏、小肠陈、莫斯科餐厅

在内的15家老字号餐厅周围；有一部分问卷是在和一些店面管理者协商沟通后，在其餐厅内部发放。调查对象均为光顾这些老字号的顾客。共获得205个样本。在排除一些前后题答案存在明显矛盾、连续数道题目选择相同或连续答案、三分之一及以上题目未填写以及在发放问卷过程中调查者观察被调查者可能存在不认真读题便作答的问题问卷后，最终获得有效样本179个。

（一）被调查者基本情况

1. 来京目的

表1　来京目的

选项	计数
A 学习	46
B 工作	28
C 出差	19
D 定居	31
E 旅游	48
F 其他	7
总计	179

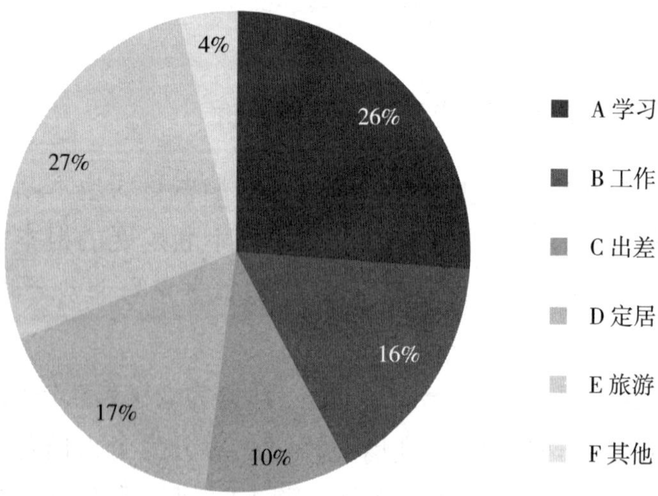

图1　来京目的

从上述图表可以看出，依据来京目的，分别为“旅游”48人（占27%）、“学习”46人（占26%）、“定居”31人（占17%）、“工作”28人（占16%）、“出差”19人（占10%）和“其他”7人（占4%）。

调查显示，在被调查人群中，大部分来老字号消费的都是在北京生活或者是来北京旅游的人，这也构成最有可能来老字号消费的人群。

对于在北京生活的人，老字号可以通过与一些本地的广告媒体合作，进行老字号的本地推广，让更多在北京生活的人特别是那些就在老字号附近生活和工作的人了解老字号。要在老字号所在的商圈里加大宣传力度，主要是宣传老字号的生活餐和工作餐属性，让这些人平时也能多来老字号消费。对于离老字号较远的人群，主要应该大力宣传老字号的文化和特色属性，让他们被老字号吸引过来品尝美食，留下好的印象以利于进行口碑传播。对于那些来北京旅游的人，可以通过与旅行社等机构进行合作，结合宣传北京文化，吸引他们品尝北京的美食，更好地了解北京。

2．性别

表2　性别

性别	计数
A男	76
B女	103
总计	179

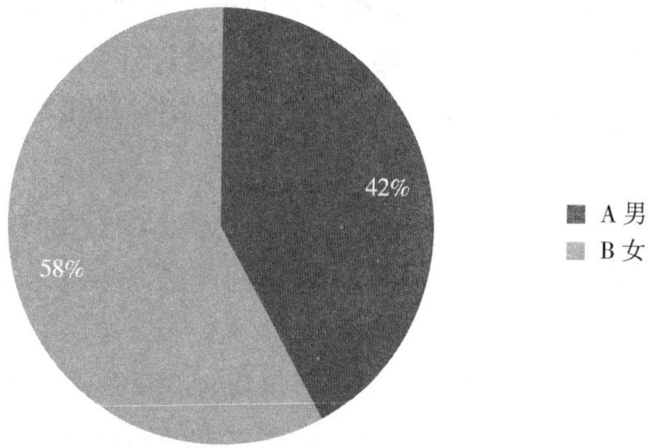

图 2　性别

从上述图表可以看出，被调查者中女性为 103 人，占总调查人数的 58%；而男性为 76 人，占总调查人数的 42%。总体来看，这表明女性顾客是更有可能来老字号进行消费的人群。因此老字号在进行推广的时候，应该注重将广告宣传投入到女性顾客更多的地方，比如说各大卖场、步行街以及一些女性常用的手机应用上；同时应该注重分析女性顾客的消费心理和接受习惯，提高广告宣传的影响力。

3．学历

表 3　学历

选项	计数
A	4
B	24
C	118
D	33
总计	179

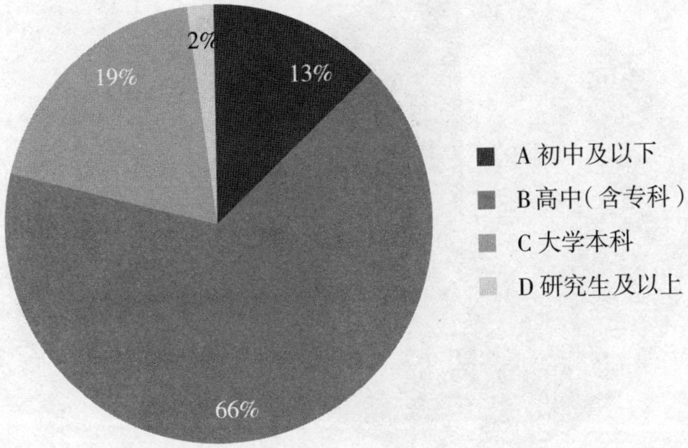

图 3　性别

从上述图表可以看出，在被调查者中，大学本科以上学历人数的比例占 85%，这表明来老字号进行消费的人群主要是知识分子。因此，老字号在进行广告宣传的时候，要尽量多用一些文雅的用词和新颖的推广方式来吸引这部分顾客。

4．年龄

表 4　年龄

选项	计数
A20 岁以下	16
B21–30 岁	93
C31–40 岁	33
D41–50 岁	29
E51 岁以上	8
总计	179

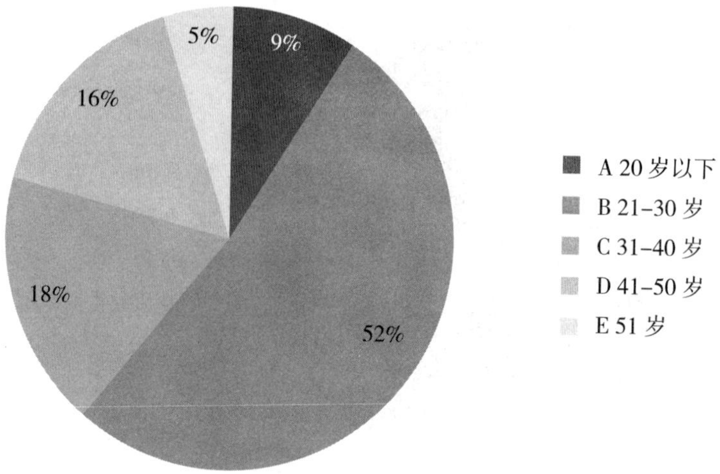

图 4　年龄

从上述图表中可以看出，被调查人群中 21–30 岁的人数占 52%；31–40 岁的人数占 18%；41–50 岁的人数占 16%。这表明，来老字号就餐的主体为中青年。因此老字号在进行推广和宣传时，应把重点目标人群确定为年轻人和中年人，根据这部分人群的喜好来进行广告宣传的策划。

5. 个人收入

表 5　个人收入

选项	计数
A1500 元以下	47
B1500–3000 元	21
C3001–5000 元	50
D5001–8000 元	36
E8001–15000 元	17
F15001 元以上	8
总计	179

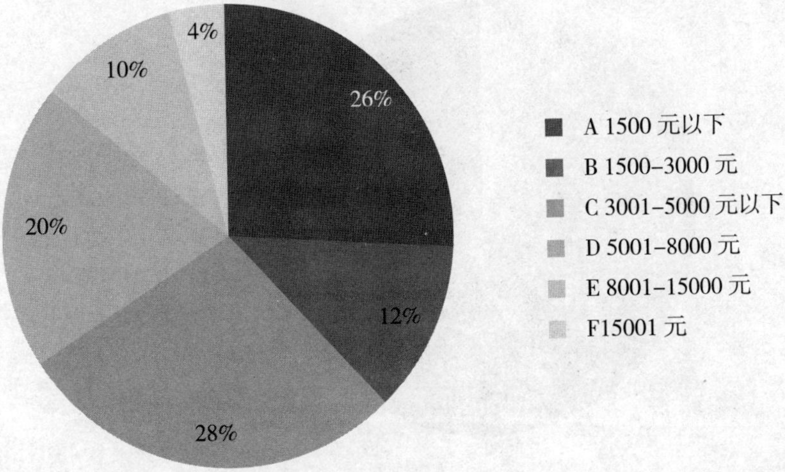

图 5　个人收入

从上述图表可以看出，选择 3001–5000 元的占 28%；选择 5001–8000 元的占 20%，而选择 1500 元以下的占到 26%。由此可以看出，在被调查人群中，大部分消费者的个人收入普遍不会太高（1500 元以下的主要为学生）。老字号要巩固这部分人群，就需要推出适合这部分人群消费水平的套餐。而从总体来看，应该迎合不同水平人群的消费需求，制定不同的消费标准，吸引更多的人来老字号消费。

（二）老字号餐馆消费情况

这里重点考察"就餐费用"和"就餐次数"情况。

1．就餐费用和就餐次数

表 6　就餐费用调查结果

选项	计数
A50 元以下	52
B50–100 元	72
C101–200 元	40
D201–300 元	5
E300 元以上	10
总计	179

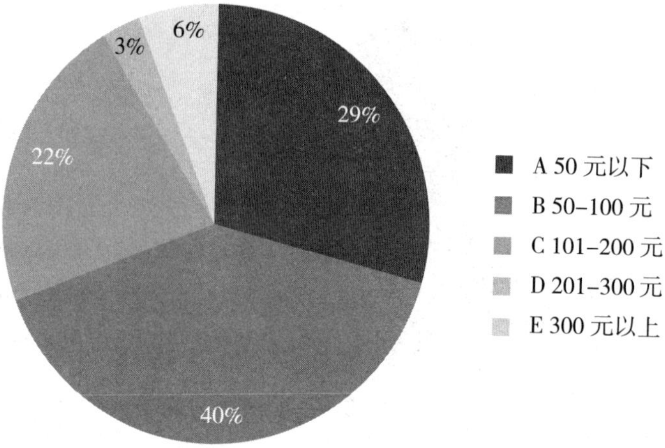

图 6　就餐费用

从上述图表可以看出，选择 50–100 元的占 40%；选择 50 元以下的占 29%；选择 101–200 元的占 22%；选择 300 元的占 6%；选择 201–300 元占 3%。也就是说，有 91% 的被调查人在老字号的消费低于 200 元；仅有 9% 的被调查人愿意在老字号消费 200 元以上。

数据显示，大部分人在老字号的消费都不会超过 200 元。一般说来，老字号的历史比较悠久，而且一直以地方特色菜肴和物美价廉作为卖点。对于大多数老百姓来讲，老字号的产品，更多会让人联想到的是小吃特产，这表明，老字号产品亲民与低价的形象已经深入人心。老字号在人们心目中形象，决定了老字号未来的发展，还是应该沿袭低价和低端的路线，而不应该盲目地进行大幅度的品牌包装，不应该随便提升老字号的品牌定位并提高产品的价格。

表 7　每月就餐次数

选项	计数
A 少于 1 次	98
B1–2 次	63
C3–4 次	12
D5 次以上	6
总计	179

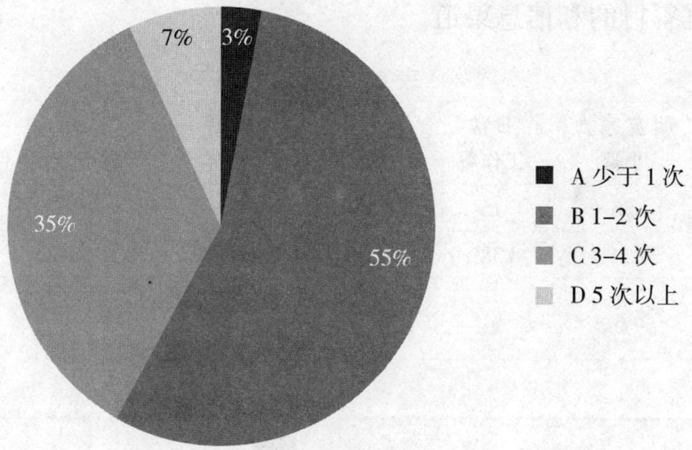

图 7　每月就餐次数

从上述图表可以看出，选择少于 1 次的占 55%；选择 1–2 次的占 35%；选择 3–4 次的占 7%；选择 5 次以上的占 3%。也就是说，有 90% 的被调查人每月去老字号消费的次数低于或者等于 2 次，10% 的被调查人愿意每月在老字号消费 3 次以上。

数据显示，有超过一半的被调查者每个月去老字号的频率少于一次，这说明对于他们来说，去老字号就餐既不是工作餐的首选，也不是家庭餐的首选。主要原因还是在于老字号的传统形象是小吃特产居多，由此导致人们在日常工作和生活中进行餐饮选择时首先想到的不是老字号。然而老字号发展到了今天，已不单单是一种小吃和特产。现在的老字号产品，搭配健康，价格合理，其实很适合当作工作餐和家庭餐食用。因此，老字号品牌的定位，除了低端和低价外，还应该突出自己的工作餐和家庭餐属性，吸引人们更频繁地进入老字号进行消费。

2. 就餐目的和信息渠道

表 8　就餐目的

选项	朋友家人小聚	日常工作餐	商务宴请	旅游尝鲜	就好这一口	其它
选择人数	56	15	20	73	19	13
选择比重	31.28%	8.38%	11.17%	40.78%	10.61%	7.26%

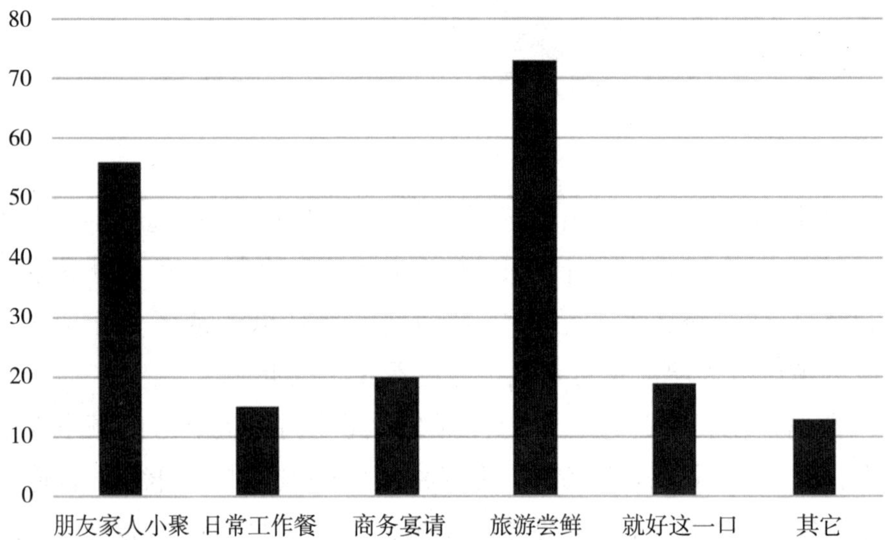

图 8　就餐目的

从上述图表可以看出，关于“就餐目的”，选择“旅游尝鲜”的占 40.78%；选择“朋友家人小聚”的占 31.28%；选择“商务宴请”的占 11.17%；选择“日常工作餐”的占 8.28%。

调查显示，“旅游尝鲜”和“朋友家人聚会”更能吸引被调查者去老字号消费，这说明老字号的品牌在人们的心目中有一定特殊的文化含义。因为每当人们去一个地方旅游时，主要还是为了去体验一个地方的文化氛围；而与朋友家人聚会，也大多是为了品尝某种文化特色菜系或菜肴。人们更多地选择去老字号消费，正好说明了这一点。因此，在进行以文化为主题推广老字号品牌的同时，要加强老字号产品的工作餐和生活餐属性的宣传，让更多的人来老字号进行消费。

表 9　信息渠道

选项	网络媒体	电视节目、报纸杂志	商家促销信息	熟人介绍	随便路过	老北京传统、家庭传承	其它
选择人数	52	28	19	68	44	33	11
选择比重	29.05%	15.64%	10.61%	37.99%	24.58%	18.44%	6.15%

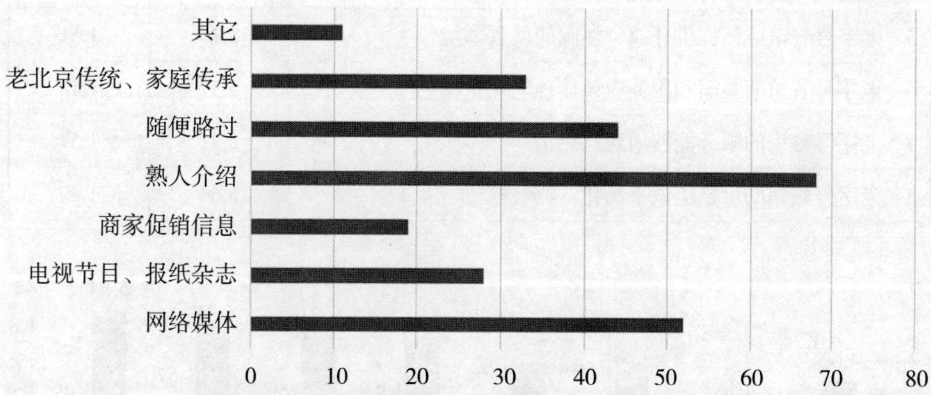

图 9　信息渠道

从上述图表可以看出，关于“信息渠道”，选择“熟人介绍”的占 37.99%；选择“网络媒体”的占 29.05%；选择“老北京传统、家庭传承”的占 18.44%。这说明，老字号的传播，主要还是依靠消费者的口碑传播和网络传播；通过传统的纸媒和电视媒体传播宣传比较少，而且效果并不显著。因此，老字号今后可适当加强纸媒和电视媒体的宣传力度，主要着力于加强老字号工作餐和生活餐属性的宣传。

（三）老字号餐馆满意度情况

1. 消费者就餐前期望

表 10　消费者就餐前期望

题目	均值	标准差
1、为了感受老北京文化来老字号餐馆就餐	4.62	1.74
2、来北京旅游的主要目的之一是品尝北京老字号	4.16	1.85
3、老字号餐馆能够提供干净整洁的就餐环境	4.68	1.59
4、老字号餐馆应该提供宽敞、大面积的就餐环境	4.89	1.62
5、老字号餐馆应该提供开放、热闹的就餐环境	5.16	1.51
6、老字号餐馆的装潢和服务应该体现老北京特色	5.37	1.48
7、老字号餐馆的服务能够周到、热情	5.31	1.57
8、老字号餐馆的价格应该平民化	5.64	1.49

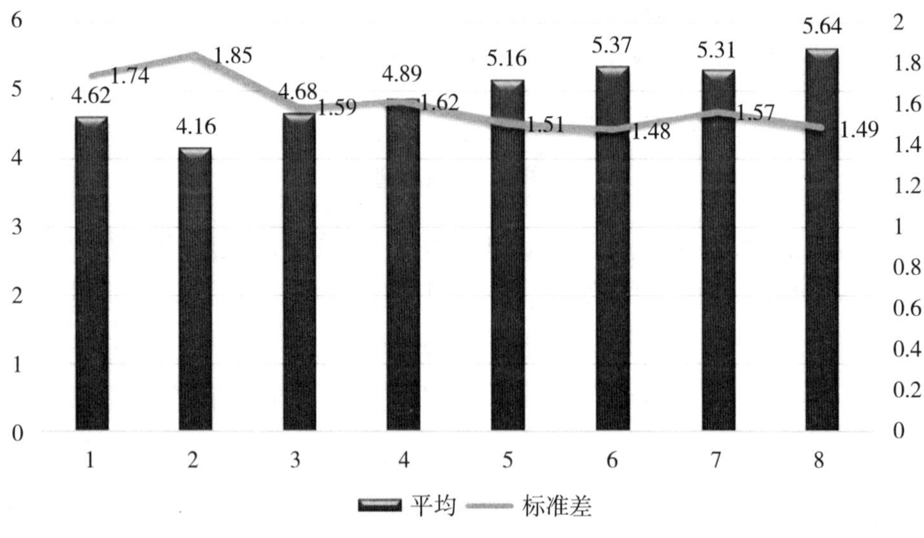

图 10　消费者就餐前期望

从上述图表可以看出，关于“就餐前期待”，第一题的均值是 4.62，标准差是 1.74；第二题的均值是 4.16，标准差是 1.85；第三题的均值是 4.68，标准差是 1.59；第四题的均值是 4.89，标准差是 1.62；第五题的均值是5.16，标准差是1.51；第六题的均值是5.37，标准差是1.48；第七题的均值是5.31，标准差是1.57；第八题的均值是5.64，标准差是1.49。

数据显示，在这些题目里，均值最高的是第八题，被调查者对“老字号餐厅价格应该更加平民化”的赞同度最高。这说明，被调查人群期望老字号产品的价格应该更加低廉，但是老字号也不应该因此就随便决定降低产品的价格。某些老字号的产品可能比较单一，不同的消费者需要食用的量也不一样。因此老字号可以根据不同的量和不同食物的多种搭配，设计各种“套餐”，分别进行定价和销售，让产品的价格区分开来。这样既可以让人们买到适合自己的食品，也可以改变价格一刀切的状况，改变部分人群对老字号价格偏高的印象。

在上述题目中，均值最低的是第一题和第二题，这表明被调查人群认为来北京去品尝老字号并不是其主要目的之一。但是，其实老字号并不需要让人们把来北京品尝老字号产品作为其主要目的之一。老字号应该做的，是吸引已经来到北京的人去品尝老字号产品。因此，老字号在进行品牌推广的时候，应该注重本地化，主要吸引在北京生活的人群来品尝老字号产品。

2．就餐体验

表11　就餐体验

题目	平均	标准差
1、总体来说，对老字号餐馆就餐体验十分满意	4.81	1.34
2、在老字号餐馆就餐过程中，感受到了浓厚的老北京文化	4.82	1.43
3、在老字号餐馆就餐过程中，品尝到了正宗、可口的老北京传统美食	4.71	1.45
4、老字号餐馆的就餐环境令人十分舒适	4.6	1.51
5、老字号餐馆的服务具有老北京特色，并且热情周到	4.79	1.38
6、老字号餐馆的装潢十分具有特色	4.83	1.38

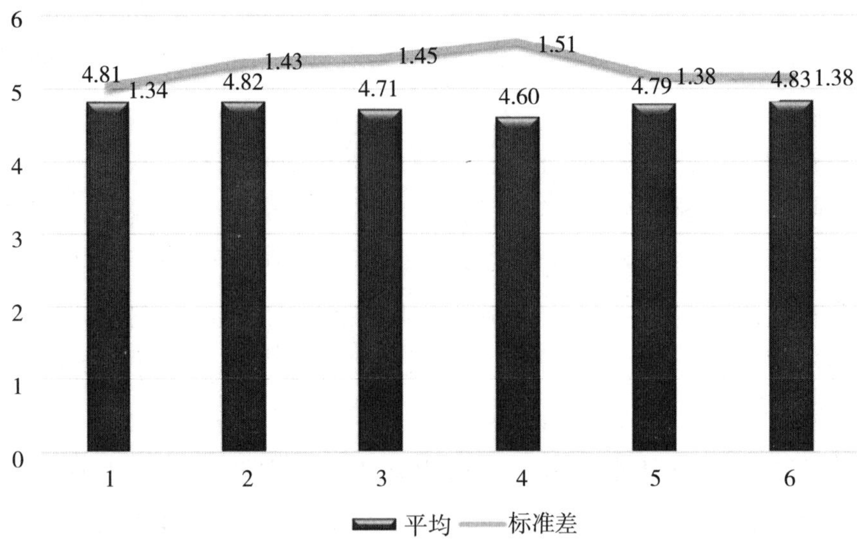

图 11　就餐体验

从上述图表可以看出，关于“就餐时体验”，第一题的均值是4.81，标准差是1.34；第二题的均值是4.82，标准差是1.43；第三题的均值是4.71，标准差是1.45；第四题的均值是4.60，标准差是1.51；第五题的均值是4.79，标准差是1.38；第六题的均值是4.83，标准差是1.38。

数据显示，在这些题目中，第1、2、3、4、5、6题的均值都很接近，且都大于4（“说不好”），同时也都低于了5（“有点同意”），表明被调查人群对老字号号的就餐体验的整体感觉还是倾向于满意的，但是尚没有达到完全满意的程度。这表明，老字号的服务和就餐环境还有继续提高的必要。因为，良好的服务和就餐环境，对于顾客的下次光临毕竟是有直接联系的。

3. 就餐后行为

表 12　就餐后行为

题目	平均	标准差
1、就餐后，会向别人讲述我的愉快经历	4.92	1.44
2、就餐后，会向别人讲述我的不愉快的经历	4.75	1.55
3、会直接（如通过聊天的形式等）向身边的朋友、家人、同事（同学）等讲述我糟糕的经历	4.99	1.43
4、会在网络（微博、社交网络等）上讲述我糟糕的经历，让更多人引我为鉴	4.52	1.8
5、如果有不满意的地方，愿意直接向商家提出	4.27	1.82
6、会向身边的熟人推荐心仪的餐馆	5.39	1.32
7、会在网上分享我愉快的就餐经历	4.73	1.75

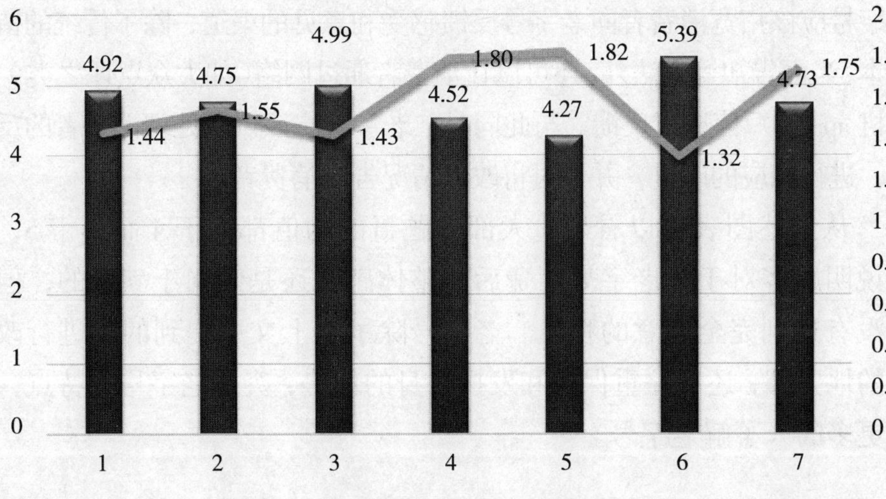

图 12　就餐后行为

从上述图表可以看出，关于“就餐后行为”，第一题的均值是4.92，标准差是1.44；第二题的均值是4.75，标准差是1.55；第三题的均值是4.99，标准差是1.43；第四题的均值是4.52，标准差是1.80；第五题的均值是4.27，标准差是1.82；第六题的均值是5.39，标准差是1.32；第七题的均值是4.73，标准差是1.74。

数据显示，在这些题目中，均值最高的是第六题，说明人们对于自己心仪的餐厅还是很乐于向朋友推荐的。因此，让老字号成为顾客们心仪的餐厅，是老字号面临的一项重要挑战。从上述题目中可以得知，要让老字号成为顾客们心仪的餐厅，需要做到的，包括更加舒适的就餐环境、更加满意的服务和更加合理的食品搭配和价格等。第五题的得分均值最低，表明消费者即使在老字号消费过程中出现了问题，也不一定会向商家告知。而没有及时的反馈，商家改进起来难度会加大。因此，老字号应该拓宽消费者向老字号反馈感受和意见的渠道，除了传统的留言本、当面告知等方法外，还可以让消费者通过网络（如大众点评之类）、手机 app 和短信进行反馈。与此同时，老字号应该认真处理消费者的反馈，进行相应的改进，并及时将改进情况告知消费者。

从上述图表可以看出，大部分题目的均值都大于 4 而小于 5，这说明顾客对于在老字号消费后的整体感觉还是倾向于满意的，但却没有达到完全满意的程度。老字号除了在上文中提到的要进行改进的地方外，还应注重保持和发扬自身的优势，突出老字号的特点，让更多的人了解老字号。

四、餐饮类老字号企业经济拉动作用潜力的挖掘

根据上述分析，结合当前消费者的消费习惯和对老字号的认知、评价，对餐饮类老字号如何更好地发挥拉动经济的作用，从宏观和微观两个角度提出具体建议。

（一）餐饮类老字号潜力挖掘的宏观策略

所谓“宏观策略”，意味着要与老字号发展的长期规划相联系，

确保企业实现可持续的良性发展。这里着重从企业发展的战略角度进行分析。

1. 加快现代企业制度建设，助力餐饮类老字号长远发展。老字号企业要抓住机遇，直面挑战，就需要学习国内外优秀企业的宝贵经验，推进现代企业管理制度建设，在新的基础上推动传承与创新。

随着老字号企业的不断壮大，无论是店面数量、员工数量、消费者数目还是营业额，都不断增长，要想保证企业的正常运作和进一步发展，引进现代的企业管理制度必不可少。现代企业管理制度包括管理结构、财务管理、人力资源管理、营销管理、渠道管理、生产作业管理、企业文化建设等各个方面。

老字号企业应当广泛汲取国内外优秀家族企业的经验，着重在建立公正民主的企业制度、高效高质的企业内部沟通网络上下功夫，在排除家族企业种种弊端的同时，充分利用家族企业凝聚力强的优势完善管理结构。

老字号企业应当建立规范、明确的财务管理制度，聘用专业的财务管理人才，多样化地管理企业财务，达到企业财务明晰、资金流畅通、企业资金利用率高的目的，保障企业正常运作，创造更多的赢利点。

老字号企业应当格外重视企业的人力资源管理，组建专业的人力资源部门，建立健全规范、有激励效果的聘用、晋升、福利制度，聘请各领域的专业人才，定期对员工进行培训、辅导、检测，建设高素质人才队伍。

老字号企业应当重视企业的营销，充分利用互联网尤其是移动互联网信息传播迅速、便捷的特点，开发自己企业的移动应用（APP），结合餐饮业的特点，通过多种渠道开展口碑传播和社会网络营销。

老字号企业在多年的发展过程中，沉淀了深厚的精神。要将这种宝贵的精神与企业的发展结合起来，形成具有自身特色的企业文化，为企业的永续发展提供强大精神动力和持久精神支持。

社会进步日新月异，物联网飞速发展，新的技术与方法不断涌现，老字号企业应当保持敏锐的创新嗅觉，努力永远站在时代大潮的潮头。

2. 淡化品牌的区域差异性，实现跨地区发展。餐饮类老字号品牌中可能存在一些体现区域差异的符号，在传播时应该淡化这种概念，以便于获得更多地区消费者的认同。例如全聚德是驰名中外的烤鸭老店，在全国各地乃至世界其它国家都开有分店，其在保留老北京传统烤鸭的风味和质量的同时，又根据各地差异在不同地区的门店内引进其它适合当地口味习惯的菜品，为在不同地方的成功提供必要条件。

3. 加大商标保护力度，解决无形资产所有权的遗存问题。世界各地食客云集西城，带来巨大商机，同时也隐藏着巨大的知识产权危机。政府应该深化行政管理体制改革，减少对企业的干涉，让商标所有权回归市场，回到经营者的手中，解除商家的后顾之忧。这样，老字号企业才能甩开思想包袱，加大对品牌的投入，采取多种方式开展品牌宣传，提升品牌价值。同时，餐饮类老字号本身也应当树立积极保护企业知识产权的观念，聘请专业顾问团队，对自身的知识产权进行全面保护。

4. 弘扬优质商业文化，促进老字号复兴。老字号品牌的复兴是一项系统工程，不是仅仅通过行政手段和商业运作，就能使一些濒临倒闭的老品牌起死回生。老字号品牌的复兴，需要以优化与其文化背景相应的社会环境作为前提。

由于有关方面监管不力等原因，一些商家只追求经济利益而忽略信誉，不断出现食品质量安全事件，其中的根本原因在于传统文化的缺失。历经几百年保留下来的老字号品牌，一般都具有良好的产品质量。因此，应该大力弘扬老字号商业文化，坚持精益求精，追求卓越品质。饮食直接关系人们的安全，餐饮类老字号更应当从原料开始严格把关，严选优秀合格的原材料，同时在原料的贮藏和运输商也应保证原料的新鲜，这样才能保证餐饮老字号的菜品质量，让消费者安心、放心。

5．总结历史成果，树立鲜明的企业文化。一个百年老店的传承与发展，离不开特色鲜明、深入人心的企业文化；而每个餐饮类老字号百年的发展历程中，必定经历了起起伏伏，必定沉淀了厚重的文化。这是餐饮类老字号最为宝贵的精神财富与无形资产。老字号企业应对其发展历史进行回顾与总结，形成特色鲜明、深入人心的独特文化，并对内引导员工遵循企业文化、对外向社会宣扬自己的优秀文化，助力企业的延续与发展。

（二）餐饮类老字号潜力挖掘的微观策略

所谓“微观策略”，重点是要与企业的实际经营密切联系，直接解决市场、消费者提出的问题。这里着重从企业的营销角度进行分析。

1．实施产品标准化管理，加大新产品开发力度。特色产品是老字号在竞争中生存发展的基本保证，要保证产品的高质量，保持产品的特色和口味的一致，标准化管理是老字号餐饮企业的必然选择。工艺独特是老字号的一大优势，企业应该加大工艺的机械化、自动化和信息化改造，改变生产方式，提高生产效率。

对餐饮类老字号而言，为适应市场需求变化而进行的新产品开发，包括老产品改良和开发全新产品两大方面。老字号要以市场为导向，引入营养与健康的理念，不断丰富老产品的口味，提供更加符合消费者需求的产品。同时，老字号也需要自觉推动产品的更新换代，以适应不同地区的市场情况。

老字号产品物美价廉的特点，是其吸引传统消费者的主要原因。但是当下的消费者更加关注的，是产品的个性和品牌等非产品因素。因此，老字号必须改变单一的产品结构和相对较差的消费环境，迎合现在消费者崇尚健康生活方式的倾向，吸引更多的消费者愿意尝试这些跨区域的老字号产品，从而最终喜欢上这些产品。

比如，泰丰楼饭庄经营的是传统鲁菜，在餐饮市场鲁菜企业竞争日益激烈的环境中，董事长康哲东带领企业技术骨干大胆尝试，在保持原有风味特色的同时，带领新一代厨师开发出“大蒜烧鲨鱼皮”“风味什锦火锅”“锅烧肘子”等菜肴；又结合现代营养理念，推出“蜜汁金瓜”“三菌踏青”“虫草养生鸡”“红果山药”等讲究营养均衡的菜品。这些菜肴，既有独树一帜的鲁菜风味特色，又有保健营养在其中，满足了消费者的饮食需求，得到的是顾客的认可与好评。

2. 提高服务质量，改善就餐环境。在产品同质化越来越高的今天，饮食业的竞争主要集中于期望产品和附加产品上。期望产品包括美味干净的食品和良好的服务态度，这将直接影响到顾客的评价。而附加产品则是在顾客的基本需求得到满足的同时，为满足其特殊需求而提供追加的服务和利益。附加产品既是企业提升竞争能力的有效手段，也为盈利带来更多机会。

在市场竞争日趋激烈的今天，西城区的餐饮类老字号更应该注重其附加价值的提供，而高质量的服务和舒适的就餐环境无疑是餐饮业最应当提供给消费者的附加价值。餐饮类老字号企业应当对服务员具有统一的上岗前培训，保证切实做到体贴服务、及时服务、微笑服务、优质服务；改善就餐环境，主要是要求企业无论大小，都要做到卫生、整洁、有序。

以上仅仅是餐饮类老字号在服务和就餐环境中应当达到的最低标准。有心的餐饮类老字号，可以结合自身的企业文化和经营特色、目标顾客，精心设计具有特色的服务和就餐环境，可以是新奇的异域风情，也可以是浓浓的老北京风等多种风格，让消费者就餐的过程更加有趣而生动。

3. 转变发展理念，探索多样化复合型渠道。摈弃“只此一家、别无分店”的传统理念，大力增加商业网点，提高市场覆盖率。积极发展连锁经营，对某些资金不足的老字号，可以采取加盟形式与拥有资金的企业及个人合作，使品牌影响规模化。积极发展多样化复合型的销售渠道，除了直接门市销售外，还可通过一些中间商向消费者销售企业的产品与服务。可以利用现代网络，建好网站，寻求电子商务的机会，采取网上销售、产品外送等形式。

4. 创新营销手段，优化营销组合。老字号餐饮企业要强化关系营销，以增强顾客的忠诚度。调查显示，餐饮类老字号的主要消费群体是年龄偏大的消费者，特别是40岁以上的顾客，他们对老字号有较高的忠诚度，既是老字号的利润贡献者也是积极的口碑传播者。而25岁到40岁的群体则是老字号的利润贡献者，他们选择在老字号消费，但较少进行传播。老字号应当根据细分市场的特点，立足长远发展，选择目标顾客，重点培养各类顾客的忠诚度。

要精确选择广告媒体，以进行高效的信息传播；广泛利用传统节日，推出针对性强的活动，如举办老字号饮食文化联谊活动等，以此引起消费者对老字号的认识和关注。

5. 推动协同营销，深度利用社会资源。老字号饮食企业所处的特殊市场环境，使其在协同营销方面拥有巨大优势。饮食和旅游紧密联系，老字号饮食企业应当充分利用自己品牌的知名度，与旅游中间商展开广泛合作，提高企业的市场地位及竞争能力。老字号企业可以跟一些农庄或景区合作，在其场地内开设商业网点，景区得到的是吸引力的提升，而老字号得到的是市场的拓展和品牌的宣传。老字号应该与政府和相关组织合作，举办“老字号企业文化一日游”等活动，提升老字号的品牌价值及其市场影响力。

总之，餐饮类老字号企业应该根据自身的实际情况，实施协同营销，利用其他资源促进老字号的持续长久发展。

五、总结

通过以上分析，我们可以看出，无论是在社会文化领域还是在经济领域，餐饮类老字号企业都发挥着重要的作用，但也面临着严峻的挑战。这需要包括学术界在内的社会各界对老字号的生存和发展予以持续的关注和有效的支持，也需要老字号自己继续发挥创新精神，顺应潮流，勇于变革，再创辉煌。

课题负责人：赵彦云，中国人民大学竞争力与评价研究中心主任、教授。
课题参与人：朱建宇，中国人民大学统计学院硕士研究生
李　政，中国人民大学统计学院硕士研究生
黄　吉，中国人民大学统计学院硕士研究生
李　响，中国人民大学统计学院硕士研究生

附：

老字号消费者就餐情况调查

问卷编号：　　　　　　　　　　　　是否外籍人士：

老字号消费者就餐情况调查

尊敬的顾客：

您好！首先感谢您对老字号餐厅的支持！本研究是北京市西城区社科联组织的西城老字号谱系研究课题的一部分，希望您协助帮忙完成该调查问卷。您的答案对我们的研究将起到至关重要的作用，并且将仅用于项目研究，不会用作其它任何目的，请您放心作答！最后再次感谢您的配合！祝您就餐愉快，一切顺利！

（3）老字号餐馆消费情况

以下是关于您在老字号餐馆的消费情况，请您结合自己经历作答，谢谢！

1. 平均每次去老字号餐馆就餐的花费（人均）：

A50 元以下　B50-100 元　C101-200 元　D201-300　E300 元以上

2. 平均每月去老字号餐馆就餐的次数：

A 少于 1 次　　B1-2 次　　C3-4 次　　D5 次及以上

3. 通常来老字号餐馆就餐的目的：（可多选）

A 朋友家人小聚　　B 日常工作餐　　C 商务宴请

D 旅游尝鲜　　E 就好这一口　　F 其它

4. 您是由何种渠道知道您去过的老字号餐馆的呢？（可多选）

A 网络媒体　　B 电视节目、报纸杂志　　C 商家促销信息

D 熟人介绍　　E 随便路过

F 老北京传统、家庭传承　　G 其它

5. 在京期间，您游览了北京多少景点，是否感觉到意犹未尽？能否简单列出您主要游览的景点，以及想去还未去过的景点？

____

6. 在京期间，您是否体验了北京的美食？能否简单列出您都品味了哪些美食，以及还未来得及品味的老北京美食。

____

____

(4)对老字号餐馆满意度调查

评分等级： “1”表示完全不同意；“2”表示基本不同意；“3”表示有些不同意；“4”表示说不好； “5”表示有些同意；“6”表示基本不同意；“7”表示完全同意。							
以下是关于您在去老字号餐馆就餐前，对其有何期待的问题	1	2	3	4	5	6	7
1、我是为了感受老北京文化来老字号餐馆就餐的							
2、我来北京旅游的主要目的之一是品尝北京老字号							
3、老字号餐馆能够提供干净整洁的就餐环境							
4、老字号餐馆应该提供宽敞、大面积的就餐环境							
5、老字号餐馆应该提供开放、热闹的就餐环境							
6、老字号餐馆的装潢和服务应该体现老北京特色							
7、老字号餐馆的服务能够周到、热情							
8、老字号餐馆的价格应该平民化							
以下是您在老字号餐馆就餐时感受、体验的问题	1	2	3	4	5	6	7
1、总体来说，我对老字号餐馆就餐体验十分满意							
2、在老字号餐馆就餐过程中，我感受到了浓厚的老北京文化							
3、在老字号餐馆就餐过程中，我品尝到了正宗、可口的老北京传统美食							
5、老字号餐馆的就餐环境令人十分舒适							
10、老字号餐馆的服务具有老北京特色，并且热情周到							
11、老字号餐馆的装潢十分具有特色							
以下问题是您在老字号餐馆就餐后可能做出的行为	1	2	3	4	5	6	7
1、就餐后，我会向别人讲述我的愉快经历							

2、就餐后，我会向别人讲述我的不愉快的经历						
3、我会直接（如通过聊天的形式等）向身边的朋友、家人、同事（同学）等讲述我糟糕的经历						
4、我会在网络上讲述我糟糕的经历（如微博、社交网络等），让更多人引我为鉴						
5、如果有不满意的地方，我愿意直接向商家提出						
6、我会向身边的熟人推荐心仪的餐馆						
7、我会在网上分享我愉快的就餐经历						

（5）背景资料

以下是一些关于您个人的问题，请您放心，我们会严格保密，谢谢您的合作。

1. 在京目的

A. 学习　　B. 工作（长期）　　C. 出差（短期）

D. 定居　　E. 旅游　　F. 其它

2. 您的性别是：

A. 男　　B. 女

3. 您目前在读或最后获得的学历是：

A. 初中及以下　　B. 高中（含专科）　　C. 大学本科

D 研究生及以上

4. 您的年龄是：

A.20 岁以下　　B.21−30 岁　　C.31−40 岁

D.41−50 岁　　E.51 岁以上

5. 您的个人收入（每月）：

A.1500 元以下　　B.1500−3000 元　　C.3001−5000 元

D.5001−8000 元　　E.8001−15000 元　　F.15001 元以上

浅论新的历史条件下清真餐饮老字号的创新传承与发展

常　颖

【内容提要】历史上的清真餐饮业，是北京地区的回族群众除玉器、古玩之外经营的第二大行业，主要包括清真菜肴及风味小吃。北京的清真餐饮业诞生于明清时期，数百年来逐渐形成独特的民族风格和地方特色。大力发展清真餐饮业，在落实党的民族政策、开发旅游餐饮市场、强化文化认同等方面，都具有不可替代的重要作用。要坚持改进传承方法、更新文化传统，创新经营品种、提升竞争能力，改变经营模式、打造新的格局，拓宽销售渠道、扩大海内外市场，加大产品宣传、促进社会认知，强化品牌认知、树立企业形象，加强人力培训、激发企业活力，完善制度建设、夯实发展基础，推动清真餐饮老字号创造新的辉煌。

【关键词】清真　老字号传承　发展

北京地区的清真餐饮业具有十分鲜明的民族风格和地方特色，在满足各民族群众需要、繁荣京城餐饮市场、传播中华文化、促进社会和谐等方面，发挥着十分重要的作用。特别是其中的各种风味小吃，更是集中地体现出浓郁的京城清真特色。根据西城区社科联提供的西城区老字号名单，餐饮、小吃和食品加工类老字号共有62家，其中清真类有19家；在17家小吃类老字号餐饮企业中，清真老字号有8家，占比将近一半。本文拟在梳理京城清真餐饮老字号发展历程及基本特点的基础上，重点围绕清真小吃类老字号当前面临的机遇和挑战，深入探索新时期推动清真餐饮老字号传承发展的有效路径。

一、“清真”一词的由来及清真餐饮业的兴起

（一）“清真”一词的由来

在中国55个少数民族中有包括回族在内的10个少数民族，是全民性信仰伊斯兰教的，我们把这些信仰伊斯兰教的人统称为穆斯林。据卡内基国际和平基金会统计，到2008年，中国的穆斯林人口数为3911万，占中国人口总数的3%，穆斯林人口数量在世界排名第9位。

清真饮食是随着穆斯林民族的形成而形成的。在国际上，符合伊斯兰教法的食物统称为Halalfood。Halal（音“哈拉里”），本意是“合法的”，中文译为“清真”，即符合穆斯林生活习惯和需求的食品、药品、化妆品及添加剂。“Halal食品”是阿拉伯语的汉语音译，在国际上通用的意思是合乎伊斯兰教教法的食物，泛指与伊斯兰教饮食相关的场所、原料、用具。

由于“清真”一词在清代以后已经成为伊斯兰教的代称，因此，近现代就把回族等10个信仰伊斯兰教的穆斯林能够食用的各类食品统称为“清真食品”。这一称谓颇具中国特色，既符合中国穆斯林的习惯和实际，也容易为各民族穆斯林所接受。

（二）清真餐饮业的兴起

中国的穆斯林严格遵循伊斯兰教法中对于饮食的规定，并将其上升到信仰的高度，成为宗教的重要组成部分，是否严格遵循这些规定，也成为穆斯林与非穆斯林的重要界限。正因为对饮食的重视，使得清真饮食成为自明清以来穆斯林从事的一个重要行业，只要有穆斯林生存的地方，就有以清真食品为主的餐饮行业。

历史上的清真餐饮业，是北京地区的回族群众除玉器、古玩之外经营的第二大行业，主要包括清真菜肴及风味小吃。清真菜肴是

北京菜系的重要组成部分，大致分为东西两派：东派以白魁的烧羊肉、通县小楼烧鲶鱼为代表；西派以两益轩、西来顺为代表。而由回族经营制作的众多价廉可口的风味小吃，则主要有烧饼、麻花、油条、切糕、炸回头、面茶、杏仁茶、茶汤、豆腐脑及各类蒸食等，这些小吃选料考究，加工方法精细，蒸、炸、煮、烙花样繁多。

对于清真饮食业的繁荣景象，清人陈恒庆曾在《谏书稀庵笔记》中这样记述：京城的百姓在冬天有很多喜欢吃烤羊肉、涮羊肉，户部街有名的五香酱羊肉，可以用盒子装好外卖便于携带。而夏天则是烧羊肉，肉汤浓腴。吃的大都是绵羊，主要是白水煮的羊肉羹，也有羊杂，以胡同小巷深处同所卖为最为美味。

无论是清真菜肴还是清真小吃，在长期的历史演进中，经过经营者的传承与发展，形成众多清真老字号和丰富多彩的清真饮食文化，并且成为“京味文化”的一个重要组成部分。

二、清真老字号的兴起与发展

（一）明清以来清真老字号的兴起

北京作为我国六大古都之一，各民族在这里创造出灿烂的文化。以“老字号”为代表的商贸文化现象，是“京味文化”的重要组成部分。而在这其中，清真老字号餐饮企业又占有十分重要的地位。

自明朝以来，北京基本形成此后延续数百年的城市格局，以西单、东四、鼓楼、王府井和前门作为京城的商贸和文化娱乐中心。许多清真老字号就开设在这些闹市。

据《明实录·宣宗章皇帝实录》记载，明宣德年间（1426—1435年），为活跃京城商贸，曾从南京动迁27000商户来京，在前门、鼓楼等地建店置铺，招商居货，销售来自全国各地的商货。前门外的廊房胡同，就是这时建立起来的。在这些由南京迁来的商户中，就有不少回族商户。而更早的回族商户，则是明永乐初年随“燕王扫北”而来的。据传，北京牛街有名的“厨子梁”，其祖辈就是永乐年间（1403—1424 年）为回族将士做饭而随军北上的。现在，其后人仍有在“南来顺”清真小吃店工作的。他家代代沿用的字号“大顺堂”，就为永乐皇帝所赐。

明清时期，由于前门一带回民商铺和住户众多，渐渐形成几处回族商铺比较集中的经营场所。后来闻名京城的门框胡同，就是自清代以来形成的著名清真小吃一条街。先后在这里经营过的清真老字号，有“德兴斋烧羊肉”“马记月盛斋”“爆肚冯”“年糕王”“豌豆黄宛”“奶酪魏”“豆腐脑白”和“羊头马”等 20 多家，他们经营的清真小吃多达 200 余种。此外，位于南城的天桥和牛街也是老字号清真小吃比较集中的地方。

西单则与前门有所不同，清真老字号高档饭庄大都集中在这一地区。西单旧时称西单牌楼，地处西四牌楼以南，宣武门以北。过去，要出京城走旱路，只有从西单经宣武门，出广安门，过卢沟桥这条路。所以，早期的西单地区，旅舍、饭店较多，许多回族商家也因而在此设铺开店。

最早出现于西单的清真老字号，是“烤肉宛”。邓拓曾在《燕山夜话》中详尽地描写了“烤肉宛”产生和发迹的过程：“康熙二十五年（1686 年），京东百里之遥的回族集聚地大厂县，有户宛姓回族小商人，辗转来到北京谋生。他寄居的宣武门一带，也是回民聚居地。回族百姓多经营饮食、牛羊肉生意。他就从卖牛肉的回族人手里买下牛头，然后把牛头肉切成薄片，用铁炙子烤熟，风味独特，吃法新鲜，很受平民百姓欢迎。”

1930 年，西来顺饭庄在西单路口东开业；1948 年，又一顺饭庄在西单路口南挂牌开张；50 年代中期，根据周恩来总理“北京是首都，来宾很多，市内的餐馆应各个省市的风味都有”的指示，天津的鸿宾楼，上海的美味斋等十余家老字号迁入北京。1955 年 7 月 1 日，鸿宾楼在和平门外李铁拐斜街远东饭店对面的四合院正式开业，营业面积 360 平方米。在这之后，逐渐形成西单地区清真高档饭店林立的格局。这几家饭店，不仅京城各界社会名流和广大市民经常光顾，而且党和国家领导人也常于此宴请伊斯兰国家来访的贵宾，声名显赫。

（二）新中国成立后党的民族政策对清真老字号的影响

据1949年底人口统计显示，北京有少数民族人口92513人，其中回族人口60256人，约占全市少数民族人口的65%。1950年，从事餐饮业的回汉总户数为1830户，其中回族户数为604户，占33%。这一时期清真饮食网点虽然户数不少，但只有为数不多的几家大饭庄经营状况尚可。

新中国成立后，党和政府对于少数民族的权利作了明确的规定，提供了可靠的保障。从1952年开始，整个餐饮行业得到恢复，经营逐步转向正常。1954年，宣武区开设第一家国营饭馆——广内回民食堂。1956年，政府对牛羊肉零售业中兼营餐饮业的经营户增加油、面的供应；对公私合营后人口多、生活困难者给予长期补助。仅1956年，北京市食品公司就拨款1.1万元补助金。这些措施得到广大回族资方人员和职工的好评。从1957年开始，回族聚居程度较高的宣武区，本着便于管理和勤俭办企业的方针，对辖区内餐饮业进行调整改组。经过改组，合并为大栅栏、菜市口、校场口、北线阁及白广路、庆丰、虎坊桥、门框胡同等17家规模较大的清真专业小吃店，老字号的手艺人留在了这些小吃店，老字号的制作技艺得以保留。

1958年后，由于受“左”的思想影响，城镇餐饮、副食网点大量减少，小店并成大店，合作商店、合作小组升级过渡，并入国营或公私合营企业。餐饮业的网点，由“小密多”变为“大稀少”。有些老字号与其他单位合并或更改名称，如东来顺就改为民族饭庄。

1961年，针对当时的形势，党中央提出“调整、巩固、充实、提高”八字方针，纠正“左”的错误[①]。1962年4月，全国民族工作会议

① 中共中央党史研究室著：《中国共产党历史：第二卷（1949—1978）》，中共党史出版社2011年1月，第576页。

强调民族工作必须注重民族特点和民族差别。北京市政府坚决执行中央关于贯彻政策、调整关系的方针，认真检查民族政策执行情况，一些老字号得以陆续恢复。1961 年，菜市口小吃店迁新址，改名南来顺饭庄。随后将南城小吃名家如“羊头马”“馅饼周”的徒弟、“大顺堂”梁家后代和擅长清真菜肴制作的名师安国栋请进南来顺，挖掘整理出清真风味小吃品种 230 余个，增设中餐部、冷饮部，供应四季菜肴并承办宴席，南来顺由此成为当时宣武区最大的清真饭庄。

“文化大革命”期间，民族工作遭到破坏，清真餐饮、副食网点再度减少。清真餐饮业的传统技艺、传统服务方式和风味特色被污蔑为“为资本主义老爷服务”，许多餐馆被迫取消喜庆宴席，停止或减少风味菜点，民族经济遭受严重挫折。北京清真老字号和京城其他老字号一样，都陷入灭顶之灾。据不完全统计，到 1980 年，相对于当时 920 万的北京人口，北京市的清真餐馆只有 170 家，个体餐饮户只有 37 户。这明显低于 1950 年时的水平。

（三）当代北京清真餐饮业的发展状况

1978 年十一届三中全会后，我国走上改革开放之路。随着民族政策的落实，少数民族权益得到保障，各项事业逐渐恢复。

1987 年，《北京市生产、经营清真食品、副食品执行民族政策的若干规定》出台，推广宣武区关于《回民饭馆管理的十一项规定》，对清真饮副食行业统一制发清真标志。1988 年，统一清真标志工作全面展开，登记、审批清真餐饮网点 563 家。1989 年 6 月，北京市民委与北京市工商行政管理局联合签发《关于生产经营清真食品必须尊重少数民族风俗习惯的若干规定》实施办法，进一步推动全市清真饮副食网点清理整顿及核发“清真食品经营标志牌（证）”工作，共发放“清真食品经营标志牌（证）”1493 个，其中有餐饮网点 837 家（包括国营、集体 357 家、个体 480 家），基本扭转清真餐饮业经营混乱的状况。1990 年，北京市民委会同有关部门先后出台《关于解决清真食品网点及清真寺周围环境一些问题的意见》《关于对清真食品生产经营进一步加强管理的通知》等文件。上述措施的实施，对保障清真餐饮业的快速恢复与健康发展，起到至关重要的作用。

1992年，又一顺、西来顺、烤肉宛、烤肉季、鸿宾楼等多家清真老字号得到恢复。在这一时期，专营清真小吃的护国寺清真小吃店、地安门清真小吃店、南来顺清真小吃店等相继恢复经营。

除了上述国营老字号和清真小吃店外，个体经营和私营企业也逐渐兴盛起来。京城掀起恢复老字号的热潮，一些在“文革”中改名的老字号纷纷恢复原名。在这之后，众多老字号的传承人意识到老祖宗牌匾在市场经济中的价值，陆续重拾老字号，如位于门框胡同的“爆肚冯”“马记月盛斋”等企业，就是在这一时期重整旗鼓恢复经营的。

三、恢复经营的老字号面临新困境

1978年到1993年，北京清真餐饮业虽然有了突飞猛进的发展，但是在企业的经营中也遇到了许多新问题。尤其是进入90年代后，许多清真老字号日渐式微，生存状况堪忧。究其原因，主要有以下几个方面。

制作传承方式落后。大多数老字号属于家庭式经营模式，制作技艺通过代代心口相传得以传承。但是，这种传承方式也带来一定的弊端，就是制作人的单一性。由于核心技术只掌握在一两个人手里，造成产品数量有限、经营范围狭窄、门店规模难以扩大。

市场经营范围狭小。随着时代的发展和社会的变迁，当今消费者的消费结构和层次发生了很大变化，老的顾客群日益缩小，而老字号一成不变的产品品种和营销方式又很难吸引新的消费者。老字号营销模式单一、品牌建设羸弱、社会认知度低下，导致门庭冷落；而这种状况又反过来造成老字号经营困难，从业人员流失情况严重，人才无法留住，传承更无从谈起。

市场竞争能力低下。改革开放后重张祖业的老字号小吃，遇上了激烈竞争的当代市场环境：经营场所寸土寸金，摊位费和制作成本居高不下，而老字号大多采用家庭式经营，规模小、利润低，经营资金捉襟见肘。这种经营成本上的限制，使得老字号的产品售价居高不下。在客观上给市场上一些不良商家留下可乘之机，出现同类产品做工粗制滥造、甚至“冒名顶替”等种种不良竞争现象。同时，一些老字号特别是规模较小的企业，又不太善于运用商标注册等法律手段维护自己的合法权益，在某种程度上削弱了老字号品牌的信誉度。

经营网点减少。老字号大多居于城市的商业黄金地段，而随着城市建设速度的加快，经营网点与城市布局之间的矛盾日益显现，遭遇拆迁在所难免。虽然1996年政府出台有关政策，要求“拆除国有清真网点拆一还一”，但是仍有一些清真饮副食网点拆多建少，外迁多回迁少，甚至拆而未建。原地处西单商业区的鸿宾楼、又一顺饭庄等清真餐饮企业，因城市改造已迁出这一繁华地段。拆迁后的命运，一是回迁后搬进了商厦大楼，没有了独立的门脸儿；二是无法回迁，被迫搬至偏僻地段；三是既无力回迁也难以搬迁，只好偃旗息鼓。总体来看，搬迁后的老字号，其经营状况可谓是今非昔比。曾兴盛于前门地区的元兴堂以及廊坊二条的许多老字号商户，大多就这样自生自灭了。

四、关于北京清真餐饮业未来发展战略的思考

2003年3月，北京市政府提出，要将早点、特色餐饮、清真餐饮、家政服务等项目作为社区生活服务业发展的重点。特别是强调要大力鼓励、支持、发展清真餐饮项目，将其作为完善首都城市功能及实现首都发展需要的一个重要因素。这是政府对发展清真餐饮业做出的重要承诺和保障，为北京市清真餐饮业未来的可持续发展提供了广阔的空间。

（一）充分认识发展清真餐饮业的重要意义

1. 从少数民族人口比例来看，发展清真餐饮业是落实党的民

族政策的重要举措。本市目前拥有少数民族人口总数约 48 万人，而信仰伊斯兰教的少数民族人口达 25 万人，约占少数民族总数的 52.1%。清真餐饮业在满足各族群众需要方面发挥着不可替代的重要作用，重视和发展清真餐饮业，对于贯彻党的民族政策、维持社会稳定、保障少数民族权益，具有重大而深远的意义。

2．从北京的城市功能来看，发展清真餐饮业是开发旅游餐饮市场的重要手段。作为首都，北京每年接待入境旅游者近 300 万人，改革开放以来，北京市伊斯兰教协会接待 100 多个国家和地区的外宾及港澳台胞达 30 万人次。这些入境人员中不乏穆斯林和喜好清真餐饮的人士。这些数字说明，北京是一个很有潜力的清真餐饮市场。

清真餐饮业的老字号是“京味文化”的重要组成部分。1998 年，北京市进行“中华老字号”少数民族企业调查，符合国内贸易部制定的“中华老字号”条件的少数民族企业有 32 家，其中清真餐饮企业占 50%。北京是国际大都市和全国的政治、文化和对外交往中心，发展清真餐饮老字号，使之成为特色鲜明的“城市地标”，对于北京更好地发挥首都功能的要求是相吻合的。

3．从民族文化的传承来看，发展清真餐饮业是强化文化认同的重要途径。我国是一个多民族共同生活的国家，各个民族的风俗习惯都是华夏文明的重要组成部分。大力发展清真餐饮老字号，可以更好地挖掘和光大民族文化传统，加强各民族群众之间的深度沟通和相互了解，通过“舌尖上的中国”，进一步提高海内外华人对中华文化的认同，促进民族团结与社会和谐。

（二）大力推进北京清真餐饮业发展战略

清真餐饮老字号要想在新的历史条件下继续发展，一定要进一步强化市场意识、竞争意识和改革意识，在技艺传承、加工制作、市场营销、人力资源和制度建设等方面切实加以改进。

1．改进传承方法，更新文化传统。传承是一切发展的基础，传统小吃能够历经多年，保持其传统的风格和口味，在于经营者对于特色制作工艺的传承。以前的老字号，基本上是“子承父业”的继承模式，由父亲手把手地把食料选取、工艺制作的方法教给儿子，以保证产品口味的独特性。

以豆腐脑白为例，从创业到1956年，始终是家族式经营，坚持父传子受、传男为主、传内不传外，传人大都是子侄辈亲属。这样不仅限制了从业人数，更由于人员素质和受教育程度参差不齐，影响了企业的统一管理，进一步的发展受到极大限制。如果遇到家族出生人口降低，或者女性居多的情况，企业的维系都会成为严重问题，甚至有可能面临手艺失传、字号消失的危险。

反观洋快餐，一般都有一整套完整、标准化的制作方法和制作流程，制作快餐就好像工业流水线，只要按照既定的规程操作，生产出来的产品规格相同、外观统一、味道一致。所以洋快餐很容易突破地理甚至文化的限制，不断在新的地区、新的国度滚动扩大自己的经营规模。

有鉴于此，老字号应该结合自己的制作特点，积极借鉴洋快餐成功的经验，从工艺条件、制作流程、原料配备、质量保证等方面推动制作技艺的规范化；同时要敢于突破家族的局限，大胆探索新的传承方式，如采取接收外姓门徒、合作经营、授权经营等方式，有序传承制作技艺、扩大经营规模。在2006年，7家清真老字号小吃组成《宣武区老北京传统小吃延续发展协会》，就是以传承、延续中华饮食文化，再造小吃辉煌为宗旨的一次有益尝试，应该在此基础上进一步深入探索传承核心技艺的有效方法。

2．创新经营品种，提升竞争能力。大多数的餐饮老字号经营多年，主营品种没有什么变化，甚少创新的经营品种。

在新的历史条件下，对于老字号尤其是小企业的经营者来说，传承与创新必须两者兼顾，缺一不可。传承是老字号企业立足于社会的根本，只有踏踏实实地继承已有的优良传统和独特技艺，才能为卓有成效的创新奠定坚实基础；而在此基础上突破常规的创新则能使老字号企业充满活力，在激烈竞争的市场中战胜对手。所以，传承与创新是互为因果、互相促进的。首先是要把传承的本分做好，把祖辈传下的手艺做好，把产品的质量做好；同时要紧跟时代的步伐，努力推进创新，就一定能够取得超越前人的成果。

每一个充满历史感的老字号，每一个历经百年的品牌，都面临传承与创新的重大课题。当然，“创新”并不代表要“重新洗牌”，摒弃旧的一切；而“传承”也并不是一成不变，固守现状，不思进取。在餐饮企业的经营实践中，经营者不仅应该思考如何在保证原有品牌核心产品原汁原味的基础上创新制作、创新经营、创新思考，更应该思考创新后如何继续传承这种创新。应该通过“传承—创新—再传承”这种模式，使老字号的企业发展进入良性循环的轨道。“传承”只有与“创新”有机结合，才能真正发挥“1+1 ＞ 2”的倍增效应。

3．改变经营模式，打造新的格局。在新的市场环境下，老字号企业要想改变被动局面持续发展，就要突破家族式企业的经营模式，通过“走出去、合起来”等途径，实现企业发展从量到质的转变。

羊头马的第 7 代传人马国义客观地分析当前小吃业的现状，提出解决老字号发展困难的关键，是要改变家族单一式的、陈旧的经营模式，把北京小吃的各个名家传人组织起来，逐步形成一个北京小吃老字号的企业群体，通过增加经营地点，形成经营规模，提高老字号小吃的整体市场竞争力。正是基于这种对市场发展趋势和自身特点的判断，在各级政府的支持下，2006 年 3 月，十余家老字号落户什刹海“九门小吃”；2012 年，成立什刹海商会共管委员会，老字号完成由家族式的单一管理模式向共同管理模式的转化，形成联手共同发展的新局面。

这种全新的集体合作模式，彻底改变了老字号长期以来的家族个体经营模式，加强了企业之间的信息交流，加强了人脉建设，切实改变了产品口味和品种单一的状况，发挥了各种合作平台的作用，形成了发展合力，提升了小企业的市场竞争能力，对北京餐饮老字号小吃行业今后的发展具有重大意义。

4. 拓宽销售渠道，扩大海内外市场。从清真餐饮老字号的特点出发，针对国内市场，老字号企业经营者应该充分利用现代的科技手段，在尽量保持产品原汁原味的基础上做好包装、储存工作，为进一步拓展销售渠道打下良好基础。目前一些老字号企业已经发展到可以电话预约、上门送货，接下来应该考虑大力推动网络营销，成立运营团队，建立网络营销渠道。此外还应注重个性化的餐饮市场开发，研究消费者的消费心理和消费方式等变化趋势，分析不同层次、不同类型消费者需要的品种、包装、销售方式，抓好市场细分，依托当代科学技术手段，加大研发力度，不断推出新的产品和服务方式，充分满足各方面消费者的需要，扩大市场份额。

针对国际市场，老字号的清真食品有着打开国际市场的得天独厚的条件——可以大力开发马来西亚等东南亚国家和阿拉伯地区的市场。因为，虽然分属不同的国家，但是穆斯林的饮食习惯却大致相同，而且由于都是清真食品，使得老字号打开上述地区的市场有着比较便利的先天条件。西城区的老字号企业应该利用好这一条件，尝试先在当地华人比较集中的地区开设店铺，从小范围经营做起，通过建立良好的口碑，迈出打开当地市场的第一步；也可以通过参加当地的产品展销会等方式段，使当地的商家先了解、认识产品，通过合作加盟等方式打入当地市场；还可以采取海外组团发展方式，与其他清真小吃类老字号企业联手，努力发挥各自优势，增强抗风险能力和整体竞争力。

当产品有了一定的认知度和口碑之后，要依托中华传统文化和老字号的品牌影响，加大宣传、丰富品种、扩大规模，加强与当地企业合作，使产品在当地占有更大的份额。

5. 加大产品宣传，促进社会认知。老字号良好的口碑，主要是建立在消费者口耳相传的基础之上。目前，宣传手段的简陋和传播途径的单一，在一定程度上阻碍了清真餐饮老字号的发展和扩大。

清真餐饮老字号应该结合自身特点，扩大产品宣传。比如户部街马记酱烧牛羊肉制作技艺的价值，在于它融合了中医药膳原理。其配方的特点是中草药物借助牛羊肉的特性发挥作用，根据“药食同源”的理念，在注重饮食的同时注重保健，其功效已经得到医学界、美食界的普遍认同。针对当前市场上消费者对于养生理念日益重视的特点，应该敏锐看到并及时抓住这个商机，抓住消费者的心理，制定宣传方案，利用各种传播手段，通过编印宣传折页、举办品尝会、召开“药膳同源养生研讨会”、设立企业网站等多种途径，加强企业与消费者之间的互动，着力宣传自己产品的养生、保健功效，宣传企业的社会责任意识，提高消费者的购买欲望，扩大消费者的需求层次，强化老字号的品牌效应。

老字号往往与名人有着千丝万缕的联系：提到都一处，大家都会想到当年乾隆皇帝亲自题写的金字牌匾，这是都一处不倒的招牌。对于老西安饭庄来说，当年毛泽东的光临也是一段佳话。如何利用好这些名人效应，打响老字号的招牌，使其重新回到大众的视野，是今天的经营者应该深入思考的问题。

现在的老西安饭庄，店内悬挂着当年毛泽东前来就餐的油画，这实际是一种店内宣传，更贴切地讲只是一种活动的展示。老西安饭庄的经营者应该利用自己巨大的资源优势，围绕“领袖与老西安”主题，加强整体策划，设计并开展“名人与名店”系列宣传活动：如请人编绘《毛泽东与老西安》连环画；在 10 月 6 日毛泽东就餐老西安、12 月 26 日毛泽东诞辰等重要时间节点举办“主席套餐”品尝活动；通过有关部门，寻找本店老职工和当时的顾客等，举办“见证历史”座谈会；建立“老西安”QQ 群，设立“泡馍之友”微信平台等等。通过这些活动，使宣传从店内走到店外，从单纯的“你说我听”扩展到体验式参与，不仅进店消费的“泡馍”一族可以看到原来主席也来过这里，就连没有进店、甚至不吃泡馍的消费者也能了解到伟人与百姓的亲密关系，从多个角度进行宣传，扩大企业的知名度。

6. 强化品牌认知，树立企业形象。老字号的经营虽然延续了百余年，但是一般并没有形成具有自己鲜明特色的标识，品牌辨识度过低。而在北京目前的小吃市场中，竞争对手之间的产品已越来越呈现出同质化的趋势。如果老字号企业还躺在老品牌的名气中睡大觉，不去积极维护自己的品牌，强化消费者对老字号品牌的认知，就将面临被淘汰出局的危险。

强化品牌认知，首先要对品牌进行有效维护。老字号的经营者应该及时向中国商标局申请商标注册，向有关部门申请非物质文化遗产保护，加大品牌维护和发展的力度。

老字号应该强化企业的社会责任感，充实和拓展品牌内涵。一方面要大力推进企业自身的健康发展，有效增强自己承担社会责任、服务百姓生活的能力；另一方面要积极参与各项公益活动，如带着自家产品看望社区孤寡老人、为青年学子们讲解北京小吃、捐助贫困人群等，树立良好的企业形象，强化老字号品牌。

老字号要进一步强化时代意识和危机意识，主动适应新时期企业发展的需要，积极应对市场的新趋势，认真研究不同层次、不同类型消费者的需求特点，特别是要积极探索传统饮食文化与当代时尚潮流对接的有效路径，大力研发并及时推出新的清真菜品。改变祖辈含蓄经营的方式，加大品牌的宣传力度，树立传统老字号的新形象，提高在消费者中的知名度。

7. 加强人力资源培训，激发企业活力。人是企业的组织基础，如何用好人、管理人、培养人，直接关系到企业未来的发展。现代企业把人作为一种宝贵资源进行管理，使企业不仅依赖于每个人的个体特性，而且通过人力资源的合理配置，使整体团队的功效大于简单的个体相加，以有效解决企业面临的各种问题。

许多老字号为了保证产品的质量，企业经营成本居高不下。企业为维持正常运营，只能通过加大工作强度、控制团队人数、减少培训时间等手段来应对。而这又会造成从业人员由于工资低、工作量大、工作时间长、质量要求高等问题而不断离开，这种恶性循环制约了企业的经营发展。

要想改变这种状况，走出困境，老字号企业需要建立培训机制，培养一支具有专业素养的团队，对企业进行科学管理。企业的管理者要学会做员工的“协调员”，保证所有员工齐心合力，减少和避免员工之间的不协调、不顺畅给企业带来的内耗，发挥团队最大功效。要树立科学管理理念，切实加强员工的培训和管理，深化企业文化建设，努力打造一支优秀团队。要以系统培训提升员工整体素质。针对大多数从业人员来自偏远贫穷的农村地区、受教育的程度不高、流动性较大的特点，在其入职前通过进行职业技能培训，培养员工独立操作能力。通过职业素质培训，使其懂得职业操守，培养责任心。通过企业历史培训，增强员工的自豪感和社会责任感。

8. 完善制度建设，夯实发展基础。好的企业离不开好的制度，企业要制定合理的考核奖励措施，以不断完善的制度激励员工，推动现代企业制度建设。

要以企业文化凝聚员工。加强各项管理措施的最终目的，在于建立并不断强化员工对公司的归属感和认同感，使员工意识到自己的成长与公司发展息息相关，自觉建立和企业共同的价值观。每个企业都有自己的企业文化和发展目标，老字号讲求“诚信”和“质量第一”，倡导延续百年的经营理念，注重宣传独特企业文化。以这些企业文化为重点，培养员工对企业的归属感，深化员工对企业目标的理解和执行，激励员工将更多的精力和更大的热情投入到工作中。

要制定切实有效的奖惩制度。应根据不同工作岗位，切实做到赏罚分明，提高员工的执行力。设立“最佳员工奖”，开展“我为企业发展献一言”等活动，提高员工对企业发展的关注度，增强自豪感和责任感；为员工提供帮助，积极解决工作和生活中的个人问题，从物质、精神和心理等方面关心和照顾员工。

要建立健全企业管理制度，大力推动老字号的优秀传统与现代企业制度的有效对接。发挥历史资源优势，突出经营特色，主动借鉴其他先进企业的做法，切实加强核心技艺传承、精品菜肴创新、人才队伍培养、全面质量管理、加大社会宣传、拓展市场营销等方面的建设。大力推动企业文化建设，确立自己的核心价值观，依据自己的悠久历史传统和现实需要，制定企业长远奋斗目标和发展战略，以共同愿景凝聚企业合力，提高广大员工与企业共同成长的自觉性，调动和发挥员工创新菜品、优化服务、拓展经营的积极性。

“打铁还需自身硬”，老字号要在市场竞争的大潮中站稳脚跟求得发展，最重要的还是在于自身核心竞争力的不断提升。当今市场经济条件下企业之间的竞争，在一定意义上就是品牌发展战略的竞争。一个企业，只有保持好自己的核心产品和特色服务，才能说具备了战胜对手的基本条件。

就此而言，老字号企业应该根据当今餐饮市场的变化，深入分析自身的优势和劣势，确定自己投身市场竞争的基本方向和主要策略，认真抓好包括制作、营销、人力资源和制度建设等环节在内的一整套品牌体系的塑造过程。

老字号企业要坚持重质量、讲信誉，恪守质量第一的信念，强化“顾客第一”的理念，赢得良好的社会信誉，维护企业良好口碑。要突出自身特色，发挥文化的力量，用特色产品、特色服务确保竞争优势，做到始终领先对手。要自觉树立“企业公民”意识，提升履行社会责任的能力和水平，在奉献社会中实现自己的核心价值。

由于本人研究能力和水平有限，在收集资料方面也有一定局限，所以文中所提观点、方法可能会有偏颇之处。如能通过这篇文章，引起清真老字号餐饮企业传承者、经营者的注意，意识到要想提升核心竞争力，打造独特品牌，确保在京城餐饮市场中占有一席之地，还有很漫长很艰难的路要走，则就算是为老字号的发展尽到了自己的绵薄之力。

作者简介

常颖，中共北京市委党史研究室第一研究处副处长。以民主革命时期北京党史为重点研究方向。主要研究成果有：专著《中共北方区委历史》；论文《五四时期中国先进分子对杜威与罗素态度之比较》；文章《杨国庆——寻访南口抗战遗迹》《1948，点亮北平——〈大公报〉记者的围城实录》《明暗之间——北平和平解放前后》《老照片里的记忆》《我走上抗日道路的前后》；翻译《中国共产党和意识形态》等。

西城特色功能街区老字号企业知识产权保护策略研究

王连洁　李　欣

【内容提要】知识产权是老字号百年心血的结晶，是老字号重要的财富，是老字号据以参与市场竞争的根基。在大栅栏－琉璃厂特色功能街区聚集着数十家闻名中外的老字号，在知识产权保护方面，既取得较大进展，同时也存在众多问题。迫切需要政府、企业和社会组织共同努力，以知识产权相关法律法规为武器，从专利、商标、著作权、商业秘密等方面，依法依规维护老字号的合法权益，为推动老字号健康发展提供强大法律保障，营造良好市场环境和社会舆论环境。

【关键词】功能街区　老字号企业　知识产权　保护策略

老字号不仅是具有中国特色的企业组织形式，而且是传统文化重要的传承载体。近年来老字号企业频繁遭遇知识产权纠纷，影响了老字号企业自身的健康发展和传统文化的有效传承。在大栅栏－琉璃厂特色功能街区分布着三十余家老字号企业，构成京城一道靓丽的风景。本课题在梳理该街区老字号企业知识产权现状的基础上，对老字号企业的知识产权保护问题进行深入分析，提出适合老字号企业传承与发展需要的知识产权保护策略。

一、老字号企业知识产权现状

2012年，西城区“十二五”规划确定了“一核一带多园区”的产业空间布局，提出以功能街区建设带动全区发展。为此，西城区重点功能街区陆续成立建设指挥部。其中的大栅栏－琉璃厂街区，包括同仁堂、荣宝斋、一得阁、内联升、张一元、泰丰楼、老舍茶馆等著名的老字号，是我国首个“中华老字号集聚区”。这些老字号，历经风雨，长盛不衰，是首都极其重要的商业、服务业资源和弥足珍贵的文化遗产①。

2014年6月，北京市保护知识产权举报投诉服务中心（简称“北京12330”）、西城区知识产权局及大栅栏－琉璃厂街区建设指挥部联手，对街区内的老字号企业开展了知识产权保护情况调查。本次调查向街区内21家老字号企业发放调查问卷，回收12份，回收率为57.1%。从行业分布领域看，5家属于零售业、4家属于文化艺术业、3家属于餐饮业。调研的重点内容，主要包括商标、商号、商业秘密的拥有、管理、运用等方面的情况。具体分析如下。

（一）老字号企业知识产权拥有情况

主要包括商标、商号的拥有以及海外布局等情况。

1. 绝大多数企业拥有商标和商业秘密

11家企业拥有商业秘密，占比为91.7%；11家企业已注册商标，占比为91.7%；3家企业获得专利权，占比为25%；1家企业登记著作权，占比为8.3%。

2. 绝大多数企业将商号注册了商标

11家企业将商号注册为商标，占比达91.7%；6家企业将商号登记了域名，占比为50%。

3. 三分之一的企业有海外知识产权布局

11家企业已经或有意向海外拓展业务，占比为91.7%；但其中只有4家企业在海外注册商标，占比为33.3%。

（二）老字号企业知识产权运用情况

主要包括商标、商号、专利的运用等情况。

① 《京城老字号以特许经营为契机拓展自身发展道路》，http://www.beijing.gov.cn/jhlzh/lzh/ggxx/lzhrz/lzhxw/t743574.htm，2013年10月20日访问。

1. 近六成的企业进行了商标及商号运用

老字号企业运用知识产权主要表现在商标和商号的许可使用上。7家企业许可他人使用注册商标，占比58.3%。

2. 专利运用局限于个别企业

全聚德成功地运用科技手段，及时申请专利，已拥有“复合式鸭炉”等10余项专利，为全聚德品牌的连锁化扩张及集团规模化发展打下了良好基础。

（三）老字号企业知识产权管理情况

主要包括知识产权保护方面相关制度、人员、措施等情况。

1. 三分之二的企业建立了管理制度

8家企业已建立或正在着手建立知识产权管理制度，占比达66.7%；6家企业没有建立知识产权管理制度，占比为50%。这反映出知识产权纠纷促进了企业知识产权管理制度的建立或完善。

2. 绝大多数企业由兼职人员管理为主

11家企业采用兼职人员管理，占比为91.7%；1家企业委托知识产权服务机构代管，占比为8%。

3. 近四成企业没有采取商业秘密管理措施

11家企业拥有商业秘密，占比达91.7%，其中，4家企业无管理措施，6家企业仅通过在合同中设立商业秘密保护条款的方式进行保护。只有北京瑞蚨祥绸布有限公司对商业秘密的保护比较全面，采取了制定管理制度、开展商业秘密保护培训、采取技术防范措施等手段进行保护。

（四）老字号企业知识产权保护情况

主要包括老字号的知识产权纠纷、处理途径、面临困境等情况。

1. 四分之三的企业遭遇过知识产权纠纷

注册商标专用权被侵权现象突出。被调查企业中有9家企业遭遇过知识产权纠纷，占比75%；有8家企业遭遇过商标权纠纷，3家企业遭遇过著作权纠纷，2家企业同时遇到过商标及著作权纠纷。

2. 近六成企业倾向选择行政途径处理

7家企业选择行政途径处理，占比58.3%；5家企业选择协商处理，占比41.7%；4家企业选择司法途径解决，占比33.3%；2家企业不予理睬。

3. 知识产权维权面临三大困难

缺乏专业人才、维权成本高、程序繁琐，成为老字号企业依法维权的三大困难。其中，有6家企业选择缺乏专业人才，占比50%；6家企业选择维权成本高，占比50%；6家企业选择维权程序繁琐，占比50%；3家企业选择取证困难，占比25%；1家企业反映地方保护主义问题。6家企业选择2种以上的维权困难。

4. 八成以上企业电子商务领域侵权现象严重

电子商务领域成为侵犯老字号企业知识产权的重灾区，投诉渠道不畅通是最主要的维权困难。调查显示，10家遭遇过侵权，占比83%；7家企业选择投诉渠道不畅通作为最主要的维权困难，占比58.3%。

二、老字号企业知识产权保护中存在的问题

调查显示，在大栅栏－琉璃厂街区老字号的知识产权保护方面，既存在一些共性问题，也存在一些不同行业的特殊问题，亟须加以解决。

（一）老字号企业的共性知识产权问题

主要涉及老字号企业知识产权的保护内容、保护手段、管理能力等方面的共同问题。

1. 保护内容单一

根据老字号企业的特点，其商标及字号应成为企业重点保护的知识产权；与此同时，老字号企业所传承的工艺、技术、产品设计等，也应通过专利权、著作权或商业秘密的形式加以保护。调查显示，

大栅栏－琉璃厂街区的老字号企业，大部分对于字号及传统标识已通过注册商标的形式给予保护，但对于其他知识产权的保护方式则运用甚少。

2. 纠纷防范有待加强

事前防卫是知识产权风险防范的有效手段，可有效避免侵权事件的发生。以老字号企业最常使用的注册商标为例，多数企业计划走出国门，进军海外市场，但根据调查，仅北京内联升鞋业有限公司、北京张一元茶叶有限责任公司等少数几家老字号企业在海外目标国注册商标。其他则均无注册，比如"同仁堂"就在日本被抢注。而一旦被他人抢注，老字号企业的海外扩展之路将遭遇巨大的阻碍。随着老字号企业经营方式的更新，跨行业的现象不可避免。而商标注册具有类别属性，因此在跨类别的商品或者服务上若不注册，也无法获得及时、有效的保护。

3. 管理能力不足

调查发现，多数老字号企业知识产权管理制度不健全，没有设立单独的管理部门，更多的是由办公室、市场营销等部门兼管，效果不佳。知识产权专业人才是支撑企业知识产权工作的基础，但很少有企业安排专职人员负责，多以市场部门、销售部门、办公室人员兼职。上述这种情况极易造成企业在创造、运用、保护、管理知识产权时因不了解相关法律法规、政策及流程而无法有效履行相关权利，导致合法利益受损。

4. 诉讼应对能力弱

（1）过度依赖行政机构。老字号企业在遭遇知识产权纠纷时，多数选择调解或行政方式解决。主要原因在于，一是知识产权维权具有专业性强的特点，多数企业没有建立知识产权管理部门，相关工作人员也没有处理知识产权纠纷的能力和经验。二是受"和气生财"的传统习惯影响，不希望诉讼解决。调研中，全聚德集团有限责任公司反应："打官司很困难，尤其是一些异地的侵权事件，取证困难，司法途径还要耗费很大的财力缴纳诉讼费、聘请律师、办理公证等。”

（2）对诉讼缺乏战略眼光。对于诉讼，老字号企业很少有主动维权发起诉讼的。知识产权诉讼本质虽是利益之争，但同时也兼具商业谈判、纠纷防御的作用。知识产权客体的可共享性，决定了在知识产权诉讼中双方当事人有将侵权事实转变为合法许可使用的可能性。在知识产权诉讼中，高风险性与高成本性的特征也决定了诉讼中的和解与调解会成为当事人获得共赢的最优途径，包括停止侵权，签订损失赔偿协议、知识产权许可协议、交叉许可协议、知识产权转让协议、知识产权联盟协议以及互补质控协议或单方撤诉协议等。例如在诉讼过程中，双方当事人达成和解或调解协议，协议内容为一方当事人成为老字号企业的特许加盟店，享有老字号企业的知识产权合法许可；又或者通过诉讼，向其他潜在的侵权者提出警告，表明积极维权的态度。对于这些情况。老字号知之甚少，对诉讼往往采取回避态度，并因而失去依法维护、强化自身权益的大好机会。

（二）主要行业中的典型知识产权问题

根据本次调查范围，主要分析零售、文化艺术、餐饮等行业老字号企业在知识产权保护方面存在的问题。

1. 零售业企业在特许经营中涉及多类知识产权许可

零售业特有的知识产权问题，主要在于特许经营中所产生的一系列知识产权许可。特许经营权的转让，实质上是一种以知识产权为核心的一揽子交易，由特许人的商标权、商号权、商业秘密权、版权、专利权等组成。在 2002 年、2004 年和 2006 年，北京市连锁经营协会评选的北京优秀特许品牌中，老字号品牌占比均在 40% 左右。老字号企业所独有的品牌优势和百年传承的技艺，为被特许人打开销售局面奠定良好基础。

1997 年，吴裕泰以特许加盟为主要方式，大力发展连锁店。在加盟连锁中，公司要求所有特许连锁加盟店的门面、柜台、灯位设置、货架灯箱等都必须按照所规定的标准进行统一制作。1997 年实行连锁经营之前，吴裕泰的销售额是 1000 多万元；实行连锁经营之后，每年以 25% 的速度增长。[①] 企业对外保持统一形象的秘诀，在于从事特许经营的企业必须先行设计企业视觉识别系统，即企业的商标、标识、包装、店面、装潢等能够为消费者所识别、并区别于其他竞争对手的设计方案。

2．文化艺术业企业非遗保护涉及多层次知识产权保护

文化艺术业老字号的知识产权保护问题在于，要将传统知识产权保护与文化遗产保护有效结合，更加全面地促进文化艺术业老字号企业的创新发展。对非物质文化遗产实施知识产权保护，可以采取多层次的保护形式，同时还可以结合其他的法律来综合进行保护。这就必须分析受到保护的非物质文化遗产的不同特点，判断其应该依据知识产权法律体系里的著作权法、商标法、专利法中的哪一种来进行规范保护。

3．餐饮业企业制作方法的知识产权保护

我国餐饮文化最大的特点，在于难以固化，往往更多的是采用师傅带徒弟的非程式化传授，因此很难达到如专利、商业秘密所保护的客体要求。通过标准化后的方法、工艺，专利申请有了可操作的权利要求范围，商业秘密保护也有了明确的保护界限。食品制作方法标准化是申请专利的必要条件，否则将无法明确技术特征。当然，此标准也可以作为企业自身的商业秘密进行保护。

例如：全聚德从 400 多种菜品当中提炼出 40 余种最具代表性的菜品，并将其标准化。烤鸭是全聚德最具代表性的菜品，在制定烤鸭标准的过程中，全聚德把烤鸭制作的温度、时间、湿度，颜色、炉温等数据记录整理，逐步形成了标准化的制作方法。从而使全聚德的经典菜品得到有效的保护。

① http：//www.wuyutai.com/ppzl.php，2013/8/17访问。

三、老字号知识产权保护对策

鉴于知识产权的重要性及老字号企业在维权中的种种困难，就大栅栏－琉璃厂街区的老字号而言，应该着重从专利、商标、著作权、商业秘密等方面着手，强化知识产权意识，完善相关制度，加大人员培训力度，学会运用知识产权相关法律，主动维权。同时注意发挥政府、社会组织的作用，形成依法维权的合力。

（一）专利对策

大栅栏—琉璃厂街区的老字号企业，涉及很多由独特工艺所生产出来的产品以及其加工装置，这些有形的产品或装置很难通过商业秘密的方式实现保护。比如内联升的鞋底缝制工艺，通过购买内联升布鞋成品，经过反向工程，技术人员就有可能成功进行破解。因此，通过申请专利的方式予以保护，应当是新形势下老字号企业拥有知识产权的重要选择。

1. 专利申请

（1）将加工方法、制作工艺申请专利。餐饮业的食品加工方法和零售业的产品制作方法均可申请方法发明专利。方法发明可以是原创性的生产技术，也可以是对已有的产品发明方法作出的实质性革新的技术方案。例如，瑞蚨祥以桑丝为原料，采用上万种组织方法，交织成高密度（每平方厘米的经纬交织点为 11885–35655）丝织物，使织出的画面精美绝伦、层次丰富、立体感强，饱含丝绸的柔和质感和原作的笔墨神韵，与传统的丝织产品相比，能表现的颜色层次提高了两个数量级（100 倍）。瑞蚨祥将此方法申请为一种丝绸织锦画生产方法的专利。内联升以生产制作千层底布鞋而闻名中外，其制鞋工艺也可以申请方法发明专利，

（2）将设备、商品及包装申请专利。餐饮业的传统食品生产设备可申请发明或实用新型专利。例如全聚德就自主研制出完全电脑控制的全自动、标准化的智能鸭炉，并申请了发明和实用新型专利。

餐饮业中食品的新造型可申请外观设计专利。例如张一元以茶叶为原料加工而制成的茶产品，其外观呈蘑菇形，改变了茶叶原有的形态，是创新的形状，属于外观设计专利保护的客体，可以申请专利。

零售业中的商品形状、图案等可申请外观设计专利。内联升的女鞋已有3000多种款式，对于这种贴近老百姓生活的快速消费产品，款式随时代变化较快，申请外观设计专利可能会更有意义。

商品包装可申请外观设计专利。无论是茶、鞋还是笔墨纸砚，由于包装主要在于形状、图案的设计创新，因此通过申请外观设计专利进行保护更为合适。通过对产品包装的专利保护，可以提升整体品牌价值。

2. 专利管理

（1）重视专利布局。企业可以运用专利布局的策略，即围绕基本专利技术，开发与之配套的外围技术，在基本技术专利周围构筑多层的保护网，从而形成企业在一个领域内的专利垄断权，限制他人在此领域内进行任何产品的生产。

（2）建立专利管理制度。由于目前大栅栏－琉璃厂街区老字号企业的专利拥有量较少，很难建立专利管理制度体系。因此建议老字号企业从加强企业的专利保护意识、培养专利管理人才、建立鼓励创新机制、完善档案管理、有效运用专利等方面初步建立企业的专利管理制度。

3. 专利保护

（1）达成和解、调解、和解及人民调解。纠纷当事人之间可以通过达成许可、转让等方式协商解决纠纷，自愿达成和解；也可以在行政处理或诉讼中签订调解协议解决纠纷。

（2）运用行政、司法途径保护。老字号企业遇到专利侵权纠纷时，可向专利行政管理部门进行投诉；也可不经专利行政管理部门处理，而直接向人民法院提起民事诉讼。

（3）申请专利无效。老字号企业可以通过宣告竞争对手的专利权无效来解决纠纷。在专利侵权事实还未发生、对企业还未产生影响时，将可能发生的专利侵权及时消除，从而将专利维权成本尽可能降到最低。

（二）商标策略

老字号在日益激烈的市场竞争中，必须要重视自身品牌的规划和建设，为自己的商品与服务申请商标并获得法律保护。商标作为在市场上区分商品或服务的不同提供者的识别性标志，是客户在选择产品或服务提供者时最先考虑的因素。商标工作做得好，品牌价值就会凸显，老字号企业在市场竞争中就会占得先机。

1．商标注册

（1）将商号注册为商标。调研显示，大栅栏－琉璃厂街区的老字号企业基本上都较早地对其商号在相关类别商品和服务上进行了商标注册。如一得阁早在 1984 年就在墨汁商品上注册了“一得阁”商标；全聚德于 1988 年在烤鸭商品上注册了“全聚德”商标；张一元于 1991 年在茶叶上注册了“张一元”商标；内联升于 1993 年在鞋上注册了“内联升”商标；老舍茶馆于 1994 年和 1995 年在餐馆、文娱节目等服务上注册了“大碗茶及城楼图形”商标，后又在相关商品和服务上注册了“老舍茶馆”商标。总体来看，在商标保护方面，老字号企业的商标注册工作还是比较完善的。

（2）在非核心商品上注册商标。随着老字号企业商标意识的增强、企业形象的升级、产品和服务的差异化以及经营范围的多元化，他们的商标需求已经不再局限于核心商品或服务上的核心注册商标。“全聚德”商标除在烤鸭商品和饭店服务上注册之外，还在茶、饼、餐具、啤酒等相关商品甚至服装、箱包等商品乃至信托等服务上进行了注册，对自身的权益进行全方位的保护。值得注意的是，在实施非核心商品商标注册的过程中，应当努力做到在产品推广前先注册商标，原有商标不应随便放弃，商标注册要量力而行。

（3）重视商标海外注册。随着世界经济一体化程度的加深和我国企业国际化步伐的加快，老字号企业进行海外商标注册的需求不断提升。老字号企业应当及早谋划、及时注册，不要等到业务拓展之后再注册，以免带来不可弥补的损失。

2. 商标管理

（1）加强商标抢注监控。老字号企业商标保护面临的一个突出问题，是商标被抢注。如内联升不断遭遇他人以“X 联升”的形式抢注其商标，深受困扰。对此，老字号企业应当加强反抢注监测，监测的渠道包括查看每一期商标电子公告、定期到商标局网站的商标数据库进行防御检索、通过搜索引擎对网上可疑商标转让广告等信息进行审查等。

做好反抢注工作，应注意加强以下几个方面：一是做好反抢注预案；二是把握好反抢注的时间节点；三是注意搜集和保存证据。在北京荣宝斋和武汉荣宝斋的商标确权纠纷一案中，北京荣宝斋提交了大量的商标知名度证据，其中就包括 1959 年荣宝斋“木版水印艺术展”获特殊展览金质奖以及 20 世纪 90 年代获得的各种荣誉证书等，最终北京“荣宝斋”为驰名商标的主张得到商标评审委员会的支持。

（2）加强海外商标布局。近几年，老字号商标在海外被抢注的情况，随着中国商标不断升值而呈上升趋势，如“红星”二锅头酒在瑞典、爱尔兰、新西兰、英国等国家被同一家英国公司抢注。老字号要加强海外商标布局，及时确定产品出口国，在产品出口前及时办理商标国外注册，选择适合的代理机构。

（6）建立商标管理制度。老字号企业应制定自己的商标保护制度，包括商标查询、注册、监控、维权等环节。建议大栅栏 – 琉璃厂街区的老字号企业逐步设立专门的知识产权管理岗位，安排知识产权专职人员管理商标，建立健全相关管理制度，推动商标管理工作制度化、规范化。

3. 商标保护

（1）达成和解、调解。为减少打假的成本，老字号企业可以联合起来成立商会，在打假问题上，相互支援，同气连声，增加话语权。大栅栏—琉璃厂街区在2013年成立了老字号企业商会，发挥商会的力量，联合应对知识产权纠纷，取得较好效果。

（2）运用行政、司法途径保护。老字号企业遇到假冒商标或者其他商标争议，可向工商行政管理部门投诉或到法院诉讼，打击各种假冒伪劣商品和假冒商标的行为。

（3）撤销恶意抢注的商标。对他人注册已经超过五年的商标，驰名商标证明注册人为恶意抢注，应申请商标评审委员会宣告该注册商标无效

（三）著作权策略

老字号企业的很多行为会产生著作权。比如企业特殊形象的设计图片、特殊企业文化的文字作品以及在企业各类经营、宣传活动中产生的图纸、资料等各种符合《著作权法》规定的作品，都可以依法获得著作权。

1. 著作权的取得

（1）明确历史图片的著作权归属。老字号企业悠久的历史文化积淀，必然会留存众多的公共历史文化资料，不能因为是历史资料，即想当然地认为已进入公共领域可以免费使用。中华老字号同升和鞋店在橱窗使用了吕厚民的照片，法院判决其在《北京日报》上公开向吕厚民赔礼道歉并赔偿经济损失1.2万元，就是一个典型的案例，值得我们重视。

（2）对产品说明书及宣传资料进行著作权登记。老字号可对产品说明书及宣传资料进行著作权登记，登记证书可以辅助老字号企业明确著作权的权利归属，并在遭遇纠纷主张自己的权利时，作为拥有权利的初步证明。

2. 著作权管理

（1）建立著作权管理制度。切实保护与老字号传承有关的绘画、书法、雕塑、小说、诗歌等作品，建立系统的文件档案，对符合著作权登记的作品进行登记。

（2）预防使用他人作品的著作权侵权。老字号企业使用他人作品时，应对使用作品的权利归属进行查询，必要时与相关著作权集体权利组织建立联系，通过著作权集体管理组织获得相关作品的合法来源。

3. 著作权保护

（1）达成和解、调解。纠纷当事人之间可以通过达成许可、转让等方式协商解决，也可以在行政机关、司法机关的主持下达成调解协议。

（2）运用行政、司法途径保护。老字号企业的著作权被侵犯，一般情况下可以直接向法院提起民事诉讼。在特殊情况下，也可向著作权行政管理部门投诉。

（3）通过仲裁方式解决。根据《著作权法》第五十五条规定，当事人达成的书面仲裁协议或者著作权合同中的仲裁条款，向仲裁机构申请仲裁。当事人没有订立仲裁条款的，可以直接向人民法院起诉。

（四）商业秘密策略

1. 商业秘密范围

老字号企业的产品制作工艺、配方及客户名单等经营信息，是企业在运营、市场开发过程中的秘密信息。老字号企业商业秘密的这种独特性，决定了老字号企业必须加强自身保护制度的建立和完善。

2. 商业秘密管理

（1）建立保护商业秘密的有效管理体制。在网络环境下，由于商业秘密的保护对于企业的自身发展有着更加重要的意义，老字号企业可以根据自身的具体情况来设置所需要的商业秘密管理机构和人员。这些机构或人员将对企业商业秘密的确定、对违反规定的职工的处罚、对侵权行为所要采取的措施等问题做出决定。在企业内部建立监察机构，鼓励举报，是比较有效的方法。

（2）强化人员管理。关键是要加强合同中的保密措施，主要包括订立保密协议、实施竞业限制等。一是增强员工的商业秘密保护意识。2002年，“一得阁”副厂长高辛茂成立的家族式企业北京传人文化艺术有限公司，生产与“一得阁”非常相似或相同的“国画墨汁、书法墨汁、习作墨汁”，被法院判决侵犯商业秘密，产品全部销毁，赔偿经济损失3万元。二是建立对员工合理的奖励和惩罚制度。对接触、使用企业商业秘密的职工，给予较优厚的工资、奖金待遇或者拥有部分股权，使之成为老字号企业的股东，与企业形成休戚相关的命运共同体。三是完善对外交流中的商业秘密管理措施。外来人员入场要登记，不得进入特定区域；需要了解技术、经营内容时，应该履行必要的手续，并须企业有关人员在场。四是建立健全企业员工科研成果发表管理制度。按照一定的标准和流程，对员工的学术交流和论文的发表进行严格的审查。

（3）强化物理管理。一是加强老字号企业涉及商业秘密文件的管理。可以借鉴政府文件分级管理的办法，将这些文件分为绝密、机密、秘密等；企业可在保密文件上加盖相应的保密章或保密声明；根据商业秘密的特点，确定保密期限的长短。二是对计算机的使用尤其是与网络连接的计算机的使用，制定合理的限制措施。三是建立废弃物的管理制度。这些废弃物品中可能暗含着与老字号企业的技术、经营信息相关的技术标准、详细日志等等重要信息，因此要对所有办公垃圾进行分类，一律将其载体彻底破坏。①

3．商业秘密保护

（1）达成和解、调解。商业秘密被侵权后，老字号企业可以选择与实施侵权的员工进行协商，晓之以理，达成和解；也可以在第三方机构的主持下达成调解协议。

① 张玉瑞：《商业秘密、商业贿赂法律风险与对策》，法律出版社2005年版，第99页。

（2）运用行政、司法途径保护。当企业认为其商业秘密受到侵害时，可向工商行政管理机关申请查处侵权行为；也可以直接向人民法院起诉，请求损害赔偿。侵犯商业秘密给权利人造成重大损失的，企业可以向人民法院提出刑事自诉或向公安机关控告。

（五）运用《反不正当竞争法》进行保护

1. 对知名商品特有名称进行保护

老字号企业的传统名优产品都有一个比较独特和贴切的名称，如同仁堂生产的“大活络丹”等，老字号企业通过注册商标、申请外观专利或著作权登记等方式，可以对特有名称进行有效保护。

2. 对知名商品的包装、装潢进行保护

老字号企业的商品包装及装潢往往能在消费者心中留下深刻印象，成为该商品特有的区别性标识。有些企业模仿老字号企业的商品包装、装潢，使人误以为是老字号企业的商品，导致市场混淆、消费者误认的结果。比如在火车站、客运站经常可以见到包装如同便宜坊、全聚德包装的烤鸭等，往往会导致旅客的误认。一旦发现这些“套牌”商品，就应该利用《反不正当竞争法》积极进行维权。

（六）发挥政府、社会组织的引导和服务作用

1. 西城区知识产权局做好老字号企业知识产权宏观管理

西城区知识产权局作为知识产权工作的主管部门，应制定老字号企业知识产权工作年度计划，推进知识产权保护工作与发展老字号的对接。加强宣传培训，引导老字号企业树立知识产权保护意识，转变重实体价值、轻无形资产的传统观念，保障老字号企业知识产权各环节健康有序运行。提升企业保护能力，切实发挥“12330 西城分中心”的作用，指导老字号企业梳理各经营环节中的知识产权风险点，根据企业的实际情况，制定风险防控预案；指导老字号企业主动采取法律手段维权，通过行政、司法途径打击假冒、侵权、傍名牌及搭便车等不法行为。积极开展维权援助，指导、协助老字号企业申请市“12330”知识产权专项援助。在知识产权问题突出的领域，针对有代表性的老字号企业，开展专项服务援助，帮助企业从知识产权创造、运用、保护、管理各环节进行梳理，形成老字号企业的知识产权保护典型模式，并逐步推广到其他老字号企业。

2. 大栅栏—琉璃厂街区建设指挥部积极发挥统筹协调作用

大栅栏—琉璃厂街区建设指挥部应进一步发挥统筹协调作用，组织有关部门为老字号企业提供综合服务。建立老字号企业知识产权管理联系人机制，指挥部内部设立知识产权专职或兼职管理人员，在日常工作中注意收集掌握老字号企业的知识产权申请、维权问题，及时向有关部门反应。建立与知识产权行政管理部门、司法部门的合作机制，加强对企业的协同服务，对于企业面临的重大、疑难知识产权问题，积极配合行政执法机关、司法机关帮助老字号企业维护合法利益。

3. 商（协）会主动开展行业纠纷应对和调解工作

依托老字号商会和行业协会，组织会员签订知识产权保护自律公约，倡导建立尊重知识产权的文化氛围。对会员之间发生的知识产权纠纷进行调解，对司法机关、行政执法机关委托的案件开展调解；当发生行业性知识产权侵权行为时，组织或代表会员共同应对纠纷，化解危机。

利用大栅栏—琉璃厂街区老字号高度集聚的地域优势，由协会牵头，组织驻区企业及时研究影响自身发展的共性问题，制定应对措施，逐步形成组团出击、联手维权的态势，优化老字号维权社会氛围，提高企业维权效果。

老字号是数百年商业和手工业竞争中留下的极品，经历了艰苦奋斗的发家史而最终统领一行，其品牌是人们公认的质量的同义语。大栅栏—琉璃厂街区是我国首个“中华老字号集聚区”，位于这里的老字号企业历经风雨，长盛不衰，是首都极其重要的商业、服务业资源和弥足珍贵的文化遗产。本课题研究的最终目的，在于提升老字号企业知识产权保护能力，优化大栅栏—琉璃厂街区的发展环境，吸纳更多中华老字号企业到西城发展，建设集特色商业、旅游休闲、文化体验为一体的中华老字号集聚区、北京旅游特色购物街区，使其成为北京乃至全国高端旅游商品的创意、研发、交易、展示中心。

受时间、精力的限制，本文的研究还有很多不足之处，希望能在各方面的支持下进一步深化，力求取得新的更大成果。

作者简介

课题负责人：王连洁，北京市保护知识产权举报投诉服务中心主任；北京市政协委员、民革北京市委科技委员会委员、北京法院特邀监督员。

课题参与人：李　欣，北京市国家税务局第一稽查局副科长；民革西城区委教科文卫体委员会秘书长。

传承与转型：老字号发展之路

——北京西城老字号谱系研究文集

第四部分

『自身』与『他者』

传承与转型：老字号发展之路

——北京西城老字号谱系研究文集

“他者”眼中的老字号形象调查报告

张翠珍

【内容提要】 以在京外国人为受访者的调查发现，在西城的老字号中，知名度最高的是全聚德和同仁堂。外国人通常依靠亲朋好友的推荐了解老字号。在功能相同的产品面前，外国人倾向于选择非老字号产品，主要因为老字号产品价格高，产品却无特点。最适合描述西城老字号的形容词是“传统”，最不适合描述老字号的形容词是“质量低劣”。接受访问的外国人相信，老字号产品可以传达中国文化及生活方式。外国人对中国老字号的认知与中国人对外国老字号的认知存在较大差距。面对新的发展形势，老字号只有自觉增强市场和时代意识，树立新的形象，提高市场开拓能力，提升传播的有效性，才能真正实现“走出去”的目标。

【关键词】 老字号 中国传统文化 产品差异 产品宣传

一、引言

根据2014年3月首次认证的“北京老字号”企业名单，西城区有71家老字号企业入选，占全市总数的47%①。西城老字号的建立时间普遍较早，有很长的历史，其中百年以上的老字号就有29家，例如鹤年堂、六必居的历史分别长达609年和484年（详见表1）。因此，西城老字号的生存与发展，对于北京老字号的命运有着极为

① 北京市西城区商务委员会http://sww.bjxch.gov.cn/XCSWWxxxsh.ycs?GUID=521970。

重要的意义。

然而，老字号的发展不容乐观。从全国来看，生产经营有一定规模、效益好的仅占10%；几十年来保持原状的占70%；长期亏损，面临倒闭、破产的占20%。① 当然，有些老字号的发展令人鼓舞，并在积极探索开发海外市场，谋求海外发展之路。截至2014年3月中旬，同仁堂在除大陆以外的超过10个国家（地区）有近80家药店；全聚德在海外至少有5家分店。②

老字号的经营状况与消费者对品牌的认知度有着密不可分的关系。国际政治学者摩根索指出，“在争夺生存与权力的斗争中，他人对我们的观点、看法同我们的实际情形一样重要，是我们在他人‘心镜’中的形象——哪怕这镜中之像是歪曲的反映，而不是我们原本的样子——决定了我们在社会中的身份和地位”③。因此，全面、深入地了解老字号在外国人心目中的形象，不仅是老字号扩大消费群体特别是开拓海外市场的必要条件，也是老字号企业客观认识自己、进一步提升核心竞争力、确保企业永续发展的重要途径。

表1　西城老字号成立时间及存续时间表

序　号	老字号	成立时间	存续年数
1	鹤年堂	1405	609
2	六必居	1530	484
3	王致和	1669	345
4	同仁堂药店	1669	345
5	荣宝斋	1672	342
6	烤肉宛	1686	328
7	桂馨斋	1736	278
8	天福号	1738	276

① 彭燮：《“王致和”要向老外输出品牌？》，《中国质量报》，2003年9月16日。

② 根据同仁堂、全聚德官方网站资料。

③ 转引自张巍华：《冷战结束后中国国家形象的定位与传播》，《中国校外教育(理论)》，2007年第9期。

续表

序 号	老字号	成立时间	存续年数
9	正兴德	1738	276
10	砂锅居	1741	273
11	月盛斋	1755	259
12	马聚源	1817	197
13	同和居	1822	192
14	谦祥益	1840	174
15	烤肉季	1848	166
16	鸿宾楼	1853	161
17	内联升	1853	161
18	步瀛斋	1858	156
19	瑞蚨祥	1862	152
20	全聚德	1864	150
21	一得阁	1865	149
22	曲园酒楼	1890	124
23	张一元	1900	114
24	成文厚	1904	110
25	大观楼	1905	109
26	清华池	1905	109
27	义利	1906	108
28	豳风堂	1908	106
29	元长厚	1912	102
30	五星啤酒	1915	99
31	桂香村	1916	98
32	戴月轩	1916	98
33	大和恒粮行	1919	95
34	北京玉华台	1921	93
35	美味斋饭庄	1923	91
36	仿膳	1925	89

续表

序　号	老字号	成立时间	存续年数
37	同春园	1930	84
38	丰泽园	1930	84
39	西来顺	1930	84
40	西单商场	1930	84
41	德寿堂	1934	80
42	南来顺	1937	77
43	新华书店	1937	77
44	华天延吉	1943	71
45	大地餐厅	1945	69
46	聚宝源	1946	68
47	庆丰包子	1948	66
48	又一顺	1948	66
49	北京盐业	1949	65
50	峨嵋	1950	64
51	中国书店	1952	62
52	马凯餐厅	1953	61
53	白塔寺药店	1953	61
54	老西安	1954	60
55	莫斯科餐厅	1954	60
56	护国寺小吃	1956	58
57	汲古阁	1956	58
58	晋阳饭庄	1959	55

资料来源：作者根据各老字号成立年份计算得来。

有人指出，“大多数年轻人对中华老字号的感觉是，历史悠久但‘很土’”[①]。虽然与那些国际奢侈品牌一样有着悠久的历史及独

① 《中国老字号也有奢侈梦》，http://news.xinhuanet.com/lady/2010-12/13/c_12796730.htm. 2014-7-23。

特的工艺，但多数中国老字号品牌不仅没有由于时间积淀获得品牌提升，反而举步维艰。反观国外很多长寿企业，它们不仅存续时间长，而且很多成为奢侈或时尚的代表。本项调查旨在揭示外国人对西城老字号的认识，并将调查结果与中国人对外国老字号的印象进行比较，以求探求中国老字号突破发展瓶颈的路径。

二、文献综述

在进行问卷调查之前，我们试图通过各种方式，搜寻现有文献中有关外国人对西城老字号认知的记载，但所获不多。Bonnie So 的《老字号：传统、时间、商标及在中国法律体系下知识产权保护的困难》[①]是我们找到的唯一一篇以中国老字号为主题的论文，虽然没有涉及老字号在外国人心目中的形象，但多次提到了同仁堂及全聚德。当我们搜寻网站资料时，在一个名叫彼得（Peter）的老外所上传的中国十大老字号名单中，发现同仁堂、全聚德均位列其中。[②]同仁堂、全聚德分别是医药行业、餐饮业的老字号代表。为此，根据零散的资料，以全聚德和同仁堂为代表，对老字号的海外形象做如下整理。

全聚德的海外形象：有名、褒贬、反差

无论是对北京还是对海外的全聚德，顾客的评价都是褒贬不一，而且海外关于全聚德的负面形象更多一些。

一方面，北京烤鸭受到很多外国人的青睐，德国摄影师 Helen Morrison 就是其中的代表，她于 1933 年拍摄了烤鸭制作的全过程。[③]新中国建立以后，全聚德是周恩来总理时常宴请外宾的地方，其声誉因而受益良多。2012 年 4 月，泰国总理英拉在用餐结束后，对全聚德的评价是“出色的食物，出色的服务”（Excellent food and

---

① Time-honoured brands: tradition， time and trademarks and the difficulties of their intellectual property rights protection in the modern Chinese legal system.

② Peter， The 10 China’s time-honored brands， http://www.chinawhisper.com/the-10-china-time-honoredbrands/，2014/1/15.

③ Bie Qinghe， From Local Eatery to international Chain， China Today， July 2005.

services）。[①]

另一方面，根据某海外网站上澳大利亚顾客对全聚德的评价留言[②]，其负面形象主要表现在以下几个方面：

1. 烤鸭的质量不稳定，比如有时候鸭肉太干，有时候鸭子太小，有顾客称烤鸭的质量与谁担任经理有关。

2. 菜品的价格远高于质量，烤鸭的质量并没有明显高于普通餐馆，性价比低。

3. 服务差，速度慢，且服务生感觉自命不凡。服务慢主要表现为酒水上得很慢，承诺烤鸭在 20 分钟内上，实际上可能需要 1 小时，两道菜之间的时间间隔太长；服务生总向客人推荐价格高的菜。

4. 餐馆的整体感觉没有品位，与豪华的装修相比，脏兮兮的座椅、地毯、餐桌都让人感觉餐厅没有品位。[③]

同仁堂的海外形象：专业，友好，有效

与全聚德相比，同仁堂的海外形象更加正面。因为亲民的定位，同仁堂广受当地人的喜爱，已经成为马来西亚医药行业的著名品牌。[④]顾客对同仁堂坐堂医生的评价是专业、友好。[⑤]有人认为，“中医有很多方面的潜力，从草药、针灸到保健，中医提供了了解人体从而设计保健及治疗的一套方法。”有人甚至认为，针灸比西医或者物理治疗更有效。[⑥]但同时也有一些人反映，在英国，由于中医没有纳入国民医疗体系，价格偏高，影响其发展。[⑦]

---

① 《泰国女总理英拉品尝全聚德烤鸭》，http://www.bj.xinhuanet.com/bjpd-wq/2012-04/25/content_25130431.htm 2014/1/17。

② 客人的评价http://www.urbanspoon.com/r/71/761555/restaurant/CBD/Quanjude-Peking-Duck-Melbourne。

③ 客人的评价http://www.urbanspoon.com/r/71/761555/restaurant/CBD/Quanjude-Peking-Duck-Melbourne。

④ Traditional Chinese Medicine Brand Eyes 100 Overseas Stores By 2015，http://www.chinaretailnews.com/2012/07/23/5635-traditional-chinese-medicine-brand-eyes-100-overseas-stores-by-2015/.

⑤ Customer Reviews for Bejing Tong Ren Tang Australia Pty Ltd (1 review)，http://www.womo.com.au/reviews/Bejing-Tong-Ren-Tang-Australia-Pty-Ltd-Sydney/.

⑥ anyone with experience with Tong Ren Tang Beijing，http://www.tripadvisor.com.au/ShowTopic-g294212-i2147-k4390430-Anyone_with_experience_with_Tong_Ren_Tang_Beijing-Beijing.html.

⑦ Marketable Medicine，http://knowledge.ckgsb.edu.cn/2013/01/08/china/traditional-chinese-medicine-business-blockbuster-or-false-fad/.

瑞蚨祥的海外形象：古典，个性，舒适

此外，在2008年北京奥运会期间，参赛的运动员在购买瑞蚨祥的产品后，做出这样的评价："中国丝绸世界闻名，睡衣很古典，传统的中国样式也很有个性，穿起来也会比较舒适"。①

三、外国人眼中的北京老字号——基于问卷调查的统计分析

（一）关于调查的说明

调查对象：驻京外籍人士。

调查时间：2014年6月中旬至7月初。

调查方式：由于无法获得在京居住的外国人的基本统计资料，我们采取了多种方式，以找到尽可能多的受访者。第一种方式为拦截式调查，调查员在老字号比较聚集的区域（如前门大街、秀水街等）及外国人经常光顾的场所如咖啡厅、高校等地展开调查，问卷由受访者独立填写，并当场收回。调查发现，这种调查方式的受访者多是游客，在北京停留时间短，填写的问卷质量不高。通过这种方式共收回有效问卷17份②。第二种方式是通过电子邮件发放问卷，受访者填写完毕后，通过电子邮件传回。这种方式是我们收回问卷数最多的方式。第三种是留置式调查，即把问卷发放给可能的受访者，一段时间后，由调查员前去收回。我们留置了6份调查问卷，只收回1份。

调查问卷：有三个版本，主要是英文的打印版和电子填写版，同时考虑到有些留学生的汉语较好，我们也提供了中文电子填写版。

调查内容：问卷的内容设计，参照了国际上通行的国家形象调查问卷，同时参阅了国内针对老字号的调查。在问卷中，第一步，通过询问受访者是否知晓所列示的老字号，了解他们对老字号的认知。第二步，请受访者在所列的形容词（如质量好、神秘、多样、

① 新华网2008年8月12日。

② 在问卷整理后期，将只填有个人信息的问卷排除。

价格合理、现代、保守、特别、动态、传统、无特点、过时、质量差、价格贵、落后、静态）中，分别选择一个最合适和最不适合描述北京老字号的形容词。第三步，请受访者从质量、价格、服务水平、多样性、广告宣传、名气、创新性和文化内涵八个方面为老字号打分，最高分为 5 分。除价格一项外，其他各项的分数越高，代表受访者对老字号的评价越高。第四步，请受访者为可能来北京的亲友就酒店、小吃、茶馆、中药、购物等做推荐。

本次调查共收回有效问卷 35 份。统计表明，受访者年龄呈现中间高、两边低的特点，16–50 岁占 48.57%。受访者的性别比例基本持平。调查发现，受访者的年龄和性别对老字号的认知影响不大（见表 2）。

调查显示，从受访者的学历来看，超过 85% 的受访者具有本科及本科以上学历。受访者的母语比较分散，48.57% 的受访者第一语言是英语，紧随其后的是德语，占 14%。从中文水平来看，20% 的受访者不会一点汉语，51.43% 的受访者会说一点汉语，汉语水平流利的仅占 5.71%。

调查显示，受访者中的 14.29% 在北京停留时间为 1–3 个月，37.14% 停留 1–3 年，31.43% 停留时间长于 3 年。45.71% 的受访者是第一次来北京。

调查显示，从停留目的来看，旅游占 11.43%，工作 45.71%，学习 34.29%。

调查显示，从拥有中国朋友的数量来看，40% 有 1–10 个中国朋友，37.17% 有 10–50 个中国朋友，5.71% 有超过 50 个中国朋友，17.14% 没有中国朋友。

值得注意的是，调查显示，88.57% 的受访者表示去过包括前门大街、王府井、秀水街、南锣鼓巷、鼓楼大街等老字号集聚区，说明他们有了解老字号的可能。

表 2　外籍受访者基本情况统计表

		人数	百分比			人数	百分比
性别	男	18	51.43	是否第一次来京	是	16	45.71
	女	17	48.57		否	19	54.29
年龄	25 岁及以下	10	28.57	打算在北京待的时间	1–3 个月	5	14.29
	26~50 岁	17	48.57		3–6 个月	2	5.71
	50 岁以上	8	22.86		6–12 个月	3	8.57
学历	高中及以下	5	14.29		1–3 年	13	37.14
	本科	12	34.29		3 年以上	11	31.43
	硕士	14	40.00	来京目的	工作	16	45.71
	博士及以上	3	8.57		学习	12	34.29
			0.00		家庭团聚	3	8.57
母语	英语	17	48.57		旅游	4	11.43
	法语	1	2.86	是否在京从事有收入的工作	是	19	54.29
	德语	5	14.29		否	15	42.86
	日语	1	2.86	在京居住区域	西城	7	20.00
	韩语	3	8.57		东城	1	2.86
	西班牙		0.00		海淀	8	22.86
	蒙古语	2	5.71		朝阳	13	37.14
	其他	4	11.43		其他	5	14.29
说得最好的外语	英语	14	40.00	在京有多少中国朋友	没有	6	17.14
	法语	2	5.71		少于 10 个	14	40.00
	中文	6	17.14		10–50 个	13	37.14
	西班牙语	3	8.57		大于 50 个	2	5.71
汉语水平	不会	7	20.00	是否到过老字号聚集区	是	31	88.57
	一般	18	51.43		否	3	8.57
	好	7	20.00				
	流利	2	5.71				

注：由于有些问卷填写的不完整，导致有些分类的人数合计可能不等于 35。

（二）外国人对西城老字号的印象

以下我们从不同的方面分析驻京外籍人士对老字号的印象。分析所用到的数据，除非特别说明，均来自于本次问卷调查。

1. 知名度较高的老字号

我们在问卷中将老字号品牌分为四类，分别是餐饮类、中药类、茶酒类和休闲类，请受访者分别选择最熟悉的老字号。图 1 为受访者最熟悉的老字号，图中的数字为知晓该品牌的受访者人数。调查显示，全聚德的知名度最高，这与我们查阅文献及网络资料获得的信息一致，即全聚德和同仁堂这两个已经在国外经营的老字号品牌最为西方消费者所熟悉。此外，选择瑞蚨祥的受访者全是女性；选择新华书店的受访者中逾九成是留学生及和在京任教的外籍人员。

调查显示，57.14% 的受访者买过或使用过老字号产品，37.14% 的受访者从来没有买过或使用过老字号产品。在购买或使用过老字号产品的受访者中，14 人在餐饮类选择了全聚德，9 人选择了同仁堂。这进一步证明，与其他老字号品牌相比，全聚德和同仁堂这两

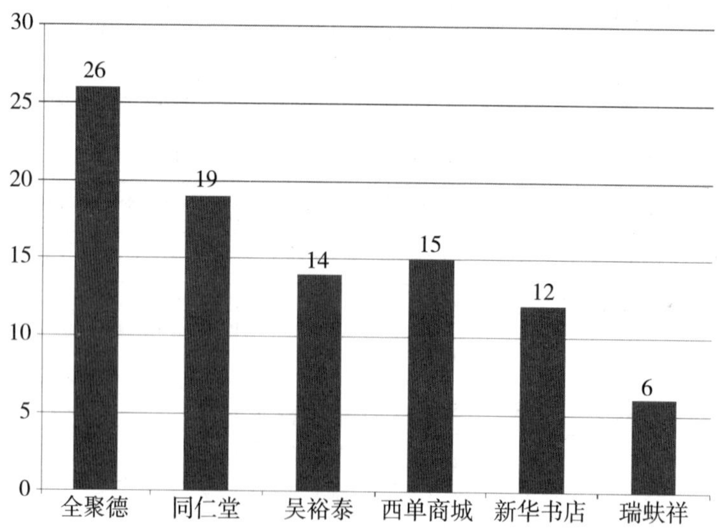

图 1　在受访者中知名度较高的老字号品牌统计情况

家老字号在外籍人士中具有更高的知名度。原因可能在于，北京烤鸭有着“天下第一美味”之称，外国人有“到北京，两件事，游长城，吃烤鸭”之说，认为“不到长城非好汉，不吃烤鸭真遗憾”。调查发现，初次来北京旅游的外国人中 70% 吃过烤鸭（Beijing Roast Duck）。因为名气大，全聚德也成了众多来北京旅游的外国人品尝北京烤鸭的聚集地。而作为中国中医行业的标志性企业，同仁堂不仅是经济实体，也是中华文化的载体。在进行海外业务拓展的同时，同仁堂和国家汉办签署了联合推广同仁堂中医药文化的战略合作框架协议，运用孔子学院的平台，加大同仁堂文化的海外传播力度①，进一步提高了同仁堂在外籍人士中的知名度。

2. 知晓老字号的途径

在问卷中，我们列出了六种途径，分别是互联网、亲友推荐、旅游手册、报纸杂志、电视节目和商品交易会，还提供了一个其他选项供受访者补充（见图 2）。

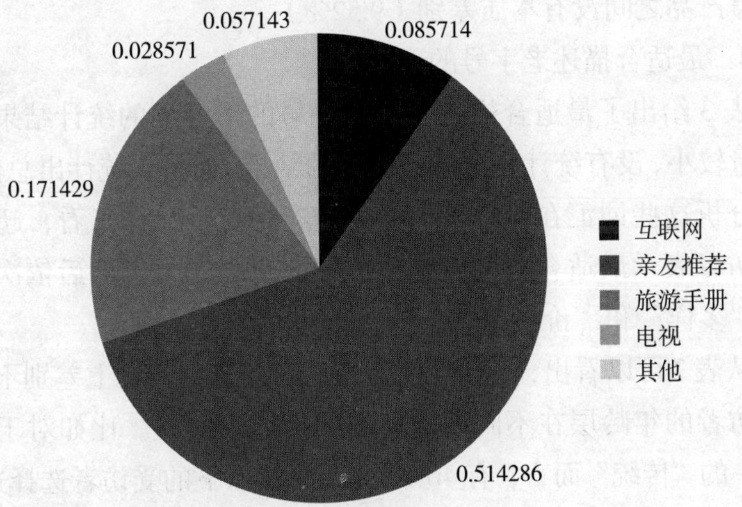

图 2　受访人群知晓老字号的途径

数据显示，驻京外籍人员主要通过亲友推荐（51.43%）了解老

① 同仁堂 http://www.tongrentang.com/about/aboutus.php。

字号。通过新媒体知晓老字号占的比例极低，例如通过互联网和电视了解知晓北京老字号的只占 11.43%。通过旅游手册来了解北京老字号的，只占 17.14%。这些结果与我们的预期出入较大。

3. 相同的功能，你会选择老字号产品吗？

调查显示，在面对具有相同功能的老字号产品和非老字号产品时，37.14% 的受访人表示会选择老字号产品。他们表示，选择老字号产品的原因，一方面是认为老字号产品质量有保障（38.46%），另一方面认为老字号是当地文化的载体，可借此体验老北京的生活方式（61.54%）。

值得注意的是，有 60% 的受访者表示，若产品功能相同，他们会选择非老字号产品。在总结、分析调查结果时，我们汇总了不选择老字号产品的原因，主要在于：一是不知道所谓的“老字号”（66.67%）；二是相对于同类的非老字号产品，老字号产品价格偏高（14.29%）；三是老字号名气不够大（9.52%）；四是老字号与非老字号产品之间没有本质差别（9.52%）。

4. 最适合描述老字号的形容词

表 3 给出了最适合描述北京老字号的形容词的统计结果。由于样本量较小，没有统计每个项目分类的结果，而是先统计出总体结果，然后分析这些词汇在每个类别中的分布情况。总体来看，超过 37% 的受访者表示最适合用“传统”形容北京老字号，然后依次是“神秘”“多样”和“价格合理”。

从表 2 可以看出，不同性别的受访者在这一问题上差别不明显，而受访者的年龄层在不同的选项间差别比较明显。比如对于总体排在第一的“传统”而言，有 40% 的 25 岁及以下的受访者选择这一项，而在大于 50 岁的受访者中只有 12.5% 的受访者选择“传统”。

调查显示，学历对于该问题有一定影响，即学历背景越高，越不认为老字号“神秘”。

表 3　最适合描述北京老字号的形容词（%）

项目	分类	第一	第二	第三	第四
总体	–	传统 37.14	神秘 17.14	多样 17.14	价格合理 17.14
性别	男	33.33	16.67	16.67	22.22
	女	41.18	17.65	17.65	11.76
年龄	25 岁及以下	40.00	20.00	20.00	10.00
	26–50 岁	47.06	23.53	5.88	5.88
	50 岁以上	12.50	0.00	37.50	50.00
学历	高中及以下	30.00	20.00	20.00	20.00
	本科	33.33	25.00	8.33	8.33
	硕士	28.57	14.29	21.43	7.14
	博士及以上	33.33	0.00	33.33	33.34

注：有些项目分类的总和超过 100%，是因为有些受访者勾选多项。

5. 最不适合描述老字号的形容词

总体来看，受访者认为，最不适合形容北京老字号的形容词，依次是"质量低劣""无特色""动态"和"现代"。在这方面，不同性别、年龄的受访者感受有较大差异。值得注意的是，14.29% 的受访者认为"不断变化"和 11.43% 的受访者认为"现代"最不适合用来描述北京老字号。这说明，在受访者心目中，老字号的创新力度不够，跟不上时代的发展（见表 4）。

表 4　最不适合形容北京老字号的形容词（%）

项目	分类	第一	第二	第三	第四
总体	–	质量低劣 20	无特色 17.14	不断变化 14.29	现代 11.43
性别	男	16.67	22.22	22.22	0.00
	女	23.53	11.76	5.88	23.53

续表

项目	分类	第一	第二	第三	第四
年龄	25 岁及以下	40.00	0.00	40.00	20.00
	26—50 岁	23.53	0.00	23.53	11.76
	50 岁以上	12.50	25.00	0.00	0.00
学历	高中及以下	20.00	0.00	20.00	20.00
	本科	8.33	16.67	8.33	25.00
	硕士	28.57	21.43	21.43	0.00

6. 老字号能代表中国人的生活方式、有助于中国文化宣传吗?

14 个受访者认为老字号能够代表中国人的生活，有助于传播中国文化，持相反观点的有 16 人，两者分别占受访人群的比例是 40% 和 45.71%。与此同时，在“以何种方式才能吸引你对老字号的注意”这个问题上，分别有 9 人和 7 人选择“加强老字号的宣传”和“提供更多体验中国生活方式的活动”。这表明，外国人认同老字号是体现中国文化和中国人生活方式的载体。

7. 外国人对北京老字号的总体评分

我们设置了“质量”“价格”“服务”“多样性”“广告”“名气”“创新”“文化内涵”8 个方面，让受访者给老字号打分，最高分是 5 分，最低分是 1 分，实行整数打分。除“价格”之外其他各项的分值越高，表明受访者对老字号的评价越高；而“价格”则是分值越低，表明受访者认为老字号产品的价格越便宜。表 5 给出了受访者对老字号的总体评价。虽然有些问卷对这 8 个方面没有给出分值或只是给出了部分分项的分值，我们在计算均值时依然选择总数 35 来考虑。

由表 5 可见，均值位列前三位的分别是“质量”（3.29 分）、“价格”（3.20 分）和“文化内涵”（3.00 分），而位列后三位的是“广告”（1.63 分）、“创新”（1.77 分）和“名气”（2.11）分。这说明，老字号产品的质量及文化内涵得到了外国消费者的认可，而在广告、知名度和创新方面的表现则不被认可。此外，老字号产品的价格被认为较高。

表5 受访者对北京老字号的总体评价

	质量	价格	服务	多样性	广告	名气	创新	文化内涵
总分	115	112	95	97	57	74	62	105
平均分	3.29	3.20	2.71	2.77	1.63	2.11	1.77	3.00

（二）受访者建议

在问卷的最后，我们设置了一个开口问题，请受访者对如何促进老字号发展提出建议，具体如下。

1. 店面装修特色不鲜明

受访者表示，同仁堂、吴裕泰的有些店面装修很漂亮，且有浓郁的中国元素，并与其产品很搭。但是，有些老字号如护国寺小吃等品牌的店面装修非常简陋，与其巨大的社会影响不相称。除此之外，店员的穿着也是一个值得注意的问题。

2. 品牌标识度不够

很多老外的确去过很多老字号店铺，但是因为其品牌标示度不够，印象不深刻，不能说出其品牌。例如，当我们调查时，受访者拿着老字号的产品，却说不出所买物品的品牌。

3. 产品缺少英文说明

北京是一个愈来愈国际化的城市，很多外国人会购买老字号的产品，至少是想了解代表中国文化或生活方式的传统产品，因此希望老字号店铺对于自己所展示的商品及外包装加上适当的英文说明，以便于识别和购买。

4. 宣传力度不够

参与调查的很多外国人包括已经在北京生活挺长一段时间的人，甚至说不出一个老字号品牌。这说明中国传统老字号在对外宣传方面还有待加强。

四、中国人对外国老字号的认知

为了进行比较，我们以在北京工作学习的中国人作为对象进行问卷调查，分析他们心中的外国老字号形象，同时调查他们对中国老字号的整体印象。

（一）关于调查的说明

调查对象：在京的中国人，既包括从小在北京生活的本地人，也包括来京务工学习的外地人，后者约占受访者总人数的 14%。受访者中无来京短期旅游人员。受访者对中国老字号和外国品牌都有自己的用户体验，调查结果真实、准确。

调查时间：2014 年 6 月中旬到 7 月初。

调查方式：采取多种方式以找到尽可能多的符合调查条件的受访者。发放问卷 50 份，回收 50 份，有效率 100%。第一种方式是通过电子邮件发放问卷，受访者填写完毕后，通过电子邮件传回；第二种方式是留置式调查，把问卷留给可能的受访者，一段时间后，由调查员前去收回；第三种方式是设置网上调查问卷，将网上链接发送给受访者，受访者完成问卷后直接提交到调查员的数据库里。其中第一种方式发放问卷 5 份，第二种方式发放问卷 10 份，最后一种方式发放问卷 35 份，第三种方式发放问卷的份数占此次问卷总数的 70%。

调查问卷：总共有三个版本，有打印版、word 版以及网页版。

调查内容：问卷设计参照了在文献综述中所提到的已有研究成果，还有老字号课题组的年度问卷调查总体报告以及 6 个主要行业的比较报告的问卷资料。在问卷中，主要通过对描述北京老字号、外国品牌的形容词的选择，了解在京人士对北京老字号和外国品牌的认知。其中一个问题是，请受访者在所列出的词语（品质好、种类多、有神秘感、有创意、有特色、经典的、时髦、产品更新快、价格合理、传统、没有特色、过时、质量差、价格高、土气）中，分别选择一个最适合和最不适合描述北京老字号的词。在外国品牌的描述中，我们也请受访者分别选择他认为最能描述外国品牌好的和不好的一个词语。

表 6 是受访者基本情况。此次调查中，20–30 岁占 46%，30–50 岁占 52%，分布较为均匀；54% 拥有大学本科学历，硕士占 34%，博士与专科生各占 4%，只有极少数人为高中学历，表明受访者的整体教育水平较高。

我们对受访者收入水平的划分，参考了《中华人民共和国个人所得税法》的划分标准。调查显示，月收入 3500 元及以下与 3500–5000 元的各占 11%，月收入 5000–8000 元的占 30%，月收入 8000–12500 元以及 12500–38500 元的各占 10%。其中月收入不明的受访者有 1 位，另有 1 位月收入在 83500 元以上。可见，受访者大多数是中等收入水平，高收入与低收入水平者也占一定比重。

调查显示，受访者中仅有三位不会说英语。在会说英语的受访者中，英语水平一般的人占 38%，水平好的占 26%，水平很好的占 30%。其中，第二外语会说法语、蒙古语、阿拉伯语的受访者各 1 名，会说日语者 5 名。由此可知，受访者英语水平较好的人数过半，对了解外国品牌有一定的相关性。

表 6　受访者基本情况统计表

		人数	占比（%）
性别	男	21	42
	女	29	58
年龄	20–30 岁	23	46
	30–50 岁	27	54

续表

		人数	占比（%）
学历	高中及高中以下	1	2
	专科	2	4
	本科	27	54
	硕士	17	34
	博士	2	4
收入	3500 元及以下	11	22
	3500–5000 元	11	22
	5000–8000 元	15	30
	8000–12500 元	5	10
	12500–38500 元	5	10
英语水平	很好	15	30
	好	13	26
	一般	19	38
	不会	3	6

（二）在京中国人对外国老字号的印象

1. 哪些外国品牌比较有知名度？

本研究在餐饮类、食品类、医药卫生类、箱包类和日化、服装及珠宝类共五类中随机选择了 28 个外国老字号，对受访者进行调查。这些外国品牌的成立时间以及距今的年数见表 7。

表 7　外国品牌成立时间及距今年数

外国品牌	成立时间	距今年数	外国品牌	成立时间	距今年数
肯德基	1930	84	百事可乐	1903	111
麦当劳	1940	74	可口可乐	1886	128
必胜客	1958	56	曼秀雷敦	1889	125

续表

外国品牌	成立时间	距今年数	外国品牌	成立时间	距今年数
汉堡王	1954	60	强生	1886	128
法国福楼	1901	113	辉瑞	1849	165
银座寿司	1982	32	罗氏	1896	118
星巴克	1971	43	雅培	1888	126
泰森食品	1935	79	爱马仕	1837	177
达能	1919	95	LV	1854	160
费列罗	1946	68	蔻驰	1941	73
德芙	1919	95	欧莱雅	1907	107
卡夫	1924	90	香奈儿	1910	104
巴黎贝甜	1988	26	迪奥	1946	68
森永乳业	1920	94	古驰	1921	93

调查显示，在北京工作、学习的中国人知道列出的各类大多数外国老字号。在餐饮类中，几乎所有受访者都熟知肯德基、麦当劳和必胜客这类快餐品牌，知道汉堡王的也达到 72%，92% 的受访者知道星巴克。但像法国福楼这类较高端的餐厅，知道的人极少（4%），知道银座寿司的也只有 22%（见图 3）。在食品类中，泰森食品和森永乳业不太为受访者所知，其他的像达能、费列罗、德芙等知晓度都在 70% 以上（见图 4）。在医药卫生类中，曼秀雷敦、强生和雅培的知名度都较高（70% 以上），辉瑞（36%）和罗氏（20%）的知晓度稍低些（见图 5）。图 6 和图 7 表明，在箱包类和日化、服装及珠宝类中，各被调查外国老字号的知晓度都较高（70% 以上）。

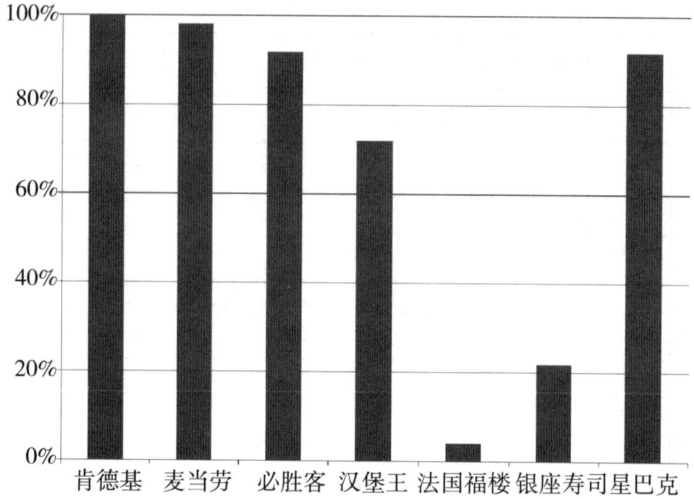
100%
80%
60%
40%
20%
0%
肯德基
麦当劳
必胜客
汉堡王
法国福楼
银座寿司
星巴克

图3　餐饮类

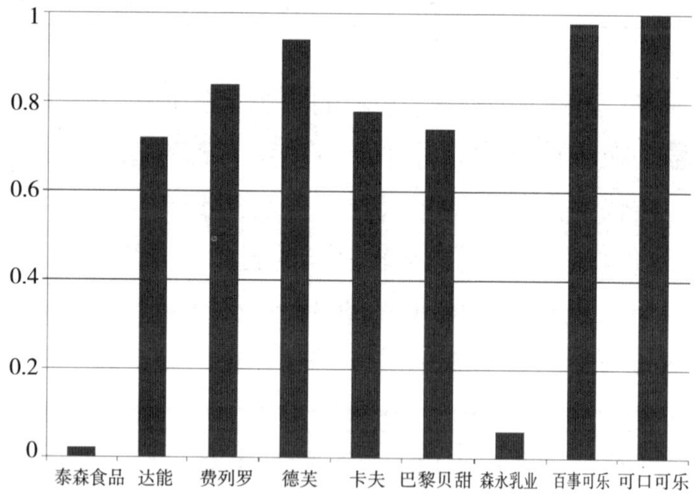
1
0.8
0.6
0.4
0.2
0
泰森食品
达能
费列罗
德芙
卡夫
巴黎贝甜
森永乳业
百事可乐
可口可乐

图4　食品类

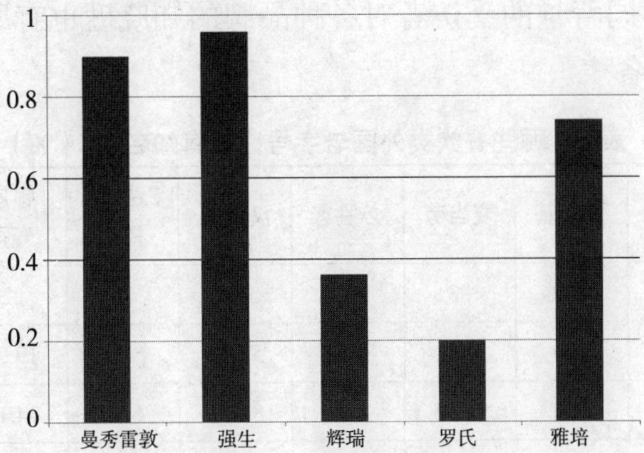

图 5　医药卫生类

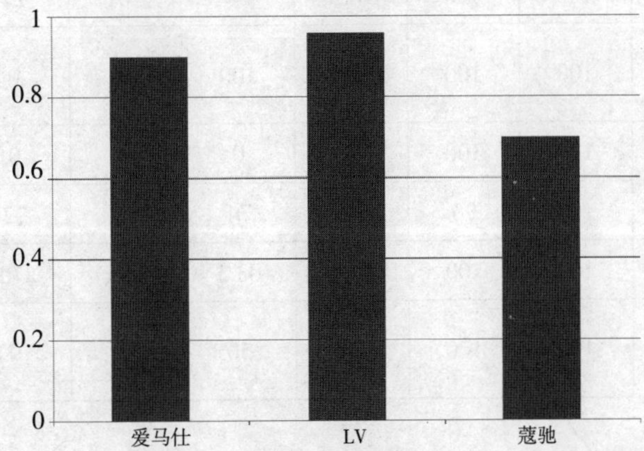

图 6　箱包类

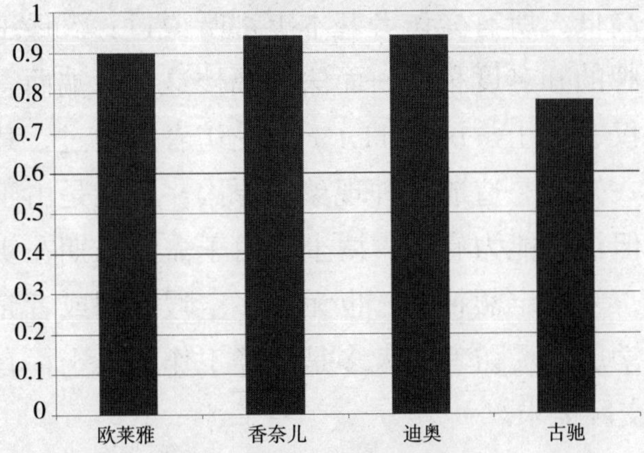

图 7　日化、服装及珠宝类

当然，不同背景的受访者对各种品牌的知晓度也有所不同，具体情况见下列各表。

表 8　哪些餐饮类外国老字号比较有知名度（%）

		肯德基	麦当劳	必胜客	汉堡王	法国福楼	银座寿司	星巴克
	总体	100	98	92	72	4	22	92
性别	男	100	100	80.95	52.38	0	19.05	85.71
	女	100	96.55	100	86.21	6.90	24.14	96.55
年龄	20–30 岁	100	97.62	92.86	76.19	4.76	21.43	92.86
	30–50 岁	100	100	87.50	50	0	25	87.50
最高学历	高中及以下	100	100	100	100	0	0	100
	专科	100	100	0	0	0	0	100
	本科	100	96	96	74	0	22	14.8
	硕士	100	100	94.4	83.3	11.1	27.8	100
	博士及以上	100	100	100	50	0	0	100

对于麦当劳、肯德基和必胜客这类较为平价的快餐老字号，无论受教育水平高低，所有受访者基本上都听说过；汉堡王这类消费稍高的快餐品牌的知名度稍低；而法国福楼这类高端西餐品牌的知名度非常低，仅有硕士学历中 11.1% 的受访者听说过，其他学历层次的消费者无一知晓。造成这种现象的原因，可能是由于本科生虽有空暇时间，但消费能力有限；博士生由于需要长期在实验室或研究室室做研究，领取定额补助，也无太多空暇时间或者充足的消费能力；而硕士学历的受访者们大多是已经工作的人士，有相应的消费能力与就餐交际需求。

调查显示，星巴克的知名度相较于法国福楼而言高出很多，除了本科学历之外的所有学历层次的受访者都表示知道这个品牌。造成这种差异的原因，很大程度在于福楼是消费水平过高的西餐厅，而星巴克则是主要销售咖啡这种快速消费品的时尚品牌，更为年轻人所追捧（见表8）。

表9　哪些食品类外国品牌比较有知名度（%）

		泰森食品	达能	费列罗	德芙	卡夫	巴黎贝甜	森永乳业	百事可乐	可口可乐
	总体	2	72	84	94	78	74	6	98	100
性别	男	0	57.14	71.43	85.71	66.67	52.38	0	95.24	100
	女	3.45	82.76	93.10	100	86.21	89.66	10.34	100	100
年龄	20–30岁	2.38	73.81	83.33	97.62	78.57	76.19	4.76	97.62	100
	30–50岁	0	62.50	87.50	75	75	62.50	12.50	100	100
最高学历	高中及以下	0	0	50	50	50	0	0	100	100
	专科	0	0	50	50	50	0	0	100	100
	本科	3.7	70.4	85.2	92.6	77.8	66.7	0	96.3	100
	硕士	0	83.3	88.9	100	83.3	94.4	16.7	100	100
	博士及以上	0	100	100	100	100	100	0	100	100

关于食品类的外国品牌，泰森食品的知名度极低，只是在本科学历的受访者中有3.7%知道该品牌，而其他学历层次受访者均无人知晓；达能在本科及以上层次学历的受访者中知名度较高；德芙在本科及以上学历层次的受访者中知名度接近100%，而高中及以下和本科的受访者中仅有一半的人知道。数据显示，本科及以上学历层次的受访者对上述品牌的知晓度极高，而本科以下学历层次的受访者有一半的人没有听说过上述品牌（见表9）。

表 10　医药卫生类外国品牌的知名度（%）

		曼秀雷敦	强生	辉瑞	罗氏	雅培
	总体	90	96	36	20	74
性别	男	76.19	90.48	57.14	23.81	76.19
	女	100	100.00	20.69	17.24	72.41
年龄	20–30 岁	92.86	97.62	33.33	19.05	73.81
	30–50 岁	75	87.50	50	25	75
最高学历	高中及以下	50	100	0	50	50
	专科	50	100	0	50	50
	本科	88.9	92.6	22.2	7.4	74.1
	硕士	100	100	66.7	38.9	77.8
	博士及以上	100	100	50	0	50

在医药卫生类外国老字号中，强生的知名度最高，在各个学历层次中都达到近 100% 的知名度。曼秀雷敦的知名度在本科的占比为 88.9%，在硕士及以上学历层次中为 100%，在本科及以下学历中为 50%。瑞辉和罗氏在各个层次的受访者中知名度均不太高（见表 10）。

表 11　箱包类外国品牌的知名度（%）

		爱马仕	LV	蔻驰
	总体	90	96	70
性别	男	85.71	90.48	61.90
	女	93.10	100	75.86
年龄	20–30 岁	92.86	100	69.05
	30–50 岁	75	75	75
最高学历	高中及高中以下	100	100	50

续表

		爱马仕	LV	蔻驰
最高学历	专科	100	100	50
	本科	92.6	92.6	59.3
	硕士	88.9	100	88.9
	博士及以上	100	100	100

调查显示，表 11 所列举的箱包类外国品牌都为奢侈品牌，知名度极高，各个层次学历水平的受访者几乎都知晓。

表 12　日化、服装及珠宝类外国品牌的知名度（%）

		欧莱雅	香奈儿	迪奥	古驰
	总体	90	94	94	78
性别	男	80.95	85.71	85.71	66.67
	女	96.55	100	100	86.21
年龄	20–30 岁	92.86	97.62	97.62	78.57
	30–50 岁	75	75	75	75
最高学历	高中及以下	100	100	100	50
	专科	100	100	100	50
	本科	88.9	92.6	88.9	74.1
	硕士	100	100	100	94.4
	博士及以上	100	100	100	50

调查显示，表 12 中所列举的外国品牌有平价的品牌，也有奢侈品牌。但无论哪个学历层次的受访者，无论是男性或女性受访者，绝大多数都知晓所列举的这些外国品牌。

2. 哪个词最适合描述您对外国老字号的感觉?

调查显示，在受访者所选择的答案中，位于首位的是“品质好”，比例为60%；8%的受访者用“有创意”“经典”“时髦”和“价格高”形容外国品牌。总体来看，受访者对外国品牌的总体印象都很好，并持有正面态度（见图8）。

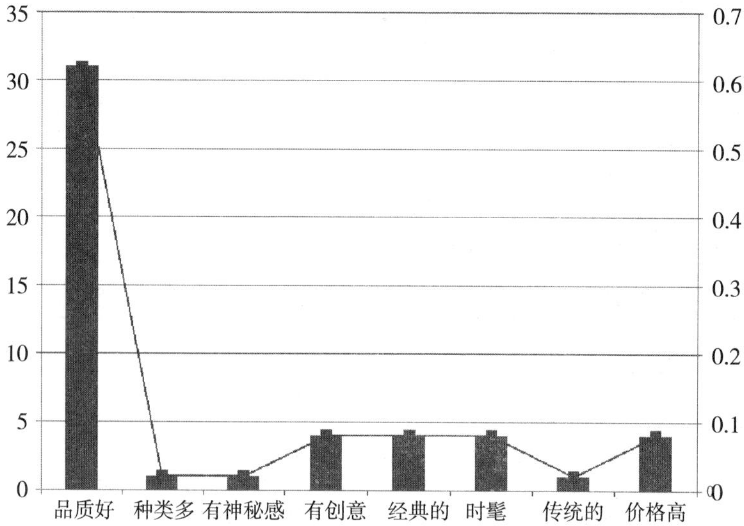

图8　受访者认为最适合描述外国品牌的词语

3. 哪个词最适合描述您对中国老字号的具体感觉？

调查显示，在受访者所选择的答案中，位于前三位的是“传统的”“经典的”和“品质好”，说明受访者都觉得中国老字号的产品有一种复古情结，并且代表着高品质，具有文化特色。只有极少数的受访者用“种类多”“有神秘感”“有创意”等词来描述中国老字号。值得注意的是，与形容外国老字号的词语相比较，部分受访者也用了“过时”这样的词语来形容中国老字号，表明其在消费者心中也有形象老旧、创新不足的印象存在（见图9）。

4. 哪个词最不适合描述您对中国老字号的具体感觉？

调查显示，在所有受访者中，并没有一个占比较大的词汇出现。各有16%的受访者表示不会用“时髦”和“有创意”来形容中国老字号；各有14%的受访者表示不会用“产品更新快”和“质量差”

来形容老字号品牌；有8%的受访者表示不会用"过时"这个词来形容。总体来说，中国老字号在受访者心中都有品质好的良好印象；但是，与此同时，大多数受访者都感觉中国老字号创新不足，吸引力不够。这个结果恰巧与前述中国人对外国品牌的认知相反（见图10）。

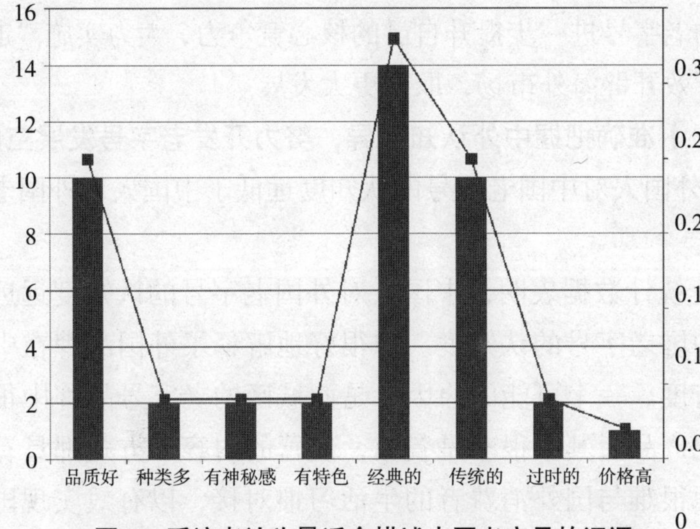

图9　受访者认为最适合描述中国老字号的词语

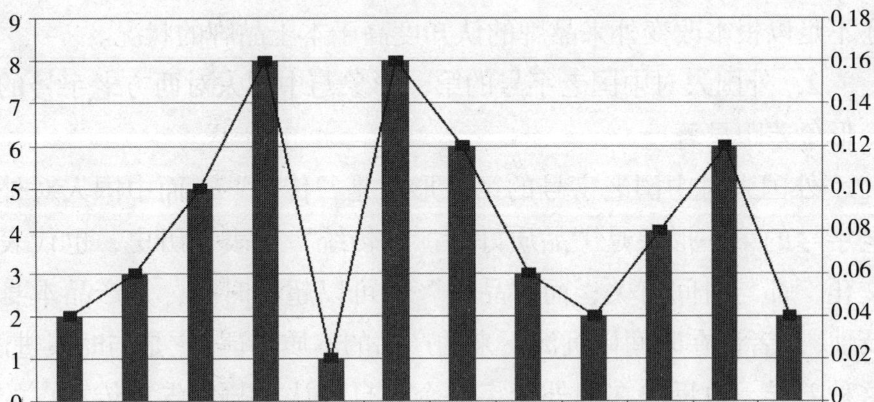

图10　受访者认为最不适合描述中国老字号的词语

五、结论及建议

通过以上两项调查，我们发现：不论是在京外国人还是中国人，对于中国老字号和外国老字号的认知情况，都存在着较大的差距。认真分析这种产生差距的原因，有针对性地推出对策建议，将有助于中国的老字号进一步提升自己的核心竞争力，大力实施“走出去”战略，有效开辟海外市场，取得更大发展。

（一）准确把握中外认知差异，努力开发老字号发展空间

1．外国人对中国老字号的认知度远低于中国人对外国老字号的认知度

以上统计数据表明，中国人对外国老字号的认知度远远高于外国人对中国老字号的认知度。这很好地解释了外国品牌在中国市场的高占有度。一个可能的原因，是西城区的老字号品牌中很多都是非工业化产品，其中很多是餐馆，经营的内容和方式都具有极强的地域性，很难与国外消费者的生活习惯对接，以有效实现国际化，自然也就难有国际知名度。当然，也有开拓国际市场比较成功的企业，如同仁堂及全聚德。但是这种企业目前在老字号中只占很少一部分，还不足以根本改变外来品牌的认知度高于本土品牌的状况。

2．外国人对中国老字号的第一形象与中国人对西方老字号的第一形象差距显著

外国人对中国老字号的第一形象是“传统”，而中国人对外国老字号的第一形象是“品质好”。“传统”代表了历史，也代表了文化，都与时间有关；而“品质”却可以超越时间，是产品本身的特性，或者说在时间中沉淀下来的产品的本质特征，它是与时俱进的。这种差异，也反映在中外老字号企业自我认知与广告宣传重点的不同之中。

为了比较，我们搜集了西城老字号（全聚德、同仁堂、稻香村、瑞蚨祥）及国外长寿品牌（新百伦〔New Balance〕，德芙，森永乳业，

曼秀雷敦，强生，爱马仕，LV，香奈儿，巴宝莉）的商业广告。发现两者之间存在较大差异。就中国老字号而言，首先是宣传理念上的不同。以上四家企业宣传中首先强调的是“老字号”，也就是说时间本身是广告的重点。然而，并没有具体的内容让受众感受到时间对老字号意味着什么；更重要的是，广告忽视了“老”对消费者的购买行为可能产生的多种影响。其次是重点不突出。很多内容与企业管理、企业建筑有关，而不是企业的产品，也没有考虑消费者的产品消费感受。从这一方面来看，广告已经偏离了产品商业广告的意图，难以刺激消费者的购买行为。第三是内容抽象，缺乏有意义、有意思的故事，对于不懂中国文化的外国人难以达到沟通的效果。例如，同仁堂的国际版广告就存在这样的问题。

而与之相反，上述西方长寿企业的产品广告多表现出完全不同的特征：画面精致，产品代表着企业的品位追求，画面与广告语触碰消费者的内心。广告的重心不是强调企业历史悠久本身，而是突出由于长时间的发展而积淀并展现出来的产品不变的品质与时尚。企业产品广告要么强调产品的功能，要么强调产品的使用感受，要么着重于细节，但都是以受众为中心的，因此受众易于接受，也就可能有效推动消费行为。

3．西城老字号与非老字号的产品并无本质差异

根据受访者的感受，西城老字号与非老字号相比，其产品特征并无明显差异，而价格却相差很多。由此导致的后果是，当可以选择的时候，消费者更倾向于价格低廉的非老字号，从而减少了老字号的市场份额。

4．外国人多通过亲朋好友的推荐了解西城老字号

调查发现，外国人对西城老字号的了解主要是通过亲朋好友的推荐，而不是我们原先预想的网络或者旅游手册。这说明，目前在老字号品牌的传播中，人际传播是最重要的方式，因为这种方式的可信度高，而且是建立在亲身感受的基础上，所以更容易被接受。

（二）多角度提升企业形象，推动西城老字号“走出去”

根据上述调查结果，我们建议，应该进一步提升西城老字号的核心竞争力，优化老字号形象，切实推动老字号“走出去”。

第一，增强老字号的市场意识和时代意识。能够被冠以“老字号”的企业，当然首先都是市场竞争的优胜者。然而“历史悠久”本身并不是其存续的理由，更不是消费者购买的动因。历史悠久不应该导致盲目自大、保守或落后，坚持传统工艺技术，也不意味着永远无需创新。[①]老字号企业应该丢掉“老”的压力，致力于了解当下的市场，让产品顺应市场的变化，吸引年轻的消费者。虽然从商务部到各级政府都在评选老字号品牌，也出台了很多保护老字号发展的措施，但企业的存续能力主要还是来自企业本身，来自市场的选择。英国著名品牌巴宝莉就是一个将传统与现代成功结合的例子。正如研究者所指出的，“巴宝莉关注传统与继承，但是是与今天关联的传统与继承”，这是对“当前市场的敏感反应”。[②]我们的老字号也应该着眼于今天的市场和明天的发展，抓好品牌的传承与创新。

第二，树立老字号的新形象。企业的市场形象来自消费者的选择，而目前老字号所制作的宣传片，使用的多为来自政府机构的评价，与消费者的关联度不高。建议老字号企业以产品与消费者为核心，塑造自身的新形象。我们这里所说的“形象”，是老字号企业在消费者心中的形象，而这个形象是通过产品实现的，必须是真实的，有依据的。特别是目前很多老字号所经营的产品，也被很多非老字号企业经营，存在产品雷同的问题。这就尤其需要老字号企业重视产品的差异化。从消费者的角度来看，如果产品并无特色，而且价格又高，消费者不会仅仅因为该品牌象征着过去而购买。因此，

---

① 郑重：《“中华老字号”与日本长寿企业之比较》，载《韶关学院学报·社会科学》，2012 年7 月，第33 卷第7 期。

② Judith Aquino， The 10 Most Successful Rebranding Campaigns Ever http://www.businessinsider.com/10-most-successful-rebranding-campaigns-2011-2?op=1，2014/1/15.

着眼于有效满足各界消费者的实际需要和心理需要，强化创新意识，提升创新能力，努力研发具有自身特色的产品，注重差异化经营，使老字号产品明显区别于并优越于非老字号产品，是今天的老字号构建品牌形象的基础。

第三，提高老字号的开拓能力。老字号都有自己的专注领域，这是其品牌价值的核心，也是长期不断发展的重要保证。但是，随着市场的变化，老字号的发展领域也可以有所调整。对有诸多文化内涵的行业，老字号企业可以考虑拓展相关的领域。同仁堂与孔子学院联手在海外传播中国文化，就是一次很好的尝试。张一元在全聚德店内开设茶叶专柜，设立品茗区，推动茶文化与饮食文化的有机对接，也是一个有益的尝试。培育市场、扩大消费群体是企业持续发展的重要条件，尤其在与中国文化差异较大的市场上。比如中草药，如果不理解中医的思想，从小在西医环境下长大的外国人将很难接受。为此，出版与中医有关的书籍、光碟等，就成为开拓市场的前奏。再如，海外的中餐馆都将注意力集中在餐馆装潢、菜品上，但鲜有自觉向外国人介绍中餐文化的。而实际上，如果在餐厅提供美食的同时，制作并播放如何点中餐、如何食用中餐、如何做中餐的纪录片，可能会对潜在目标顾客的培养大有益处。

第四，提升老字号传播的有效性。企业的存续来自消费者的认同与忠诚，而这种认同与忠诚主要来自产品本身，同时也与企业对产品的传播效果有关。实践表明，传播效果决定于传播内容和传播方式。

在传播内容上，建议老字号的广告要以产品为中心，突出给消费者带来的独特感受，同时适当淡化"老"的因素。老字号长寿的根本，应该是其产品品质的保证及消费者的认可与忠诚，建议以后的品牌传播内容要向这个方面倾斜。应该积极学习借鉴国外著名品牌的成功经验，注重突出自己产品的特色及品质，强调与其他企业特别是非老字号企业的本质区别，固化、强化目标顾客的忠诚度，以确保自己的细分市场。

在传播方式的选择上，应该根据产品的市场定位来选择。一是注重文化差异。开拓国际市场，需要根据当地人的沟通习惯选择适当的方式，而不能简单地照搬国内的做法。二是利用一些有影响力的事件或平台，推动外国人对老字号的了解。全聚德在外国人心目中的良好形象，与国家领导人宴请外宾密切相关。①。北京是中国的政治中心，很多大型的外交外事活动都发生在这里，可以通过赠送礼品的方式向外宾介绍中国的老字号产品。2013 年习近平主席访问非洲时，向外国客人赠送百雀羚化妆品，这对于提高该品牌的社会认知有很大的推动作用。因为涉外礼品代表着国家对这个产品的文化与品质的认可，可以有效提升该产品的社会影响力。三是选择合适的产品代言人。在国内曾经非常流行的上海“回力”鞋，由于好莱坞明星的喜爱而进入欧美时尚市场，而且价格比国内高很多。②这说明，中国产品可以通过这种途径进入国际高端市场。四是在学校（尤其是大学）做产品展示，培养年轻消费者。很多年轻人即使是北京出生的年轻人，对北京的老字号也不是很了解。而如果没有年轻的消费者加入，老字号的发展将很难持续。建议老字号企业加强与学校的联系，通过在学校举办展览或者开展体验活动等方式，让年轻人有机会了解老字号，从而喜欢上老字号产品。在这方面，非物质文化遗产的推广，为我们提供了令人欣喜的经验，值得老字号企业学习借鉴。

① Bie Qinghe， From Local Eatery to international Chain， China Today， July 2005.

② Chinese old brand popular European and American fashion industry，http://linhuojian59.blog.163.com/blog/static/1830982692011323212l767/，2014/1/15.

作者简介

课题负责人：张翠珍，外交学院国际经济学院副院长、副教授

课题参与人：王　莉，外交学院国际经济学院硕士研究生

田时芬，外交学院国际经济学院硕士研究生

杨志鸿，外交学院国际经济学院硕士研究生

徐　赟，外交学院国际经济学院硕士研究生

北京西城老字号的价值外溢效应分析

周尚意　田　燕

【内容提要】北京市西城区是一个老字号资源十分丰富的地区，老字号为西城区带来了浓厚的历史文化感。更重要的是，老字号向社会“溢出”了很多重要的价值。本文依据“公共物品”和“外部性”理论，采用支付意愿调查法等方法，分析老字号在服务百姓生活中体现出的自身价值和溢出到企业之外、行业之外、经济之外的价值，提出老字号的保护和发展要全盘考虑空间布局、深度挖掘文化内涵、推动产业链的集群发展，在进一步提升企业内在价值的基础上，更好地发挥老字号在地区发展中的品牌“地标”作用、在企业转型中的品牌引领作用和在产业链延伸中的品牌拉动作用。

【关键词】老字号，西城区，价值外溢效应，支付意愿

一、西城区老字号价值的外溢效应及意义

老字号是西城区重要的历史文化遗产，但老字号在西城区的经济中所占的比重并不大。因此保护老字号的意义，主要并不在于它们对西城区的经济有多大的贡献，而是在于它们给城市带来的其他效益。这种“溢出”到老字号之外的效应，我们定义为“外溢效应”。老字号的外溢效应主要来自于两个方面，一是老字号本身，二是外界对老字号的印象。在这个过程中，政府对老字号的扶植和保护对老字号外溢效应的发挥起到了积极的推动作用。本研究重点分析老字号的这些价值，将会外溢到哪些方面和哪些地区。

老字号承载了丰富的历史文化积淀。它们不仅具有经济价值，而且蕴含丰富的社会文化价值[①]。老字号的经济价值比较容易度量，社会文化价值则很难准确度量，因为没有市场的价格。但是在一定条件下，按照资源环境经济学的方法，也可以估算出其价值量。本研究关注的重点，不是老字号本身的价值，而是老字号不通过市场而给其他经济体（消费者和其他企业）带来的好处。支持我们分析老字号价值外溢效应的，是经济学的“公共物品”和“外部性”理论。“公共物品”指的是消费上具有不可分割性和非排他性的物品[②]，一般不能或不能有效地通过市场机制由企业和个人来提供。公共物品消费的非竞争性，意味着在生产水平给定的条件下，向一个额外消费者提供商品或服务的边际成本为零。根据公共物品的定义，老字号是一种“准公共物品”。虽然消费者在消费老字号提供的商品和服务时具有排他性，但是公众在享受老字号提供给社会的社会文化价值时不具有排他性，即不排斥他人同时分享之。例如老字号企业的爱国故事广为流传，社会上每增加一个接受者，对老字号而言并不增加成本。本文所分析的西城区老字号的外溢价值，是老字号作为一种准公共物品积极的、正面的效应，经济学定义为“正外部性”。

1. 西城区老字号的经济价值及外溢

老字号的经济价值也叫“市场价值”，它既包括固定资产、流动资产的市场价值，也包括老字号的软价值。软价值集中体现为品牌价值，它是经营者和员工所做出的努力直接被消费者认可的结果[③]。老字号年代久远，经过了历史的考验，发展至今，其产品形象和经营理念早已深入人心，形成了市场公认的品牌。有些老字号的品牌价值，甚至远远高于老字号的固定资产和流动资产的价值之和。

---

① “北京老字号发展研究”课题组：《北京市老字号的发展现状及对策研究》，《北京行政学院学报》，2004，（3）：40–44。

② Tietenberg T.. :《Environmental and Natural Resource Economics 》，清华大学出版社2005年版，第72页。

③ 王成荣、李诚、王玉军：《老字号品牌价值》，中国经济出版社 2012年版，第86页。

西城区老字号资源丰富，老字号的企业规模和发展水平参差不齐。根据2013年中国品牌研究院评估的《中华老字号品牌价值百强榜》，北京市一共有9家老字号名列百强榜单。其中，西城区的同仁堂、全聚德、内联升、张一元、王致和、六必居等6家企业榜上有名，品牌价值相对较高。

西城区老字号经济价值的外溢效应，实质上就是老字号品牌效益的外溢。老字号品牌效益外溢的直接表现有两个方面，第一个方面是非老字号企业可以免费享受它所毗邻的老字号的商业宣传所带来的客流；第二个方面是老字号自身可以依托品牌，扩大以之为核心的生产集群规模，从而使集群之内的企业获得外部规模效益、老字号经营理念的知识溢出效益、政府对集聚区的政策扶持效益等。而老字号品牌效益外溢的间接表现，则是近年来老字号商标知识产权被抢注的频繁发生，这说明老字号品牌可以给别的企业带来商业利益，虽然这种现象对老字号本身是极其不利的。老字号带给其他经济实体的这些好处，并未直接体现为老字号本身经济价值的提升，而是成为老字号经济价值“外溢”的表现。

2. 西城区老字号的社会文化价值及外溢

社会各界在评价老字号价值的时候，多是考虑老字号自身资产的价值，也就是老字号的经济价值，这往往导致老字号的价值被低估。正如陈亚荣所说，评价老字号价值的时候，基于经济性考虑的价值远低于基于社会性考虑的价值①。其实，老字号核心的价值，并不表现为对所在行政区域GDP总值贡献率的提高②。与其经济价值相比，老字号的社会文化价值更为重要。一般而言，一个没有老字号的商业区，其社会公信力和商业魅力会大打折扣。

老字号的社会价值和文化价值，是老字号有意或者无意创造出

① 陈亚荣、孙晶路：《中华老字号品牌价值评估模型》，《北京服装学院学报》，2013，33(1):58-67。

② 于文萍、海棠：《老字号文化价值剖析》，《前沿》，2012，(1):192-194；王方明、廖雪华：《论中华老字号的文化传承与创新》，《湖北社会科学》，2012，(8):85-88。

来的，它既让消费者受益，更有益于整个人类社会的发展①。西城区老字号的社会文化价值，主要体现在商业文化理念上。这些理念通过物质形态和非物质形态的文化表征出来。物质形态的有老字号的店铺建筑、匾额招牌等；非物质形态的有店规店训、经营理念、绝技绝活等。在漫长的历史发展中，北京西城的老字号形成了“童叟无欺”“物美价廉”“诚信为本”等优秀商业文化。这些老字号甚至成为北京民间歇后语的成分，例如“不到长城非好汉，不吃[全聚德]烤鸭真遗憾”“六必居的抹布——酸甜苦辣都尝过”“同仁堂的药——货真价实”“砂锅居的买卖——过午不候”等。

西城区老字号社会文化价值的外溢非常广泛，主要表现在两个方面。一个方面是老字号作为传统优秀商业文化的表征，其存在本身有利于提升区域文化环境。这个区域范围小至老字号所在的商业街（区），大到西城区乃至整个北京市。从一些典型老字号的身上，我们就可以看到整个城市共享的精神价值观。例如经营烤鸭的全聚德强调的“德文化”；经营中药的同仁堂，在日本侵略军占领北平期间，拒绝日本人染指企业，窃取中国医药文化，体现了爱国的情操；内联升鞋店在鞋品上不断推陈出新，体现了“创新”；许多老字号的创始人来自京城之外，他们在企业经营和管理文化上兼容并蓄，在商品和产品的在地化上均体现了“包容”。从北京市的范围来看，老字号的历史文化对北京市的影响，最明显的表现是吸引了众多游客。西城区老字号社会文化价值外溢的另一个方面，是老字号向社会输出优秀的企业文化。老字号产品的物美价廉、服务的童叟无欺、经营的诚信为本，是中华商业文明的集中体现，为现代企业的发展、企业文化的形成和社会价值观的塑造提供了积极的示范。

① 陈亚荣、孙晶路：《中华老字号品牌价值评估模型》，《北京服装学院学报》，2013，33(1):58-67。

二、老字号价值外溢的核心区域

1．西城区丰富的老字号资源

西城区是北京老字号的主要集聚区。从老字号数量在全市所占比重来看，西城区居北京市之首。据不完全统计，西城区共有 95 家老字号，占北京市老字号总量的 50% 以上①。其中，获得商务部“中华老字号”称号的有 56 家，占全市 117 家中华老字号的 47.9%②。

西城区的老字号，主要分布在吃、穿、用等与百姓生活息息相关的行业中。按照其经营项目，西城区的老字号可以大致分为七类：第一类是餐饮类老字号，这一类老字号数目众多，主要经营餐馆和点心小吃店，比较著名的有全聚德、鸿宾楼、柳泉居、烤肉季、护国寺小吃、庆丰包子、爆肚冯等；第二类是食品加工类老字号，比较著名的有六必居、天福号、桂馨斋、月盛斋、王致和等；第三类是茶业类老字号，比较著名的有张一元、元长厚、北京茶叶等；第四类是医药老字号，比较著名的有同仁堂、鹤年堂、德寿堂等；第五类是服装鞋帽类老字号，比较著名的有内联升、步瀛斋、瑞蚨祥、谦祥益、马聚源等；第六类是文化类老字号，比较著名的有荣宝斋、戴月轩、成文厚、一得阁等；第七类是百货浴池类老字号，比较著名的有菜百、西单商场、清华池等（见图 1）。

西城区的老字号不仅数量众多，种类齐全，而且历史悠久。西城区老字号历史发展脉络清晰，它们的平均“年龄”为 141 岁。百年以上历史的老字号有 48 家，许多老字号的创建年份可以追溯到明清时期。其中创建于 1525 年的鹤年堂和 1530 年的六必居是西城区历史最为悠久的两家老字号。

---

① 西城区人民政府网站. 西城区出台新政策 着力保护促进老字号发展[EB/OL]. http://www.beijing.gov.cn/zfzx/qxrd/xcq/t1191492.htm，2012-02-27/2013-09-25；北京市西城区商务委员会. 北京西城老字号——弘扬传统商业文化·发展中国生活方式[EB/OL]. http://sww.bjxch.gov.cn/XCSWWxxxsh.ycs?GUID=521970，2012-06-05/2013-09-25。

② 戴时焱：《关于我区老字号谱系研究若干问题的思考》，《北京西城报》，2013-05-17(3)。

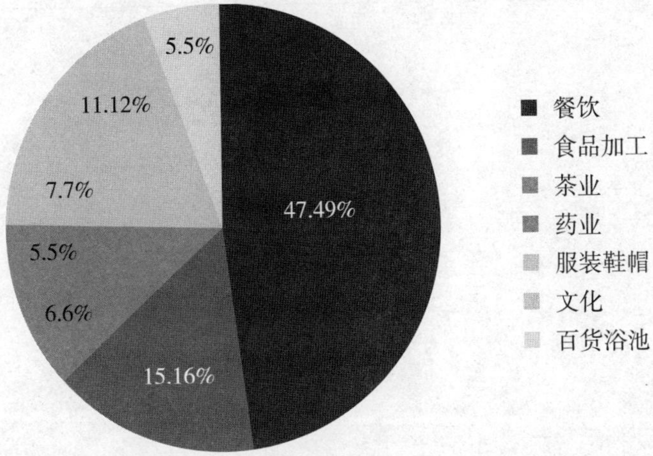

图 1　西城区老字号行业分布图（单位：家数，所占百分比）

2．老字号价值外溢的核心区

从空间上来看，老字号集中分布的地区是老字号价值外溢的核心地区。根据北京市 115 家中华老字号总店的空间分布（图 2）来看，老字号主要集中分布在东城区和西城区。尤其是二环以内地区，由于这里是北京老城区，因此也是老字号的主要分布区。造成这个现象的原因有两方面：第一，北京的城市中心区是中国北方最大的商业中心，按照中心地理论的解释，中心城区的商业等级最高，因此在质量和多样性上都是北京城周边商业网点不能企及的；第二，北京市老城区对老字号有较好的扶持政策，使得很多老字号得以保留。从具体街区来看，北京市老字号主要分布在六个街区（图 3）：大栅栏、王府井、琉璃厂、前门大街、东单—东四、西单—西四；其中有三个街区位于西城区（大栅栏、琉璃厂、西单—西四），有一个街区为东城区与西城区共享（前门大街），西城区明显具有更大优势。

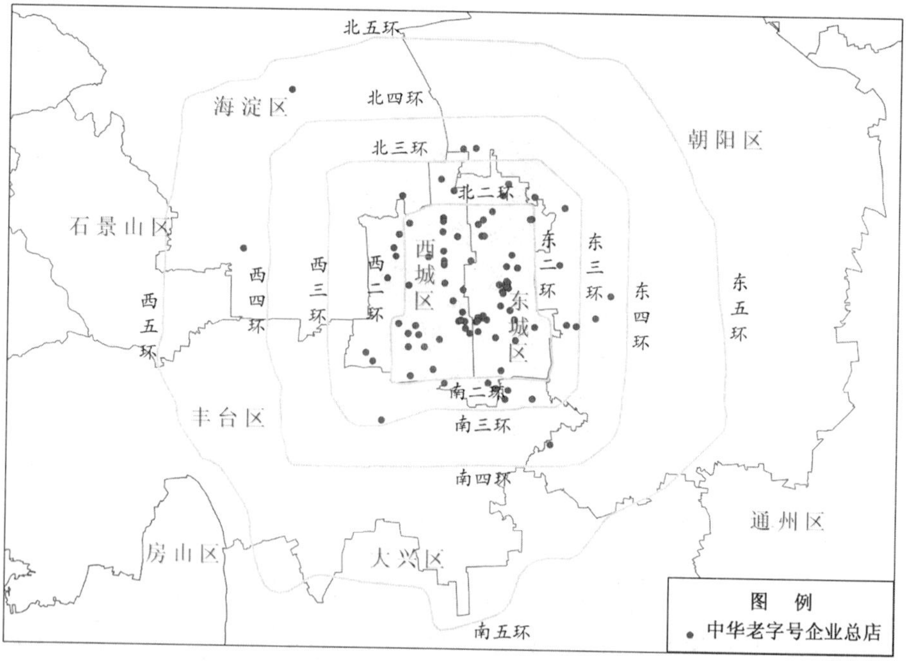

图 2 北京市中华老字号企业总店分布图

西城区曾有三大老字号集聚区：大栅栏地区、琉璃厂地区、西单-西四地区。大栅栏地区是具有 600 多年历史的传统商业区，位于北京城市中轴线的区位优势使得这里的商业不断发展。自明代开始，前门-大栅栏地区已成为北京城内最繁华的商业地区。悠久的历史造就了这里的许多老字号，如经营中药的同仁堂，经营布匹绸缎的瑞蚨祥，经营帽子的马聚源，经营布鞋的内联升、步瀛斋，经营茶叶的张一元，经营酱菜的六必居等。据初步统计，现在大栅栏地区共分布着 11 个行业的 36 家老字号商铺①。2010 年，大栅栏被授予全国首个“中华老字号集聚区”的称号。

琉璃厂具有 780 多年的历史，是老北京最著名的文化街，广集图书、字画、古玩、文房四宝类老字号，被誉为“中国文房四宝第一街”。其中著名的老字号有荣宝斋、戴月轩、清秘阁、汲古阁、中国书店、

① 刘亚力、张笑嫣：《西城亿元振兴老字号该投向哪儿》，《北京商报》，2012-02-27，(2)。

北京文物商店等。

西单—西四商业区，是在明代凭借便利的交通发展起来的。老北京有“东富西贵”的说法，即京城的许多达官贵人多居住在西城，因此有许多有名的饭庄和字号。这些字号大多分布在西单—西四地区，因为西单—西四地区为北京城的交通要道。1990 年代以前曾在这里营业的著名老字号饭馆，有鸿宾楼饭庄、同和居饭庄、砂锅居饭庄、玉华台饭庄、同春园饭庄、西来顺饭庄、又一顺饭庄、峨嵋酒家和曲园酒楼等十余家。具有百年历史的知名食品店铺，有天福号酱肘子铺、天源酱园、恒瑞老号酱牛肉和桂香村南味糕点店等。但是，在近二十余年的城市更新改造进程中，该地区的老字号仅砂锅居饭庄保留下来。

另外，什刹海地区也是一个老字号相对比较集中的地区。什刹海是北京市著名的历史文化风景旅游区。历史文化风景旅游区的文化氛围比较浓厚，并且旅游区的客流量能够满足老字号商业对门槛人口的要求。这个地方现存的老字号有烤肉季、四川饭店、小肠陈卤煮等。

从空间上来看，西城区老字号的价值外溢效应可以分为三个“圈层”。第一个“圈层”是老字号所在商业街（区），尤其是老字号集聚区。老字号在这个圈层的外溢效应最明显。第二个“圈层”是北京市内，大栅栏、琉璃厂和西单—西四地区都位于城市核心区的中心位置，其服务范围不仅是西城，还扩大到全市，因此这些地方的老字号的辐射范围是全市性的；而不在老字号集中区的老字号，其辐射范围就受到较大限制。第三个“圈层”是北京市以外的地区。老字号的名气越大，实力越强，其影响力也就越大，例如同仁堂、全聚德、张一元等中华老字号的影响，都是全国性的，甚至扩展到世界各地的华人圈。

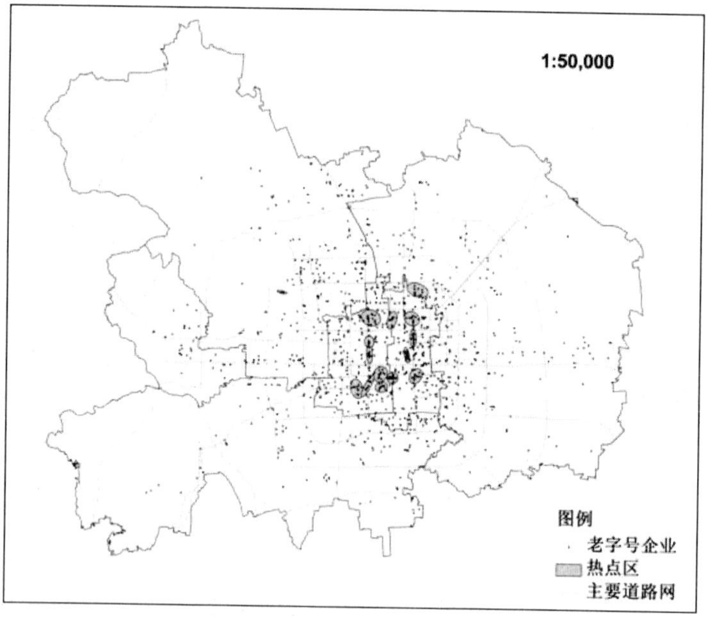

图 3　北京城六区老字号分布热点图

三、西城区老字号对所在商业街（区）的外溢效应分析

由于地理上的邻近性，老字号所在的商业街（区）直接受到老字号外溢效应的影响。这种影响在老字号集中分布的街区尤为明显。以老字号高度集聚的大栅栏地区为例，老字号对所在商业区的外溢效应，主要体现在两个方面：一是非老字号企业从老字号企业获得外溢的宣传效益，从而获得客流量；二是老字号是商业街（区）文化环境的核心，正是依托老字号的优秀传统文化，塑造出独具特色的传统商业街（区）形象。

1．老字号商业广告宣传效益的外溢

外溢效益之一，是许多企业节省了宣传费用。根据我们实地访谈得知，老字号投资在自身商业宣传的费用，大约占企业成本的 1% 至 3%。它们主要通过电视、报纸、电台、网络营销等多种媒体进行宣传。老字号自身的商业宣传力度，与各家老字号的经营水平密切相关。除著名老字号外，西城多数老字号自身的对外宣传力度不大。

近年来，政府对老字号（尤其是对老字号集聚区）的宣传力度不断加大。西城区在北京市率先出台《西城区保护和促进老字号发展若干意见》（西政发〔2011〕32号），提出在“十二五”期间给予每年2000万资金支持，着力打造大栅栏、什刹海、琉璃厂等老字号集聚区。近年来，西城区政府通过承办或举办中华老字号博览会、大栅栏旅游购物节、老字号创意文化展示周、琉璃厂免费鉴宝等活动，提升西城区老字号的社会影响力。政府给予老字号的广告优惠，不但惠及了老字号，也惠及了与老字号临近的商家，那些非老字号企业，大大节省了自己的广告费用。

外溢效益之二，是给周边商家带来顺路客流。所谓“顺路客流”，是指到老字号企业的客流，也顺路去了附近的非老字号商家。没有老字号，一些商家必然会失去部分顾客流，例如卖饮料的商店和普通餐饮店。以大栅栏街为例，老字号店铺的数量几乎占到整条街的一半左右，有内联升、瑞蚨祥、马聚源、祥义号绸缎店、瑞蚨祥鸿记、步瀛斋、东来顺、新华书店、同仁堂、张一元、狗不理、广德楼、张小泉刀剪、大明眼镜、同升和等；非老字号则是德克士、梅琳超市、天福茶庄、民福祥鞋业、鑫利鑫福绸庄、聚仙茗、全福德食品商场、盛阁琳、晋阳商务酒店、玉石缘工艺礼品超市、海友客栈、康师傅私房牛肉、麦当劳等。2013年11月份的调查表明，到大栅栏商业区的很多游客，都是慕名“去老字号店铺看看”，但是在购物和游览过程中，很多顾客“也顺便去逛了逛别的店铺”。

外溢效益之三，是为城市带来旅游收入。政府投资重建老字号商业区，也等同于投资宣传老字号。这样的投入，使得老字号成为北京核心区免费参观的旅游资源。这种外溢价值并没有通过市场让老字号获利，但是给城市带来了旅游总收入的增加，例如外地游客在京吃住行玩的基本消费。以大栅栏地区为例，这里已经成为外地游客到首都、郊区市民来“城里”的重要休闲空间。其中，老字号企业丰富的历史文化、独特的建筑风格，是吸引游客来商业区的重要原因[①]。有学者认为，要想成为世界一流商业街（区），拥有老字号是关键因素之一[②]。因为老字号的名气会提升区域的知名度，从而吸引更多的消费者。在后面将进一步深入讨论这个因素。

2. 老字号向商业街（区）输出商业价值理念

老字号财富中最重要的，是其商业理念，因为它是老字号立店之本，也是其品牌价值的核心。由于地理空间上临近，在老字号周边的企业也耳濡目染地接受了老字号的商业理念。在商业街（区）内的其他企业、政府机构等组织之间会形成一系列复杂的互动关系，这些关系的总和构成了一个社会网络。在这个相互联系、相互影响的社会网络中，企业之间会有知识溢出，而最大的知识溢出就是优秀的企业文化。

老字号的企业文化包括很多内涵，其中最重要的有两个：一是对产品质量的重视。比如，老字号同仁堂在制药过程中始终坚持“炮制虽繁必不敢省人工，品味虽贵必不敢减物力”的店训，自觉践行“同修仁德，济世养生”的宗旨，在医药行业树立了良好的信誉和榜样。二是诚信的经营理念和价值观。比如全聚德“鸭要好，人要活，话要甜”的服务理念、张一元“人品如茶品、做茶先做人”、瑞蚨祥“至诚至上、货真价实、言无二价、童叟无欺”的店训等。

除了这些以外，老字号还有一个重要的因素就是人。很多老字号企业家在创业和发展中勤劳奋斗，展现了杰出的智慧和谋略。老字号的百年发展史，更是凝结了许多动人的故事。比如，当八国联军入侵的时候，一个老员工冒着生命危险将六必居的牌匾藏了起来。后来，他将这块牌匾还给老板，并坚决地拒绝老板的钱财答谢。他把老字号的牌匾看得比自己的生命更重要，这种对企业的忠诚难能可贵。在老字号的发展过程中，这样的故事俯拾皆是。老字号正是通过产品的质量、诚信的口碑和真实而动人的故事影响着社会，发

① 马小琴：《构建商业街评价指标体系的探索性研究》，《吉林大学硕士论文》，2006。

② 顾国建. 零售业：《发展热点思辨》，中国商业出版社 1997年版，第198页。

图 4　同仁堂制药理念（作者摄于 2014 年 5 月）

挥出自己的正能量。

这些优秀的企业文化，是老字号的经营之本和治店之道，为老字号带来了声誉和忠实的消费者。同时，这些优秀的商业文化，也通过知识的外溢给其他企业带来了好处。其他企业通过学习、借鉴老字号企业的优秀企业文化，能够获得更多消费者的认可，进而扩大市场。商业街（区）也可以依托老字号企业的优秀文化，形成良好的商业氛围。在诚信逐渐成为稀缺品质的当下，老字号这种优秀品质的外溢，对促进北京商业文化建设有着积极的促进作用。

老字号商业理念的另外一种溢出形式，是通过文化表征实现的。文化价值观是内隐的，它要通过一系列外在事物表达出来，这些外在事物叫作表征[①]。幌子、门面、建筑装饰都体现着老字号的商业理念。例如位于大栅栏地区的瑞蚨祥绸布店，它那高大的石质门墙和精美的铁艺大门，是清末民初西风东渐后老北京商业区时尚符号的

① Hall S. (Eds). Representation: Cultural Representations and Signifying Practice[C]. London: SAGE Publisher in association of the Open University. 1997.31.

代表。老商业区店铺的匾额，也表征出该地区的商业文化。例如清代乾隆皇帝1736年所赐的“都一处”牌匾，表明的是商业服务追求第一的境界。

地方政府在改造前门—大栅栏商业区时，同样采用了老字号的建筑风格作为商业区形象的核心。这种投入是选择价值的体现。这个地区现有的老字号资源，为商业区恢复原有传统建筑风格提供了基础，有41家老店的门脸依据历史建筑重建[①]。前文提到的瑞蚨祥绸缎店的大门，还有大栅栏街大观楼的门楼，都保留了清代的建筑部件。其他非老字号店铺也模仿老字号建筑进行了修缮。通过这一系列措施，进一步强化了前门—大栅栏地区历史文化商业街区的形象。

四、西城区老字号对北京市及其他地区的外溢效应分析

经济学讨论的“集聚效益”，是一种外部效益。集聚分为“空间集聚”和“产业链集聚”。以老字号为核心的产业链集聚，也产生聚集的外部效益。老字号的规模越大、知名度越高，其集聚的效果越明显，效益外溢的空间范围越广。西城区那些著名的、自身效益好的老字号企业，它们的外溢效应不仅落到西城区和北京市其他区县，而且对其他省市也有影响。

老字号对其他企业的带动，首先表现为产业供应链方面。位于西城区的老字号，通过生产环节中的上游企业，带动着北京市及其他地区相关企业的发展。虽然拥有这种大范围外溢效应的老字号数量相对较少，但这种外溢效应非常显著。老字号对其他企业的带动，其次表现为对北京市旅游业的带动。老字号集中区是北京的城市名片之一，是北京市重要的文化旅游资源。正如前面所说，游客在老

① 王立嘉、李一菲.前门大街的“三新”，国际品牌PK 中华老字号[EB/OL]. http://59.52.254.107:8080/jxzzfdc/Article/hydt/gldt/2008-08/1651.html. 2008-8-4。

字号集中区的参观活动，并没有全部成为老字号的直接收益，但是提高了城市的社会影响，增加城市的旅游收入。最后，近年来国内外抢注北京老字号商标知识产权的事件频发表明，老字号的品牌效应可以给北京乃至国内外的其他企业带来商业利益，这也从一个侧面折射出老字号在企业带动方面的外溢效应。

1. 西城区老字号对上游企业的带动作用

西城的老字号大多提供最终消费品，因此对上游企业有明显的带动作用。在一个完整的产品生产过程中，包括了基本原料的来源、零部件供应、销售最终产品到消费者手里等一系列环节，这一系列环节或活动形成了一条“价值链”①。西城区的老字号，因为处于城市核心区，因此不可能是制造业的老字号。目前这个地区的一些老字号，已经发展成为囊括上游生产环节的综合性企业，例如张一元等。但是大多数老字号还是属于各行业价值链的“下游”，销售最终产品给顾客（少数老字号包含了从原材料到加工生产到销售的所有环节）。老字号企业的存在，拉动了为其提供中间产品或生产要素的“上游”企业的发展。这些企业有的位于西城区内，有的分布在北京市其他地区甚至其他省市。西城区老字号在产品生产过程中对其他地区关联企业的这种带动作用，可以认为是西城区老字号外溢到其他地区的价值。

以老字号全聚德为例，可以看到全聚德的烤鸭制作对北京市其他地区关联企业的影响。全聚德烤鸭的制作，大致分为选鸭—填喂—宰杀—烧烤—销售这五个环节（如图 4）。除烧烤和销售这两个生产流程在全聚德各门店完成之外，前面的三个流程都是在北京市其他地区的养殖基地和生产加工基地完成。其中，选鸭、填喂在全聚德专门的养殖基地进行。该养殖基地位于大兴区旧宫镇，是全聚德的主要供货（鸭子）商。在对全聚德和平门店负责人的访谈中了解到，

① 迈克尔·波特著，陈小悦译：《竞争优势》，华夏出版社1997年版。

全聚德与大兴区旧宫镇的生产基地建有长期合作的关系，是该生产基地的主要购买者，这个生产基地一年供给全聚德大约七八百万只鸭子。全聚德烤鸭制作的宰杀和基本的处理过程，最初也在大兴区的养殖基地完成。在2005年，全聚德与北京金星鸭业中心合资在通州区漷县镇黄厂堡成立了一个生产加工基地。于是后来全聚德鸭子的宰杀和初加工，大部分改在通州区的生产加工基地完成。这样，通过烤鸭生产的系列生产流程，全聚德以其庞大的需求量带动了大兴区和通州区鸭子养殖基地和生产加工基地的发展。北京金星鸭业中心成为全国最大的集北京鸭育种、养殖、加工为一体的产业化龙头企业，全聚德的生产加工基地也发展成为全国最大的北京鸭生产加工基地。这是全聚德的价值外溢到北京市其他地区的典型表现。

与此类似，著名的医药老字号同仁堂，除了遍布各地的零售药业以外，还建有九大生产基地，分布在北京亦庄、丰台、大兴、通州、昌平和香港大埔工业区等地。这些生产基地的建设，不仅保障了同仁堂自身的产品质量，也促进了当地的就业和经济发展。

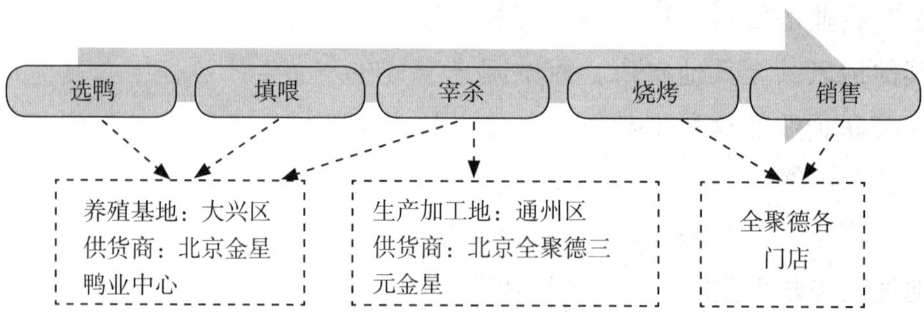

图4　全聚德烤鸭制作流程

西城区老字号资源丰富，其中不乏众多知名度高、影响力大的老字号。这些老字号的价值，不仅外溢到西城区和北京市，甚至对北京以外的其他省市也有影响。以西城区著名茶叶老字号张一元为例，其制茶过程包括采青、萎凋、发酵、杀青、揉捻、干燥（初制茶）、精制、加工、包装（成品）等多个步骤。在茶叶被销售给顾客之前，还有种植、采摘、初加工、精加工等多个环节。其中，种植、采摘和粗加工在张一元的生产基地完成；然后运输到位于北京市通州区马驹桥的张一元加工基地，进行精加工和包装；最后再运输到各销售门店进行销售。在这整个生产过程中，生产基地均位于北京市以外的省市。张一元在全国共有31个生产基地，分别位于福建、浙江、安徽、云南、四川、台湾等地区。张一元分布广泛的茶叶生产基地，不仅保障了张一元茶叶的来源稳定，而且使当地茶农种植的茶叶有了固定的市场，对所在地区的经济发展有相当大的影响力。随着经营业务的不断拓展，张一元进一步创新了与当地茶农的关系，让茶农参股成为股东，极大地促进了茶农的生产积极性，提高了茶农的收入，在较大程度上带动了当地的经济发展。因此，虽然能产生如此影响力的老字号数量有限，但是不能忽视西城区老字号对其他省市的这种外溢效应。

2．西城区老字号对北京市旅游业的带动作用

老字号对旅游业的带动作用，主要体现在两个方面。第一，老字号集聚区成为北京核心区重要的休闲旅游区。随着城市休闲娱乐业需求的增加，城市原有的娱乐休闲空间远远不能满足城市居民的需要，因此前门—大栅栏商业区就成为具有商业和休闲旅游双重功能的地区。老字号除了具有物质形态的景观之外，其员工（尤其是非物质文化遗产传承人）承载的绝技和绝艺，也是吸引海内外游客的资源。比如在2013年“北京大栅栏琉璃厂老字号旅游购物节”上，举办了张一元茶艺表演、瑞蚨祥刺绣表演、萃文阁印章制作演示、戴月轩湖笔制作技艺演示、内联升千层底手工技艺演示、全聚德蒙眼切豆腐技艺演示、中国书店木版印刷技艺演示等多种动态展示和体验性活动，吸引了来自国内外的众多游客，有效地促进了当地旅游业的发展。西城区的老字号不但为消费者提供具有自身特色的商品、服务，还提供具有鲜明北京城市特色的建筑文化、牌匾文化、民俗文化等。外地游客来到这里，可以透过景观和氛围，亲身体会

浓郁的北京地方文化。

第二，老字号的商品和服务为北京市其他旅游企业带来示范作用。2011 年，北京市旅游部门和北京烹饪协会联合评选出首批 10 家北京旅游特色餐厅：北京饭店谭家菜、便宜坊哈德门店、东来顺新东安店、都一处前门店、仿膳饭庄、丰泽园餐厅、鸿宾楼饭庄、晋阳饭庄、莫斯科餐厅、全聚德前门店。其中，仿膳饭庄、丰泽园餐厅、鸿宾楼饭庄、晋阳饭庄、莫斯科餐厅、全聚德等老字号来自西城区。在 2014 年北京市打造的“北京礼物”旅游品牌中，专门设置北京老字号主题，西城区的全聚德、荣宝斋、同仁堂等老字号的产品有望成为“北京礼物”，被国内外游客带往世界各地[①]。全聚德的烤鸭、张一元的茶叶等商品成为游客到北京必须要吃、必须要买的特色产品。总之，不管从老字号的产品和服务，还是从老字号的观赏性价值来看，西城区老字号都是北京旅游中不可或缺的一站，成为与长城、颐和园、故宫等著名景点并肩的旅游首选目的地。

3. 老字号商标知识产权的抢注现象折射出品牌外溢效应

近年来，我国很多老字号的商标被国外一些企业抢注。其中也涉及西城区的一些著名老字号。比如，韩国一家公司抢注了“全聚德”商标；日本抢注了“同仁堂”商标、“一得阁”商标；加拿大一家公司抢注了“六必居”商标；德国一家主营中国商品的超市欧凯公司抢注了“王致和”商标，等等。可以说，我国老字号知名商标在国外被抢注的现象层出不穷。

造成这个现象的原因，一个是我国知识产权保护意识和法律的缺失，另一个是老字号的高品牌附加值使得其成为很多“商标抢注公司”的首要目标。商标抢注现象的背后，是巨大的牟利空间。这对我国老字号的发展带来极大的影响。首先，老字号商标抢注，阻碍了我国老字号进入国外市场，从而使抢注商标的公司获得巨大的

① 陈博：《北京老字号有望入选“北京礼物”》，《北京日报》，2014-04-15。

商业利益，但是极大地损害了老字号品牌本身的利益。第二，通过商标抢注，一些个人和公司通过索要巨额商标转让费或进行商标倒卖，也可以从中获得巨大收益。

老字号的商标抢注现象与图书的盗版有些类似，经济上的无本万利自然是最重要的原因；但是从另一方面来看，盗版的出现，说明了原版的市场价值巨大。从某种意义上来看，“盗版”是“畅销”的象征。著名诗人汪国真就曾提到，“盗版一方面是侵权，但另一方面说明时间也给了我一个奖牌。这个奖牌没有人情、潜规则，很可观、很公正、很有含金量”[①]。西城区老字号商标被抢注的现象，反映了老字号的价值、老字号的口碑，说明西城区的老字号品牌可以给其他地方的企业带来商业利益。但这种品牌外溢效应，侵占了老字号的无形资产，对被抢注的老字号极为不利，需要通过法律手段将这部分外溢的价值收回老字号。与此同时，我们也要看到，正是由于老字号提供的商品和服务尚未覆盖到所有的需求空间，所以为抢注和假冒提供了机会。这种情况应该引起有关方面特别是政府主管部门和老字号自身足够的关注，采取有效措施，妥善解决这些问题。

五、社会对西城区老字号保护的支付意愿分析

公共物品经济学提供了多种度量老字号外溢价值的方法，前面提到的若干外溢价值，基本上可以用生产要素法来度量。这种方法是将老字号的存在作为与之相关的企业的一种免费生产要素投入，由这种免费投入带来的企业收益的增加值，就是老字号外溢的价值。例如老字号带来的顺路客流，增加了企业的收益。再如，老字号为周边企业节约了广告费用，相当于受益的增加，为其带来规模效益。

① 参见蔚青未刊文：盗版：“时之圣者也”——兼论“禁书”与“盗版”之关系。李志铭在《读书放浪：藏书记忆与装帧物语》（联经出版事业股份有限公司，2014年12月，第99页）提到：张爱玲著作大量被盗版，反映出早期作家与书市消费群之间紧密相依的品牌化现象。

然而还有许多价值不能直接用市场价值度量出来。对此，公共物品经济学为我们提供了支付意愿调查法，可以获得人们对老字号非使用价值的估价①。这种方法广泛应用于各类公共物品的整体价值评价，比如环境物品②和公共文化物品③。

本研究采用支付意愿调查法，用以衡量西城区老字号的整体价值，从而反映出社会对西城区老字号的整体认同情况。该方法是询问被调查者为保护老字号的存在而愿意支付的价格，具体的问题是：是否愿意政府将税收投入到老字号的保护中，这意味着将放弃这部分税收在其他社会福利领域中的投入。

由于人力、财力局限，本研究只调查了到前门—大栅栏地区旅游的北京市民和外地游客对全聚德保护的支付意愿。调查问卷主要包括两大部分，第一部分主要询问被调查者的基本信息，第二部分询问被调查者是否愿意为全聚德留在前门—大栅栏地区支付一定的费用。如果回答“愿意”，则询问其每月最多愿意拿出多少钱；如果回答“不愿意”，则询问不愿意的原因。于2013年11月在前门—大栅栏商业区进行问卷调查，共回收有效问卷115份。

1. 北京市居民对西城区老字号保护的支付意愿分析

北京市居民，尤其是生活了几十年的老居民，对老字号有很深的感情认同。因为老字号是他们承载他们美好记忆的物质载体。在被调查的北京市居民中，一半以上（55.9%）的居民愿意为了全聚德继续留在大栅栏地区支付一定的金钱（见表1）。部分本地居民不愿

① Lienhoop N， MacMillan D.. Valuing Wilderness in Iceland: Estimation of WTA and WTP Using the Market Stall Approach to Contingent Valuation[J]. Land Use Policy， 2007，24(1):289-295.

② Natalia Ló pez-Mosquera， Mrcedes Sá nchez. Emotional and Satisfaction Benefits to Visitors as Explanatory Factors in the Monetary Valuation of Environmental Goods. An application to Periurban Green Spaces[J]. Land Use Policy， 2011，28(1):151-166.

③ Hansen， B.T. The Willingness-to-Pay for the Royal Theater in Copenhagen [J]. Journal of Cultural Economics， 1997， 21: 1-28； Santagata W， Signorello G. Contingent Valuation of a Cultural Public Good and Policy Design: The Case of “Napoli Musei Aperti” [J]. Journal of Cultural Economics ， 2000， 24: 181-204.

意支付，究其原因，之一是认为老字号的发展主要靠政府扶持和企业自身，与个人的关系不大；其二是从区位上来讲，无论老字号企业搬到北京市的什么地方，本地居民都可以去消费。这也表明，北京市居民认准的是老字号品牌本身，而不是老字号所在的区位。只有那些本身经营不十分好的老字号，才会对区位有更强烈的需求。

北京市居民对全聚德的平均支付意愿为 214.4 元 / 年 / 人，比外地游客的平均支付意愿（171.25 元 / 年 / 人）高 25.2%。北京市居民的支付意愿占其个人年收入的比例平均为 1.4%，最高为 8.3%。调查中还设置了“如果全聚德烤鸭的味道与普通烤鸭一致，那全聚德的烤鸭最多贵多少钱您仍然愿意购买？”一题，被调查者的平均支付价格是 86.3 元。也就是说，即使烤鸭的品质完全相同，消费者仍然愿意多花 86.3 元买一只全聚德品牌的烤鸭。这里超出的支付价格，就是全聚德品牌赋予一只烤鸭的额外价值。

表 1　北京市民对全聚德留在前门地区的支付意愿统计

支付范围（元 / 年）	占总支付者比例（%）
0	44.1
1–50	14.7
51–100	20.6
101–500	11.8
500 以上	8.8

对于北京市居民来说，西城区老字号对于他们既有使用价值，也有非使用价值。西城区老字号的社会文化价值是非使用价值，非使用价值是指不被人们进行经济利用的物品的价值，例如老字号的历史故事。涉及老字号的第一种非使用价值是选择价值，指当代人为了后代人能够利用老字号而愿意做出的现代支出。东城区当年改造王府井商业街时，保留了同升和、东来顺、盛锡福、吴裕泰、亨

得利、中国照相馆、四联理发店等老字号，同时也就保留下了历史文化感。为了保留下这些老字号，政府放弃的税收就是老字号的选择价值。而西单地区在改造时许多老字号搬迁，只留下了砂锅居一家老字号，相对来看缺少历史文化感。由于仅存一家老字号，也影响了老字号外溢效应的发挥。

另一种是存在价值，它指人们不是出于任何公利的目的，仅仅为某一资产的存在而表示出的支付意愿。北京市居民更看重的，其实是老字号的非使用价值，也就是老字号的历史文化价值。因为北京人了解老字号的文化内涵，在调查中发现，很多北京人都能说出某些老字号的发家故事或者发生在老字号的重要事件。北京人到老字号店铺购买商品，不仅仅是在消费老字号的产品和服务本身，更是在消费老字号背后所蕴含的历史和文化。

北京市居民是比较认可老字号店铺的，主要表现在他们愿意为老字号店铺做“宣传”。老字号的存在，为古都居民带来自豪感。很多北京市民都提到，当有外地的亲朋好友来到北京需要招待或者需要给外地的亲朋好友带去特产礼物时，他们非常愿意选择老字号店铺的商品。这是北京市民对老字号的“异地宣传”。北京市民对老字号店铺还有“代际宣传”，很多年轻的市民，从小就听爷爷辈或者父母辈说老字号的产品质量好，物美价廉。在耳濡目染中，老字号店铺又吸引了无数年轻的消费者。对老字号店铺来说，这种口耳相传是非常重要的宣传方式。

2. 外地游客对西城区老字号保护的支付意愿分析

外地游客是西城区老字号的另一个重要消费群体。特别是在老字号集中分布的休闲旅游商业区，外地游客的数量远远超过本地市民。根据 2013 年 11 月的调查，在前门—大栅栏地区的使用者中，外地游客（包含外国游客）占全部使用者的 70.4%，本地游客仅占 29.6%，外地游客的比例远远高于当地居民的比例。这一现象说明，大栅栏地区的主要服务对象，很大程度上是北京以外的游客群体。

本文以全聚德为例，调查了外地游客对西城区老字号保护的支付意愿。

调查发现，约一半（46.9%）的外地游客愿意为老字号全聚德继续留在前门—大栅栏地区支付一定的费用（见表2），这一比例低于北京市居民愿意支付的比例。经过测算，外地游客愿意为全聚德留在前门—大栅栏地区的平均支付意愿为171.25元/年/人，略低于北京市本地居民的支付意愿。

表2　外地游客对全聚德留在前门地区的支付意愿统计

支付范围（元/年）	占总支付者比例（%）
0	53.1
1–50	18.5
51–100	8.6
101–500	6.2
500以上	13.6

消费者支付意愿的高低，受到收入水平、年龄、受教育程度等因素的影响（见图5）。随着收入水平的升高，外地游客的支付意愿也不断增加。从年龄上来看，中年人（31–45岁）的平均支付意愿最高，老年人（60岁以上）的平均支付意愿最低，这和各年龄层的收入水平有直接关系，收入最高的年龄段的居民的支付意愿相对较高。从受教育程度来看，受教育程度越高，支付意愿越高，但是研究生的支付意愿明显降低，这是因为本调查中的研究生群体收入还比较低，这说明收入水平较受教育程度更直接影响支付意愿。之所以出现这种情况，一方面是因为不同教育程度的人工作类型有所差异，间接地与收入水平相关；另一方面是因为受教育程度高的人可能更加了解历史文化和老字号的渊源。

进一步询问游客愿意支付的原因发现，他们之所以愿意为全聚德的保护支付一定的金钱，一是认为全聚德的烤鸭味道好，有特色；

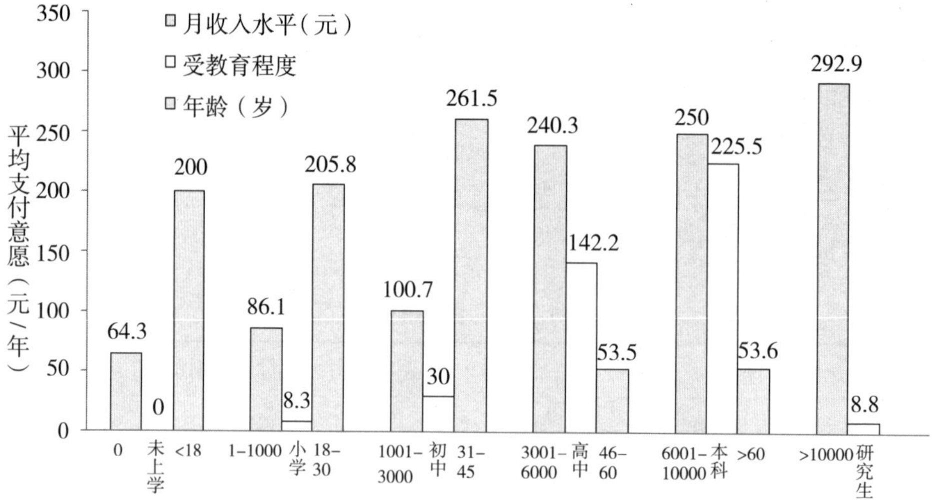

图 5　个体支付意愿随收入水平、受教育程度和年龄的变化

二是认为全聚德烤鸭是北京的特产，有档次、有品牌、有特色、有名气。正如北京有句俗语所说，“不到长城非好汉，不吃全聚德烤鸭真遗憾”。可见，目前的支付意愿，基本上还是针对老字号提供的非公共物品，而非软文化资产。游客虽然消费的是老字号商品附着的文化价值（有学者将之称为老字号商品背后的意义和符号①），但是这种价值不是老字号外溢到企业或区域的价值。

对于外地游客来说，他们的支付意愿更多地指向老字号的非使用价值中的存在价值。人们不是出于任何商业或者经济的目的，而仅仅为了老字号的存在而表现出了支付的意愿。因为对于绝大多数外地游客来说，他们在老字号店铺消费的次数十分有限；同时，他们的后代能够利用老字号的机会也不多，所以外地游客对西城区老字号的支付意愿，不是出于任何功利的目的，而仅仅是为了老字号的存在而做出的支付。

① （法）鲍德里亚著，刘成富、全志钢译：《消费社会》，南京大学出版社 2000年版，第1–3页。

六、结论及政策建议

1. 研究结论及讨论

本文通过实地调研，定性地分析了西城区老字号的外溢效应；同时结合问卷调查，尝试定量地探讨西城区老字号的价值，主要结论有三点。

（1）老字号价值外溢覆盖了三个圈层。第一个圈层是它们所在的商业区；其次是北京市；再次是北京之外的地区。在老字号所在的商业区，其外溢出来的价值是多元的、直接的。

（2）老字号价值的外溢，在不同圈层形式不一样。在它们所在的商业区，外溢价值之一，是老字号周边的非老字号企业获得老字号外溢的广告宣传效益；外溢价值之二，是老字号向商业区输出的商业价值理念。在北京市及以外的地区，西城区老字号的价值外溢形式之一，是老字号带动了上游企业的发展，这些企业获得了一个核心企业带来的产业链集聚的好处；价值外溢形式之二，是老字号间接促进了北京市旅游业的收益。

（3）北京市民和外地游客对老字号的支付意愿比较高，但目前尚未达到保留老字号的商业文化价值观的层面，多数是为了保护老字号商品、服务或技艺而做出的保护支付。收入水平是决定支付意愿高低的显著因素。

由于时间和条件所限，本报告还存在一些问题，需要进一步研究探讨。首先，老字号外溢效应的种类非常广泛，本文所指出的是作者认为比较典型和显著的几个方面，难免存在遗漏某些外溢效应的问题。第二，支付意愿调查法所获得的支付意愿是综合的，尚未剥离出哪些是外溢的价值。第三，支付意愿调查法本身也有一定的局限，比如，调查的支付金额是一种“愿意”支付的数量，被调查只是表达一种心理上的愿意与否，与真正实际的支付金额之间存在一定的差异。本文使用支付意愿调查法是一种有益的探索，但此方法的适用性仍有待进一步完善。在如何定量评价老字号整体价值的方法上，还没有普遍公认的评价方法，需要在今后的研究中继续深化和充实。

2. 对西城区老字号保护与发展政策建议

在上述调查与分析的基础上，对促进西城区老字号发展的差异化扶植政策提出以下三个方面的建议。

第一，空间上的全盘考虑。由于商业区是获得老字号外溢价值最多的地区，因此政府着力保护老字号集中区的措施应继续保留并进一步完善。在打造老字集聚区的过程中，政府要协调老字号的布局，避免同质性产品的竞争，努力提供差异化的、多样化的产品和服务，这样才能更好地发挥集聚区老字号的整体外溢效应，提高商业区的竞争力。同时应该看到，只有那些经营有方的老字号企业具有较强的外溢价值，因此政府需要考虑差异性的老字号补贴政策。对于那些处于商业区之外的老字号，政府要尊重企业的发展选择，认识区位对于它们生存的意义，以及在激烈的商业空间竞争中，哪些是要保留原始区位的，哪些可以适当调整，并采取相应的政策，以增强政府支持政策的整体效益。

第二，文化内涵上的深度挖掘。老字号文化的外溢效应是最深刻和广泛的。我们看到，许多老字号的文化内涵尚未充分发掘，因此这部分外溢价值还不清晰。今后应该由政府有关部门牵头，调动企业积极参与，组织相关力量尤其是专家学者进行深入研究、广泛论证，大力发掘可以外溢的、普遍适用的商业文化，而不仅仅是特定的技艺文化。通过文化内涵的挖掘提升，更加有效地发挥老字号的外溢效应。例如挖掘、整理、推出老字号在“推陈创新”“品牌塑造”“社会责任”“特色营销”等方面的文化资源，使企业永远保持生命力，更加充分地发挥老字号在社会发展中的积极作用。

第三，推动产业链的集群发展。老字号对优化产业链具有十分重要的推动作用，建议在全面调查研究、摸清家底的基础上，对以老字号为核心的生产链给予政策支持，特别是应该着重抓好老字号产业链直接上下游产业的发展，促进老字号规模不断扩大，带动产业链的集群出现。在产业链上游，企业可以加强研发设计，政府要在政策上鼓励、支持老字号在产品和服务上的创新、创意。条件允许的老字号可以与文化创意产业园区、与大专院校进行深度合作，提升产品的文化内涵，更好地发挥老字号的外溢效应。在产业链中端，不仅要关注同行业之间的上下联系，还要提高不同产业之间的对接。比如，张一元在全聚德开设茶馆，就是一种积极的尝试。在产业链下游，老字号企业要着力改变营销观念，发展较好的老字号企业可以选择连锁经营、加盟经营等多种方式扩大生产规模；同时，要善于运用现代宣传手段，比如电视节目、微信、微博以及跨区域文化交流活动等，加大老字号品牌的营销力度，不断拓展、提升老字号在自身之外、在经济之外的整体价值。

作者简介

课题负责人：周尚意，北京师范大学地理学与遥感科学学院、教授，主要研究方向为文化地理学。

课题参与人：田　燕，北京师范大学地理学与遥感科学学院硕士研究生。

北京西城老字号与文化创意产业关系研究

车岩鑫

【内容提要】　老字号是具有深厚文化底蕴和历史文化价值的企业形态，在与现代市场经济结合的过程中，面临种种新的挑战。借助现代文化创意产业的发展理念和推进思路，引入现代企业经理人制度，深入挖掘老字号文化内涵，扩大衍生产品，引导支持老字号踏出国门，打造老字号特色街区，建立健全老字号保护体系，增强老字号创新能力，提高老字号附加值，可以有效提升老字号的发展水平。

【关键词】　老字号　文化创意产业　共赢发展

中国的老字号具有深厚的文化底蕴和历史文化价值，伴随着中国在国际地位的提升，人们对于具有历史文化价值的老字号也日益重视。北京市西城区拥有众多的老字号，随着人们对于非物质文化遗产的高度重视，这些老字号得到了大力的扶持。但由于历史因素的制约和当今国内外市场发展的新趋势，老字号同时也面临着种种新的挑战。

将老字号的发展与具有现代文化特征的文化创意产业相结合，深入研究其相互关系，从新的角度提升老字号的发展水平，具有十分重要和深远的意义。本课题着重分析北京西城老字号与文化创意产业的关系，以更加明确地阐释两者的异同，寻求共赢条件下两者的结合及发展创新。

一、北京西城老字号的传承与发展

在对不同行业老字号进行实地调研和对相关资料进行整理的基础上，这里主要对北京西城老字号的传承条件和方式、目前面临的市场现状、老字号的历史传承和现代发展等问题进行简要的分析。

1. 传承现状

老字号大都经历了百年的洗礼，在传承上也大都秉承了家族式的承袭关系，这就导致了老字号在管理及经营模式上的局限性，这对老字号的发展极为不利。

目前我国有很多的老字号都申请了非物质文化遗产保护，但这并不能从根本上解决老字号的实际问题。更为行之有效的办法，就是依托政府的扶持政策，加大改革创新的步伐，学习国外百年品牌的经营模式，加强职业经理人建设，对老字号进行合理有效的管理，打破原有的承袭制度。老字号的承袭人可以作为技艺的传承人，保有其传统的历史地位，但在经营管理上应该交给更为专业的职业经理人来打理，为老字号的蓬勃发展提供更为专业有效的制度保障。

2. 市场现状

目前，由于老字号固有的经营模式和所面对的消费群体的老年化，使其在市场经济为主导的新时期面临着一系列严峻的问题，老字号产品的市场需求量和保有度并未实现其真正的历史价值。

西城区的文化创意产业立足于创新发展模式和提高产业质量，在紧密结合区域特色的基础上，积极探索差异化的发展路径，可以为西城老字号探索新的发展模式提供参考。在新旧相互融合的发展态势下，创新和完善老字号品牌，这对于某些传统的老字号来说，是要直接面对的挑战和难题。如何快速有效地解决这种状况，在一定意义上，直接关系到这些老字号的存亡发展。

面对这些严峻的考验，有些老字号积极做出了反应，通过自身建设和政府扶持，使企业重新焕发青春。六必居就是一个老字号转型的成功案例，它凭借世代相传的良好商誉和文化，借助现代经营理念，实现传统工艺与现代科技的成功对接，为自身注入新时代的活力和气息，实现了产品的升级和服务的创新。其一，通过更加自觉地传承历史，扩大市场份额。坚守“六必”古训（即“黍稻必齐，曲蘖必时，湛炽必洁，陶器必良，火齐必得，水泉必香”），讲求厚德务实，靠着一瓶瓶价廉利微的酱腌菜，成为全国酱腌菜行业中规模最大的企业之一。销售网络遍布东北、西北、华北、江南等地，产品远销日本、澳大利亚、新加坡、泰国、加拿大、美国及欧洲等十几个国家和地区。其二，更加有效地创新品牌，推动企业进一步转型。在有关部门大力扶持下，以全新的文化理念重新塑造六必居品牌，通过经营体制和理念的转变、发展模式的更新、产品价值的提升、工艺技术的创新和市场策略的有效制定，产生更大的品牌价值。六必居在追求品牌创新转换中，不断推进产业升级和产品创新，延伸品牌效应，实现企业多元化经营，放大自身文化含量，在质量、技术、资源、市场、人才和管理上实现国际化，在传承本源的基础上推动创新，提升品牌的核心价值。

2012年，北京市西城区发布《保护和促进老字号发展若干意见》，旨在打造一个既具传统文化特征，又符合现代人生活模式，能够充分体现中国文化底蕴的文化商圈，以此推动老字号的发展，不断壮大其消费群体。在这种利好的态势下，西城的老字号在强化自身的基础上，迎合新时代的发展需求，加强自我创新意识，加快产品更新，提高经营管理能力，必然能迎来一个崭新的未来。

3．传承与发展的可行性

西城区是北京老字号品牌的主要集聚区，有近百家老字号资源，占全市老字号总量的50%以上。这些老字号都具有悠久历史，其中具有百年以上历史的就有几十家之多；这些老字号主要分布在与老百姓生活息息相关的行业中，例如吃、穿、用等，体现了老字号深厚的文化底蕴、贴近民生的特色和百年不变的传承精神。

这么多老字号的存在，可以说是这个时代的幸运，更直观的是能让我们在这个快节奏的生活中体会老一辈传下来的文化内涵和传承精神。但是，要使这些老字号能够在今天更好地传承和发展下去，并把这种文化传统留给后世子孙，就需要我们深入开展老字号相关研究，也更需要政府加大对老字号在政策上的扶持和保护力度。在这方面，参考文化创意产业的发展理念，并使之与老字号的创新、转型之路有机对接，无疑是一个重要的切入点。

二、文化创意产业的发展趋势及前景

文化创意产业是近年来兴起的一种新的发展模式，这里根据实地调研（国内）和资料搜集（国外），对文化创意产业的定义、类型以及发展趋势等问题进行对比分析，以求为老字号的发展提供借鉴。

1. 国内外对于文化创意产业概念的界定

（1）国外对文化创意产业概念的界定。文化创意产业在西方国家的发展比较早，相关的研究文献也比较多，因此对于文化创意产业概念的界定也有多种说法。其中，有三种比较有代表性的观点。其一是关于“文化园区”的概念，主要指的是特定的地理区域，其特色是以最集中的方式，将一个城市的文化与娱乐设施集中在该地理区域内。因此，文化园区既是文化生产与消费的结合，也是工作、休闲、居住等多项使用功能的结合①。

其二是关于“文化区”的概念，主要是指一个在都市中具备完善组织、明确标示、供综合使用的地区，提供夜间活动且延长地区的使用时间，让地区更具有吸引力；提供艺术活动与艺术组织所需的条件，给居民与游客提供相关的艺术活动；提供当地艺术家更多就业或居住的机会，让艺术与社区的发展更加紧密②。

① 北大教授向勇深度解读从艺术区到文化产业园区.汇秀网.2012-11-26。

② 北大教授向勇深度解读从艺术区到文化产业园区.汇秀网.2012-11-26。

其三是将文化创意产业园定义为一个空间有限和具有明显地理区域、文化产业和设施高度集中的地方，形成某种集群。这些集群由文化企业和一些自己经营或自由创作的创意个体组成。园区内的特殊活动，可以包括儿童玩乐的场所、图书馆等开放的和非正式的娱乐场地，在这些园区中鼓励文化运用和一定程度的生产及消费的集中①。

（2）国内对文化创意产业概念的界定。在我国，由于文化创意产业出现较晚，目前相关的研究主要有：一是认为文化产业是文化与经济融合的产物，而文化创意产业是文化与经济融合的一个崭新阶段；二是将文化创意产业定义为依靠个人的知识、技能、天赋，通过科技与艺术这两大手段，对文化资源进行创造、重构、嫁接和提升并与其他产业融合，生产出具有文化艺术元素的高附加值的产品与服务，以满足人类感性需要和理性精神需求的产业；三是认为文化创意产业是在全球化条件下，以消费时代人们的精神文化娱乐需求为基础，以高科技技术手段为支撑，以网络等新传播方式为主导，以文化艺术与经济的全面家和为特征的跨国、跨行业、跨部门、跨领域重组或创建的新型产业集群；四是把文化创意产业定义为以现代科学技术和文化资源为基础，通过个性化的创造过程和特定的组织模式来生产、复制和传播以文化内容为核心的商品与服务的营利组织的集合体；五是将文化创意产业定义为“源自创意与文化积累、渗透知识产权的形成与运用，具有创造财富与就业机会潜力，并促进整体生活环境提升的行业”，并确定该产业的产出是以文化内容为核心的产品与服务②。

关于文化产业集群的研究主要有：一是认为文化产业集群是指在地理位置上相对集中，由具有相关性的文化企业、金融机构等组成的群体；二是认为文化产业集群就是在文化产业领域中（通常以

① 北大教授向勇深度解读从艺术区到文化产业园区.汇秀网.2012-11-26。

② 毛磊著：《文化创意产业集群的演化与发展》，江苏大学出版社2013年版。

传媒产业为核心），大量联系密切的文化产业企业以及相关支撑机构（包括研究机构）在空间上集聚，并将文化产业集群划分为核心文化产业集群、外围文化产业集群和相关支撑机构等；三是认为文化产业集群是指相互关联的多个文化企业或机构共处一个文化区域，形成产业组合、互补与合作，以产生孵化效应和整体辐射力的文化企业群落[①]。

鉴于国内至今尚无对文化创意产业概念的统一界定，在参考上述国内外对文化创意产业概念诠释的基础上，结合我国具体实情，在此尝试将文化创意产业的概念界定为：文化创意产业是以创意发展为核心理念，具有鲜明的当地文化特点，对外界产生较大吸引力，集生产、交易、居住、休闲为一体的多功能新型产业集群。目前多以一定规模产业园区集聚发展的形式出现[②]。

2. 国内外对于文化创意产业的类型划分

国外的文化创意产业，根据园区功能，可以划分为四种类型：产业型、机构型、博物馆型和都市型。

（1）产业型。这种类型的文化创意产业园，主要是以积极的外形、地方文化、艺术和工艺传统为基础而建立。此类园区的独特之处，在于其“工作室效应”和“创意产品的差异”[③]。

（2）机构型。这种类型的文化创意产业园，主要是以产权转让和象征价值为基础而建立。其基本特征是有正规机构，并将产权和商标分配给受限制的生产地区[④]。

（3）博物馆型。这种类型的文化创意产业园，主要是以网络外形和最佳尺寸搜寻为基础而建立。园区通常是围绕博物馆网络而建，位于具有悠久历史的城市市区。其本身的密度能造成系统性效应，

① 文化创意产业园再添新区 元和文化创意产业园开园.汇秀网.2012-11-27。

② http://baike.baidu.com/view/4376260.htm文化创意产业园.百度百科.2014-02-11。

③ http://baike.baidu.com/view/4376260.htm文化创意产业园.百度百科.2014-02-11。

④ http://baike.baidu.com/view/4376260.htm文化创意产业园.百度百科.2014-02-11。

吸引旅游观光者[①]。

（4）都市型。这种类型的文化创意产业园，主要是以信息技术、表演艺术、休闲产业和电子商务为基础而建立。通过使用艺术和文化服务，赋予社区新生命以吸引市民，抵抗工业经济的衰落，并为城市塑造新的形象[②]。

国内的文化创意产业，按照园区性质，可以划分为五种类型：产业型、混合型、艺术型、休闲娱乐型和地方特色型。

（1）产业型。一种是独立型的。园区内产业集群发展相对比较成熟，有很强的原创能力，产业链相对完整，形成较为明显的规模效应。如深圳大芬村，以绘画艺术为主，已经形成一定的产业链条及规模效应，但原创能力不强，这是我国此类文化创意产业园普遍存在的问题。另一种是依托型的。依托高校发展，也形成一定的产业链条。如上海虹漕南路的创意产业园、同济大学周边的现代设计产业园区等[③]。

（2）混合型。这种类型的文化创意产业园，往往依托科技园区，并结合园区内的优势产业，同步发展文化产业，但园区内并未形成文化产业链条。如张江文化科技创意产业基地、香港数码港等[④]。

（3）艺术型。这种类型的园区也是创作型园区，原创能力强，但艺术产业化程度还较弱。目前国内最有名的艺术园区，有北京大山子艺术园区、青岛达尼画家村等[⑤]。

（4）休闲娱乐型。这类文化创意产业园区，主要是满足当地居民及外来游客的文化消费需求。最有代表性的是上海的新天地、北京长安街文化演艺集聚区等[⑥]。

① http://baike.baidu.com/view/4376260.htm文化创意产业园.百度百科.2014-02-11。
② http://baike.baidu.com/view/4376260.htm文化创意产业园.百度百科.2014-02-11。
③ http://baike.baidu.com/view/4376260.htm文化创意产业园.百度百科.2014-02-11。
④ http://baike.baidu.com/view/4376260.htm文化创意产业园.百度百科.2014-02-11。
⑤ http://baike.baidu.com/view/4376260.htm文化创意产业园.百度百科.2014-02-11。
⑥ http://baike.baidu.com/view/4376260.htm文化创意产业园.百度百科.2014-02-11。

（5）地方特色型。这类文化创意产业园区，主要是依托浓郁的地方文化特色，逐步形成相关业态的聚集。如北京高碑店传统民俗文化创意产业园、潘家园古玩艺术品交易区等[①]。

除此之外，我国的文化创意产业还可以按照影响范围，分为国际型、国内型和地区型；按照园区的成长模式，可以分为自发形成和政府运作形成的文化创意产业，等等。

总体来看，在我国，文化创意产业还是一个新生事物，属于探索发展期，因此各类型之间的界限并不是很清晰。随着我国文化创意产业的高速发展，其类型的划分将会进一步完善和明确。

3. 文化创意产业的发展趋势及前景

我国的文化创意产业还处于胚胎期，目前缺乏相应的全面数据。因此，这里主要以西方和亚洲发达国家为例，简要分析文化创意产业的发展趋势及前景。

①英国。英国的文化创意产业源起于1997年，英国首相布莱尔为了振兴英国经济而提出。据英国官方统计数据显示，在经济增长、出口增长以提供就业机会等方面，以文化为主体的创意产业都是英国发展最快的产业[②]。

②美国。近年来，美国的版权业发展迅速，成为国民经济中具有举足轻重作用的产业部门之一。在对GDP的贡献和创造就业两个方面，已经持续超过美国经济中的其它部门，同时在美国出口增长中也扮演着日益重要的角色[③]。

③丹麦。丹麦政府将文化创意产业作为关乎国家发展潜力的重要因素，不遗余力地加以推动。文化创意产业已经成为带动丹麦经济发展的一个重要力量。

④芬兰。芬兰政府极力主张在发展信息工业之余，希望凭借文

① http://baike.baidu.com/view/4376260.htm文化创意产业园.百度百科.2014-02-11。

② http://baike.baidu.com/view/4376260.htm文化创意产业园.百度百科.2014-02-11。

③ http://baike.baidu.com/view/4376260.htm文化创意产业园.百度百科.2014-02-11。

化创意产业发展进一步提升核心竞争力，因而采取了一系列相关措施[①]。

⑤法国。作为创意产业重点行业之一的设计业，在法国发展迅速，具有良好的国际声誉。法国设计业所涵盖的设计领域，主要包括产品设计、服装设计、时尚设计、企业形象设计、视觉传达设计、环境设计、包装设计、设计研究等。据法国工业设计促进协会预测，法国设计业的年营业额约为22至30亿欧元[②]。

⑥日本。日本是世界上最大的动漫制作和输出国，目前全球播放的动漫作品中有六成以上出自日本。日本的文化创意产业，以动漫产业为主体，已经以年营业额230万亿日元成为日本第二大支柱产业[③]。

结合上述分析，国外文化创意产业的发展已经迈向成熟和稳定，因此文化创意产业的大力发展，能够为本国的经济增长和就业提供有力支持，成为经济发展的支柱产业。

而我国的文化创意产业才刚刚起步，继2009年7月国家发布《文化产业振兴规划》后，2010年10月，中共中央总书记胡锦涛发表关于发展文化产业的重要讲话，号召全社会进一步推进文化产业发展，实现文化大发展、大繁荣。可以预期，文化创意产业必将成为我国的支柱产业，占据重要的历史地位。

这里对北京文化创意产业的发展进行一个简要的分析。在国家大力扶持文化产业的背景下，北京市不断加大对文化创意产业的支持力度。2010年10月，中共北京市委提出，要通过加快发展文化创意产业、举办文化会展等国际性活动，进一步巩固和强化北京的中国文化中心地位，提升北京文化的国际影响和竞争力；要利用首都资源优势，积极推动文化与科技、旅游、体育等产业的融合发展；

① http://baike.baidu.com/view/4376260.htm文化创意产业园.百度百科.2014-02-11。

② http://baike.baidu.com/view/4376260.htm文化创意产业园.百度百科.2014-02-11。

③ http://baike.baidu.com/view/4376260.htm文化创意产业园.百度百科.2014-02-11。

要加强优秀文化创意人才的引进和培养，推进首都文化创意人才队伍建设。

“十一五”期间，在国家和北京市政府的大力推动下，北京市的文化创意产业呈现出良好的发展态势，产业体系不断优化，九大产业门类实现均衡发展。北京文化创意产业增加值年均增长达20%，高于全市GDP增长率8.1个百分点，占全市GDP比重12.3%。文化创意产业已经成为北京市仅次于金融业的第二大支柱产业。2010年12月，中共北京市委提出《北京市国民经济和社会发展“十二五”规划建议》，进一步明确大力发展文化创意产业的总体思路。

三、文化创意产业和老字号发展状态分析

本节通过对北京西城老字号和文化创意产业的相关调研，综合分析他们在发展过程中面临的问题，找出各自的优势并进行整合，寻求共赢点。

1. 北京西城老字号发展的瓶颈问题

调研显示，当前在老字号的发展中，主要存在两个方面的问题。

（1）过于强调承袭关系，缺乏先进的管理模式。目前，许多老字号企业还延续着家族式的传承方式，导致老字号企业发展速度缓慢。再加上很多老字号企业区域性品牌概念还比较浓厚，固守自己的老历史、老市场，甚至是消费人群也主要定位在中老年，认为这样才能体现自己是老品牌。这种相对陈旧的经营理念，致使很多老字号企业不能大胆打破陈规，主动接受新的营销管理概念，故步自封，以至丧失了拓展市场的机会。与此同时，虽然有一部分的老字号企业已申请了非遗，但是并没有从根本上转变观念，不能更好地发挥非遗保护对促进老字号发展的作用。

（2）老字号产品过于陈旧，缺乏时代特征。很多老字号企业所生产的产品，仍然停留在创业时的市场需求和审美尺度上，没有进行及时的创新。现在受浮躁的社会风气和不景气的市场影响，新一

代的老字号传承人很难突破老一代的创作，基本上是原样模仿与照搬，没有形成自己的特色和艺术风格，也不具有时代感，因此很难讨年轻消费者的喜欢，这也使得老字号企业丧失了相当一部分消费群体。在老字号传统技艺的承袭中，必须与时俱进，充分考虑时代特征，进行相应的变革和创新，才能真正与市场接轨。

2. 文化创意产业现状及存在问题

从2005年起，我国相继推出了发展文化创意产业的一系列举措，各类文化创意产业园区如雨后春笋般涌现，为文化创意产业的发展奠定了坚实基础。

（1）国内文化创意产业现状。目前我国涌现出各具特色的六大文化创意产业集群，分别是首都创意产业集群、长三角创意产业集群、珠三角创意产业集群、滇海创意产业集群、川陕创意产业集群、中部创意产业集群。除此之外，还有其他发展模式不尽相同的文化创意产业园区。

目前，北京、上海、广州、深圳、长沙、成都等城市纷纷依托各自的优势，建设各具特色的文化创意产业园区。首都创意产业集群是以北京为核心辐射周边的创意产业集群，主要是以文艺演出、广播影视、古玩艺术为主，囊括从创意、生产到消费的全部产业链；长三角文化创意产业集群以上海为核心，包括南京、杭州、苏州等城市，以打造国际创意产业中心为目标，形成创意设计方面的集聚效应；珠三角文化创意产业集群以广州、深圳两市为主，打造文化娱乐市场和创意设计之都；滇海文化创意产业集群以昆明、大理、丽江三市为主，打造依托“古滇文化”为特色的生态文化创意产业；川陕文化创意产业集群以西安、成都、重庆三市为中心，着力打造数字创意、文化娱乐及出版发行等文化创意产业；中部文化创意产业集群以长沙市为龙头，辐射周边地区，突出打造传媒产业、人文旅游、文化休闲三大文化产业品牌，建设我国中部“休闲娱乐文化之都”和区域性文化产业中心。

从全国的整体布局来看，在总体实力和发展态势上呈现出“东高西低”的状况。据有关数据显示，东部地区由于占有科学技术、信息、国际交流和人才等方面的巨大优势，在创意产业发展方面明显要领先于中西部城市。东部地区的文化产业单位数量、从业人员数和拥有资产所占比例远高于中西部地区外，文化产业的营业收入已占到全国的 82%[①]。

（2）国内文化创意产业存在的问题。目前，我国文化创意产业的发展，主要存在三个方面的问题。首先，是发展模式单一。目前，国内的文化创意产业都是以产业园区的形式存在，这种结构的单一性，导致互动性较差、效果有限、与周围居民的交互作用较弱等，很难适应整体发展的需要，在一定程度上阻碍了文化创意产业的发展。

其次，是区域发展不平衡。国内的经济发达地区，具备较强的经济实力，对于文化创意产业的发展也能够提供足够的资金支持，再加上政府的一系列扶持政策，使得这些地区的文化创意产业处于极为有利的发展态势；而一些经济欠发达地区，尽管有着深厚的历史文化底蕴和资源，但由于意识淡薄、政策及配套措施不健全等原因，导致文化创意产业在我国发展的不均衡性和不稳定性。

再次，是产业定位不清晰。目前的大多数文化创意产业，都是在政府的导向下盲目跟风建设，缺乏自己的特色和风格。纵观全国的文化创意产业园区，大都大同小异、形态相似、缺乏特性，最终出现全国性的高度趋同，必然导致资源的高度分散和产业之间的恶性竞争。这种丧失自我特性的情况，是阻碍我国文化创意产业发展至关重要的因素。

3. 老字号与文创产业优势之比较

老字号和文化创意产业之间存在着互为补充的关系，百年老号的厚重历史传承和文化底蕴与新兴文化创意产业之间的碰撞、融合，

① http://baike.baidu.com/view/4376260.htm文化创意产业园.百度百科.2014-02-11。

形成具有时代特色的市场经济下的产业模式。二者既有优势，也有劣势，优势如前所述；就劣势而言，老字号的劣势所在是历史传承如何与新时代“对接”的问题，文化创意产业的劣势则是一个新兴的产业如何找准定位的问题。二者之间的劣势，其实与二者的优势有着密切的关系。只有充分发挥只有二者的优势，同时注意规避二者的劣势，才能更好地推动二者结合、发展、壮大。

（1）企业主要形态对比分析。老字号一般都是经过百年历史沉淀下来的老品牌、老企业，具有深厚的文化底蕴和较大的社会价值及影响力，具有相当一部分消费群体和追随者。而文化创意产业是一个新兴产业，具有显著的时代特征和鲜明的个性，很受追求时尚潮流和勇于接受新事物的年轻人追捧。由于二者在企业形态上存在着质的差别，导致各自所面对的受众群不同，也使其具有相对的局限性。如果在企业形态上能够相互融合，达到你中有我、我中有你，主动接受对方的优势，互相学习、互为借鉴，使新老产业、品牌都能达到最大上升空间，则二者的结合就会更加具体实际的意义。

（2）市场营销策略对比分析。老字号作为传统的产业，其市场是既存的，其目标顾客和企业经营收益是可以预期的，其核心产品、核心技艺和特色服务可以相对保持不变，以确保自己的市场竞争优势。而文化创意产业处于刚刚起步阶段，可以利用各种手段，培育自己的目标顾客，深入挖掘和激发各种需求，形成具有时代特色的潜在市场。也就是说，在一定意义上，文化创意产业市场的劣势反而变成了它的优势，便于它大胆尝试、不断创新。老字号现在应该借鉴文化创意产业的成功经验，增强打破陈规的魄力，突破固有的市场格局，开辟新的天地。

（3）经营理念和发展模式对比分析。老字号的“老”，就突出了其后深藏的动人故事和品牌价值，很多的老字号也是非遗的代表者，其独有的唯一性和不可复制性都是其他产业所不能企及的。而文化创意产业的基本特征就在于创意和创新。因此不管是它的经营理念还是发展模式，都是具有时代创新进取精神的，并以此引领自己的发展方向。

六必居是个百年老号，在严守“六必”古训的同时，在管理和经营方式上一直坚持以诚信为本，较早采用“契约合伙”、“附本”经营、“股份制”等经营模式。同时还十分重视文化宣传策略，注重在打造金字招牌的过程中，创建传统商业经营的典范。前店后厂是六必居独有的风格，随着时代的发展，六必居按照既要保留原有风格又要艺术再现旧貌的思路，改为前脸是殿堂、后厂是文物馆，集购物参观为一体的新六必居。六必居饱经沧桑而历久不衰，在群众中享有很高的信誉，能够自觉与时俱进，应该是一个重要原因。

无论是老字号还是文创产业，都必须不断创新，才能始终保有领先的地位。将二者在经营理念和发展模式上进行交互融合，不断尝试和探索挖掘自身内在的文化内涵，既可以满足老字号对创新之路的探索，也可以丰富文化创意产业的文化内涵，打造具有更深文化底蕴的产业特色。

（4）品牌建设对比分析。文创产业是新时期具有时代特征的产物，其品牌的建设和发展，都是以市场为导向，实施的产品创新和开发，依托政府的各方面政策和资金支持，及时调整产品品类和结构，增加品种和特色，以适应市场的需求变化。而有些老字号企业由于各方面因素的制约，在企业转型和打造品牌形象时的力度不够或者难度比较大，缺乏创新意识，不注重市场需求和品牌建设，因此导致在市场竞争中惨被淘汰。

老字号企业应该学习文创产业，强化品牌建设意识，通过多种形式的交流和宣传，增加社会知名度，在体现民族精神与民间特色的基础上，加大品牌维护力度，整体提升品牌价值。同时在传统的经营理念中融入新的时代特色，进一步发扬自身品牌价值和核心影响力。利用百年老号的品牌优势，实行多元化的创新发展战略，开辟新的经营之路。以历史积淀为基础，借鉴现代营销模式和理念，丰富老字号的文化内涵，将文化与品牌相结合，大力推动文化创新，提高品牌的附加价值和潜在影响力，取得经济效益、社会效益和文化效益多丰收。

四、共赢条件下文化创意产业和老字号的结合及发展

在新的历史条件下，我们应该积极借鉴文化创意产业发展的经验，促进老字号发展观念的转变，积极探索新媒体等时尚元素对提升老字号经营理念、改进运作方式等方面的影响，逐步提升老字号的市场经济价值和社会文化价值。

1. 转变观念，提高老字号附加值

在以市场经济为导向的今天，老字号迫切需要转变观念，跟上时代的潮流，采取行之有效的举措，切实提高老字号的附加值。

（1）建造老字号专属博物馆。相较于其他企业来说，老字号最大的优势就在于它的文化内涵。应该积极拓展老字号的精神文化内涵，尝试通过建立自己的博物馆等形式，将这些传统的生产技艺展示给更多的消费者，让社会各界都了解老字号深厚的文化底蕴和独特的非遗技艺，了解老字号独特的企业文化；进一步加强老字号珍贵资源的保护，从不同侧面增加产品附加值。

（2）打造电子商务的营销平台。目前，老字号在新时代年轻群体中的认知度不够高。为此，应该充分利用当今如火如荼、方兴未艾的互联网技术，为老字号搭建电子商务的营销平台，吸引更多消费者特别是年轻群体的目光。

（3）走高端化路线。很多老字号虽然名声大、历史感强，但并不尊贵，与其秉承的深厚的文化底蕴有些许不符。对此，老字号企业应该打破原有资源的约束性，认真研究社会需求的新趋势，大胆切入高端市场，依托传统工艺，优化品牌价值，强化文化优势，提升社会认知度和地位，填补老字号经营领域的空白。

（4）开发旅游项目。老字号一般都具有其独特的区域性特色，

将这种独有的品牌文化与旅游产业相结合，既可提升当地旅游项目的软实力，同时又为老字号的深层开发提供了新的契机，实现互利双赢。

（5）推动老字号进入社区。社区商业是未来市场发展的一个重要模式。老字号所生产的产品原本就与老百姓的生活息息相关，具有较好的社会口碑，再加上合理的战略分析和专业的细节管理，将老字号延伸进社区并不难。关键在于，进入社区商业之后的老字号，仍要根据自身的发展状况，结合社区商业的多种需求，及时调整生产经营理念和营销推广模式，不断提升自己的附加值。

2. 关于结合文化创意产业发展西城老字号的措施建议

要以党的十八大特别是十八届三中全会精神为指导，以市场经济为方向，依托政府扶持政策，结合文化创意产业的发展，推进商贸、文化、旅游深度融合，提升老字号品牌，弘扬老字号文化，提升西城老字号的社会、经济和文化价值。

（1）引入现代企业经理人制度，优化老字号传承模式。依据改革开放以来以“所有权与经营权分离”为核心推动国企改制的成功经验，突破传统思维方式的束缚，将老字号核心技艺的传承与企业的经营管理适当分离，建立健全现代企业制度，以适应市场经济发展对企业经营模式的新要求。

（2）深入挖掘老字号文化内涵，激发消费者的怀旧情怀。就像北冰洋汽水在近年来的成功回归那样，挖掘、阐释老字号留在消费者记忆深处的历史印象，利用消费者的怀旧情怀，确定自己的市场定位，不断提升企业的文化内涵，使之牢牢把握住市场动向，逐步扩大企业的市场份额。

（3）积极研发衍生产品，扩大企业的社会影响。随着时代的发展，老字号一些非遗核心产品在在市场上的需求量不断递减。老字号可以学习媒介机构开发电影衍生品的方式，积极开发非遗核心产品的相关衍生品，拓展新的服务领域，开发新的利润增长点，使之成为老字号提升利润新的风向标。

（4）大胆踏出国门，提升品牌的世界地位。绝大部分老字号都有其地域性的特征，而随着市场经济的发展，为老字号走出国门、走向世界打开了一扇门。像全聚德这样的知名餐饮企业，就可以学习国外百年品牌的经验，将眼光转向所在地区之外甚至是国外，把中国传统的餐饮文化推介到海外，努力把全聚德打造成世界品牌。

（5）打造老字号特色街区，推进老字号聚集和品质提升。在文化气息浓厚的地区，结合当地经济状况，积极打造以老字号特色产品和优质服务聚集、具有中国式生活方式的老字号特色街区，可以使当地的老字号企业相对集中，便于人们全面了解老字号的文化内涵和传统技艺，同时也便于老字号之间的互通和促进。可以根据实际情况，借鉴文化创意产业园区的发展模式，在大栅栏、琉璃厂、什刹海等区域打造西城老字号集聚区，增加老字号的特色产品和服务性能，完善人文景观和商业功能，融合旅游资源，扩大集聚区的多元化融合，积极探索新兴业态模式，为老字号发展提供新的战略空间。

（6）建立健全老字号保护体系，为老字号发展提供法律和制度保障。对于老字号的知识产权、文化遗产和技艺的保护问题，形势是严峻且紧迫的。有关部门应该积极支持和鼓励建立健全老字号保护体系，从企业制度、行业管理、核心技艺传承、企业品牌保护等方面，做出具体、明确、有力的规定，尽力遏制假冒伪劣老字号产品的不法行为，为老字号长足发展提供强力保障。

（7）增强老字号的创新能力，扩大品牌影响力。一要鼓励和引导老字号企业建立健全现代企业制度，运用高新技术和手段提升产品服务，完善经营设施，加快技术改造，引入先进的生产方式和经营理念，开发具有地域特色、文化内涵的优质老字号产品。二要支持老字号企业经营创新，转变经营理念，实现突出主业、多元化辅助的经营模式，打造网络营销平台和电子商务，对老字号进行有效开发和利用。三要支持老字号市场创新，及时了解国际市场动向，寻找新的发展平台。四要支持老字号文化创新，不断丰富文化内涵，将企业文化与品牌相结合，以诚信维护品牌，以文化打造企业形象，扩大老字号的品牌影响力。

五、文化创意产业和老字号结合的社会效应及研究价值

通过对老字号和文化创意产业结合的分析，对其社会效应和研究价值进行深入探索，可以为老字号与新兴产业的结合发展提供更具体的理论依据。

1. 社会效应

老字号历史悠久，长者达数百年之久，分布在与社会生活息息相关的各个行业及文化艺术领域，是数百年的商业代表，有着深层次的精神内涵和历史文化底蕴，既是西城区的宝贵文化遗产，也是北京的特色名牌，更是中国的历史文化重要标志。老字号不仅是一个企业品牌，更是一种商业文化的展现，同时还是一种历史传统文化现象。

因此，面对文化创意产业新的发展趋势和西城区产业集聚类型模式的丰富多样、各具特色，依托区域性特征特别是老字号的资源优势，自觉借鉴文化创意产业的成功经验、制度优势，突出强调老字号历史文化资源与现代文化创意产业之间的碰撞，可以推动老与新、传统与创新、文化与科技的深度融合，打造具有独特韵味的传统文化。

2. 研究价值

通过研究发现，将文化创意产业和老字号各自的优势有机结合起来，有利于探索共赢条件下推动二者结合与发展、提升老字号经济社会价值的新思路；同时也为创新老字号研究方式提供有益的借鉴。

（1）相互借鉴，力求创新。在二者结合的过程中，取长补短，

将当代文化创意产业的新鲜血液不断输进老字号的传统文化中，使其具备超前的革新意识，敢于想象、勇于创新，逐步摆脱狭隘的传统思维和落后观念的束缚，发挥老字号自己的特色，使得传统文化与现代文化在符合时代要求的前提下相互碰撞，不断散发出古老而又具有时代性、创新性的独特艺术魅力。

（2）共赢发展，作用长效。老字号是我们古老的宝藏，蕴含着我们创造与审美的最原始精神。在其传承与创新的过程中，体现出民族性和传统性的特点。对文化创意产业和老字号结合发展的研究，其价值是深远的，它所起到的作用是长效且具有延展性的。运用现代文化创意产的经营理念，使之相互融合、互取所长，可以使老字号再攀历史巅峰。

（3）比较研究，科学探讨。在对北京西城老字号与文化创意产业关系的研究中，采用比较研究的方法，在层层对比、逐步深入的过程中，揭示二者的优势和劣势，并将其最直观、最核心的一面剖析出来，进行横向和纵向对比，以充分阐释课题研究的理论价值和应用价值。这种研究方法的运用，可以使得所涉及的问题更加全面和深入。今后在进行其他相关研究的过程中，也可以借鉴这种比较研究的方法，为后续工作的深入开展提供强有力的佐证。

致谢：在此深深感谢西城区文创办陈丹女士热心提供相关资料。

课题负责人：车岩鑫，北京联合大学师范学院讲师，主要研究方向为传统手工艺、民族服饰与装饰艺术、创意产业。学术论文有《从装饰艺术的“无与有”看传统手工艺的传承与创新》《塑造民族特色的电视动画角色》《高校服装设计人才创新素质的培养》等；专著有《民族服饰绘画与色彩表现》《服饰品设计》。

老字号的保护振兴与工商业文化遗产保护

李 丁 富 康

【内容提要】老字号是长寿知名工商企业，是民族工商业文化的宝贵遗产。老字号的保护与振兴，关系着中华民族优秀的工商业文化传统的继承与发扬，关系着中华民族在当今以工商业文明为主导的世界环境和国际竞争中的地位，也关系着我国社会主义市场经济秩序和道德的建设。应该以老字号的保护与振兴为中心和起点，加强领导、改善组织，把保护与弘扬民族工商业优秀历史文化的工作上升到国家治理和国民精神建设的层面，发起组建相关国际组织，为中国老字号的保护与振兴搭建沟通国际的更大平台。

【关键词】老字号，工商业文化，文化遗产保护

导言

文化是人类在适应和利用自然环境的过程中所创造的物质和精神财富总和，偏重可传承的精神财富。工商业文化是指以分工协作和商品交换为主要发展方式下所形成的文化，它有着与自给自足的农耕文化和逐水草而居的游牧文化不同的鲜明特征，工业与商业之间构成互为因果、不可分割的关系。社会分工专业化以及由此产生的平等协商、相互依存、权衡利益、互惠共赢等，成为其共同的文化特征。每一个民族都会因其生存和发展的特定自然和人文环境，产生自己的工商业文化，也会留下具有鲜明地域特征、时代特征的

工商业文化遗产。对这些宝贵财富的继承和发扬，从一个方面形成了这个民族的文化软实力。

中华民族有着悠久的工商业发展的历史和文化传承。但在几千年的封建社会中受到长期压制，近现代以来更是饱经长期战乱的摧残以及工商业改造和“文化大革命”的冲击。今天，在我们建设社会主义市场经济和中国经济融入世界经济一体化大潮的进程中，遗憾地发现相对于中华文化总体的博大精深，可资借鉴和传承的本土工商业文化遗产实在是太少了。这种状况将影响中华民族在未来的国际竞争，特别是工商业竞争中的自立能力，而这种能力正是来源于本土文化的深厚底蕴和丰富遗产。

老字号是硕果仅存的中国工商业文化遗产的典型代表，它的保护与振兴，直接关系着中华民族工商业文化的接续与传承，关系着中华民族在当今这个工商业文明为主导的地球村中的地位。

一、老字号是长寿的知名工商企业

研究老字号的保护与振兴，必须首先厘清老字号的概念，明确所要保护与振兴的对象。

先来看看关于“老字号”概念的几种表述。

其一，在国家商务部的相关文件中，是这样规定的：“老字号是指历史悠久，拥有世代传承的产品、技艺或服务，具有鲜明的中华民族传统文化背景和深厚的文化底蕴，取得社会广泛认同，形成良好信誉的品牌”①。

其二，在《中国“老字号”企业发展报告（2011）》中，相关的叙述是：“老字号”企业是指在长期的生产经营活动中，沿袭和继承了中华民族优秀的文化传统，具有鲜明的地域文化特征和历史痕迹，具有独特的工艺和特色产品、服务，取得了社会广泛认同，

① 商务部等14部门《关于保护和促进老字号发展的若干意见》，商改发〔2008〕104号文，2008年3月31日。

赢得了良好商业信誉的企业[①]。这里的"老字号"，是企业一词的定语，表示的是企业的一个类别。

其三，影响最为广泛的百度百科照搬商务部文件的概念，"中华老字号是指历史悠久，拥有世代传承的产品、技艺或服务，具有鲜明的中华民族传统文化背景和深厚的文化底蕴，取得社会广泛认同，形成良好信誉的品牌。"与之对应的英语翻译作：China Time-honored Brand。这里把老字号定义为"品牌"。

关于"品牌"，《现代汉语词典》的解释是："产品的牌子，特指著名产品的牌子。"[②]百度百科则解释为："品牌是制造商或经销商加在商品上的标志。它由名称、名词、符号、象征、设计或它们的组合构成"。由此可见，品牌是商品上的标志，其价值在于公众对它的认知程度。品牌的可认知形象，经注册成为注册商标。

这里涉及四个层次的概念：一是提供商品或服务的企业；二是企业所提供的商品或服务；三是其中某商品或服务的品牌；四是该品牌经过注册的商标。按照前面对"老字号"的解释，老字号保护与振兴的对象，似乎就应该是第三个和第四个层次涉及的内容。

让我们回归到汉语本义，来重新拆解一下"老字号"这三个字的含义。"老字号"中的"老"，显然是指时间的绵长；"字号"一词的原义，应该是指工商企业的名称，源于一个人除了有"姓"有"名"，还会有"字"有"号"。在实际使用中，也含有成功企业、知名企业的引申意义。因为一个有"字"有"号"的人，通常会是一个有身份地位甚至可能是有一定知名度的人。由于在这些"老字号"产生的年代中，企业名称常常就是企业所提供的商品或服务的名称，进而可能成为并不以注册为必要条件的品牌名称。一个长寿（老）的知名企业（字号），可能会提供多种商品或服务，同类的商品和

① 张继焦、丁慧敏、黄忠彩主编：《中国"老字号"企业发展报告--2011》，"摘要"，社会科学文献出版社2011年10月第一版。

② 《现代汉语词典》（第6版），商务印书馆2012年6月版，第998页。

服务也可能形成若干个“品牌”。

但是品牌的名称不能代替老字号，因为它们通常不需要商标法以外的保护，更不可能是“振兴”的对象。举例来说，在“双合盛啤酒厂生产的五星牌11度特制啤酒”中，“五星牌11度特制”就是个品牌，出了商标法的范围，它不需要什么额外的保护，也无法对其“振兴”。需要保护与振兴的是“双合盛啤酒厂”和“双合盛啤酒厂生产的啤酒”。与此类似的，如在“同仁堂生产的人参再造丸”中，需要动员社会力量来认知、保护、振兴的，显然应该是“同仁堂”和“同仁堂所生产的药”，而不是贴上了同仁堂商标的某种或某几种确定的中成药。

综上所述，我们可以得出一个结论：老字号保护与振兴工作的对象，应该是上面四层概念中的第一个和第二个，即“提供商品或服务的那些长寿的或曾经长寿的知名工商企业”和“他们所提供的或曾经提供的可能会与企业名称相同的商品或服务”。

而实际的情况却是，在20世纪90年代国内贸易部第一次确定“中华老字号”的时候，承载这些商品和服务的企业载体多已发生根本性的变化或不复存在，仅存下这些商品和服务的部分名称，即品牌的名称。当时出于抢救的愿望和目的，把仅存的先保护起来，于是便有了把老字号理解为品牌的误读。

由于和人民群众日常生活的紧密联系，现在得以存留下来的“老字号”的品牌名词与故事，主要集中在生活消费领域里的商业、服务业和极少的规模工业。

厘清了老字号的概念，我们应该明确认识到：老字号保护与振兴工作的对象，是那些长寿或曾经长寿的知名工商企业；如果这些企业不幸夭亡，就是它们在原来的企业组织、制度、理念、工艺或工作流程、质量标准条件下所曾经生产的商品或提供的服务。这些经过市场竞争的大浪淘沙，从而脱颖而出并存留下来的企业、商品或服务，包括相关的故事、名词等，都记述着中华民族工商业的发展历史，是工商业文化及其传承脉络的载体，是需要我们倾力保护的工商业文化的重要遗产。或者说，绝大多数的老字号是中国受世界经济和国际市场发展裹挟后成长起来的，现代人所熟知的，对今天和未来影响最重要的中国工商业文化遗产的精华和典型代表。

二、老字号是中国工商业文化的宝贵遗产

中华民族有着悠久的工商业发展的历史和文化传承。但在几千年的封建社会中发展缓慢，命运多舛。

改革开放后，被压抑已久的生产力快速喷发。而在国民经济高速增长的奔跑中，也丢弃了一些当时看似无足轻重、今天才突然发现其弥足珍贵的文化财富。

当整个国民经济的总量终于冲到世界前列的时候，中华民族在文化重新觉醒中终于认识到：许多民族文化中的宝贵资源，或许被我们不经意地丢掉；许多民族文化中的短板，或许将成为关乎整个民族前途命运的关键。特别是当我们环顾四周和举目前瞻时，发现当今的世界是一个以工商业文明为主导的世界，国际竞争是一种以民族工商业文化为基础的工商业之间的较量，这才知道工商业文化遗产有多么重要，而其中仅存的可感知的“老字号”又是多么难能可贵。

中华民族是以中原地区的汉民族为主体、融合了56个民族的大家庭，几千年来居住在一个足够广阔而又相对封闭的地区，世世代代生存的地理环境和自然条件孕育出的思想文化和典章制度是重农重土、轻商轻海。文明类型主要由自给自足的农耕文化和逐水草而居的游牧文化组成。而同样由于地理环境和自然条件的限制，海洋文明则更加强调社会分工以及分工的专业化，并由此产生了平等协商、相互依存，权衡利益、互惠共赢等文化特征。

春秋战国时期临近海洋的齐国，就孕育出以管子为代表的社会分工的理论和制度，并因此富民强国，成为春秋五霸之首。

在秦朝建立以后的两千多年里，中央集权的君主专制制度占据统治地位。为了维护“君权神授、官权君授、民权官授”的社会资源分配体系，历代统治者无不千方百计地打压经济势力的崛起，防止因经济能力增长可能形成的话语权力或政治权利对既有的政治格局造成威胁。因此，中国虽然因都市工商业的繁荣，在汉代就产生了名目制货币，宋代就产生过纸币，明代就已经形成银两本位的货币制度，但终究没能生成完整的市场经济形态，更没有生成由经济实力所进化出的相对独立的政治力量。直至清王朝末期，在世界大潮裹挟下的中国工商业，依然不得不在君主专制制度的政治和文化的重压下谋求生存空间。工商业的成功，在为创业者和经营者带来经济收益的同时，也加大了其生存的威胁，迫使他们不得不与官权相勾结，或混迹其中以求自保。从陶朱公屡次散尽家财、沈万三捐国而招祸的故事到胡雪岩的起伏人生，基本上描述出中国工商业者在漫长的封建社会中的生存境况。他们始终没有形成独立的政治话语权和文化影响力。

19 世纪晚期至 20 世纪早期，无数志士仁人在“产业兴国”的理想引领下，冲破封建专制制度的重压和盘剥，战胜国际资本的排挤和围剿，艰难求索，顽强求存，创造出一个又一个工商业奇迹，为我们留下数以千计的中国工商业的优秀品牌。这些勇敢的求索者，在实现自己的拳拳报国之心的同时，也为中华工商业文化树立了丰碑、壮大了根系、续写了辉煌。他们是中华工商业文化的脊梁。

新中国成立后，“赶英超美”的豪情召唤，大同世界近在咫尺的憧憬，使得全国的资本主义工商业得到了彻底的改造。而史无前例的“无产阶级文化大革命”再一次试图挖掉一切“封、资、修”的根子，中华民族仅存的工商业文化血脉被连根刨出。

1978 年，再次觉醒了的亿万中国人，跟随世界潮流，开始以市场经济为导向的改革。1999 年，中国加入世界关贸总协定。2010 年，中国国民收入总额在世界排名第二，进入各国经济总量排名的第一梯队。当大国情怀得到满足、文化重新觉醒之时，面对以工商业文明为主导的全球经济一体化的世界，面对国际上以工商业文化的较量论输赢、定未来的游戏规则，中国的工商企业普遍显得缺少竞争经验和文化底蕴。

最近几年，除个别经过国内充分竞争考验的制造业企业和互联网企业外，一些石油、电力、电讯行业的国有企业，在国内坐享政策百般呵护，靠垄断利益高速“成长”，纷纷跻身世界几百强。看似打遍天下无敌手；但一出国门，便集体失利，铩羽而归。究其原因，除了体制缺陷外，主要就是缺少工商业文化的历史传承和充分市场竞争的锻炼。

实践表明，当今国际竞争将越来越表现为文化软实力的竞争。在这种竞争面前，缺少源自本土的历史文化资源，不注意从本民族的文化遗产中汲取力量，不可能有胜算，只能是跟在工商业文化强国后面亦步亦趋的尾随式发展。

在这样的背景下，我们重新认识和发掘老字号的价值，探索保护和振兴以老字号为代表的民族工商业文化遗产的路径，具有重要的现实意义和历史意义。

三、保护振兴老字号、弘扬民族工商业文化的现实意义

保护和振兴老字号，挖掘整理、发扬光大中华工商业文化，不仅具有关乎中华民族未来的历史价值，也有着极其迫切的现实意义。

1. 传承工商业文化诚信传统，加快市场经济道德建设

工商业文化以社会分工和诚实信用为基石，以权衡利益、平等协商为手段，以各取所需、互利共赢为目标。从我们现在还能见到的老字号的文化传承中，其基本精神正是自觉坚持以德立身、以信为本，并以此创下百年基业。例如享誉京城的谦祥益，在其企业名称和经营理念中就生动地体现“以德为美、以谦为范、以诚为本”的原则，在经营活动中认真实践“货真价实、童叟无欺”的商业道德，

严格质量检查，区分商品等级，按质论价，放尺销售，在消费者中建立良好的信誉，成为京城绸缎业著名的“八大祥”中延续至今的“祥”字号绸缎庄。

面对今天市场中时常爆出的诚信丑闻，许多人都将根本原因归结为历次政治运动割裂了中华民族诚信仁爱的历史文化传统。通过上面的分析，我们可以看出，以诚实信用为基石的工商业文化的薄弱甚至缺失，否定商业活动的经济和社会作用的理论框架，建立在计划经济理念基础上否定商业活动存在意义的法律框架，纠结于“国有”“民营”、姓“资”姓“社”的思想困惑所造成的市场不公，这些都是造成今天种种诚信缺失乱象的深层原因。

而在以老字号为代表的中国工商业文化中，有着相对于任何民族都毫不逊色的诚信传统，现在的老字号个个都是“缺诚信则无以至今日”的商业道德典范。我们今天所要做的，就是要通过大力弘扬老字号的名词和故事承载的中华民族工商业诚信传统，促进社会主义市场经济道德建设。要通过多种方式，把老字号面对“士农工商”的社会政治地位歧视和“无商不奸”“车船店脚牙，无罪都该杀”的文化歧视，以“诚”求存、以“信”立业，靠诚信勤奋起家、发家的成功故事，作为今天社会的主流价值，加大宣传推广力度，使之广为流传，并逐步融入国民精神，成为市场经济的主导规则和国民精神的重要组成部分。

2. 传承工商业协商精神，促进当代社会和谐

工商业文化的另一个优良传统，就是协商精神。在商品交换活动中，交易双方必须经过反复协商，才能对商品的成本、价值、边际效用达成共识。在一个健康的市场经济环境中，所有的参与者都必须学会妥协。没有人能够靠坑蒙拐骗、欺行霸市取得长期利益。如果缺乏这种工商业文化传统的协商精神，则会在利益发生冲突时倾向以力逞强，甚至选择走向极端。

与万事不求人的农耕文明和水草不济便征伐掠夺的游牧文明不

同，工商业文明在其孕育过程中，由于自然条件的限制和利益权衡的考虑，更多地趋向妥协以求双赢。自从人类掌握了彻底毁灭自己的能力，国与国之间因边境、海权、贸易所产生的摩擦，尤其需要立体思维、变通智慧与充分协商。而在缺少工商业文化传统和协商精神的地方，则容易激发“狭路相逢勇者胜”的惯性思维，常常是国际之间纠纷刚露端倪，国内已先乱成一片，喊打喊杀之声四起，在于事无补之外还常常有害。中国国内每年发生的城管与商贩的纠葛、强拆与维权的斗争所引发的暴力事件，其中一个共同的原因就是没有能够充分协商。

无疑，传承工商业文化的协商精神是现代社会建设精神文明的一个重要途径。我们要通过深入发掘、大力弘扬工商业文化，还工商业群英的本来面目，树立他们的正面形象，加大其在社会教育中的分量。一个社会教育体系中拥有太多“揭竿而起”的英雄形象，不可能导出充分协商的社会价值取向。我们需要那些凭借自己的智慧和辛勤劳动、靠精细服务和日积月累在历史中驻留下来的平民英雄，需要那些以老字号的创建者或维护者为代表的、为万千百姓日常生活增添了幸福感的工商企业家。注重提升他们在社会教育体系中的位置，以此引导人们自觉树立社会协商精神，促进社会和谐。

3．传承老字号的创新精神，建设长寿企业

老字号企业之所以能够传承百年，正在于他们与时俱进的创新精神。这种创新精神，源自市场竞争的压力，“不创新毋宁死”，老字号们艰苦创业的历史生动而雄辩地诠释了这条企业生存的法则。

然而从计划经济时代延续至今的“国有”与“民营”待遇不同的现实经济环境，使我们的企业相对于国际竞争而言，仍然显得创新动力不足。大型国营企业以行政级别论强弱、比大小，看谁能从国家优惠政策中多分一杯羹，多占有一份垄断利益或多争得一份政策补贴。于是，在各种国家优惠政策和保护措施的卵翼下，养成一个个虚胖的“巨人”，去争取世界几百强的排名位置换来的自我陶醉。

而小型的老字号国营企业，则往往纠结于继承传统与创新发展的关系而举棋不定。其根本原因还是在于利益关系造成企业的管理者创新的动能不足。

而成立于清朝末年的谦祥益，曾定位于为清朝王公贵族、达官显贵和社会名流提供高端服装材料和制衣，并因此取得骄人的成绩和行业领先地位。民国初年，昔日遗老遗少渐作鸟兽散，谦祥益毅然放下身段，迎合市民时尚，倾力经营低端的“洋布”，创出自己的新品牌“三宝蓝布”，靠创新巩固了自己的市场地位。

20 世纪 30 年代红遍上海，50 年代迁京后享誉京城的“造寸”时装公司，因扮靓过众多的新中国女性领导人或亲属及国际友人而为新中国国际形象增添过无数光彩。也正是因为其创业者在 30 年代毅然放弃传承已久且因此家道殷实的西服正装制作，转而专攻时尚女装，最终成为行业翘楚。

已经进入世界经济总量排名第一梯队、正在富裕和复兴的中国，需要深入研究、充分发掘以老字号为典型代表的中国工商业文化的创新传统，创造更加公平的市场竞争环境，让所有企业都能在国内市场充分竞争中得到锻炼，产生具有内生创新冲动并因此而长寿的企业群体，以保证未来的国际竞争实力。

4. 保护老字号物质遗存，为城镇化进程注入文化活力

在城市历史建筑的遗存中，相对于宫阙坛庙建筑和民居建筑，工商业建筑由于生产技术的不断进步和市场竞争的需要，必须与时俱进，因而是最具活力和灵性的建筑类型，它们生动地反映和记录着各个时代审美和时尚的历史演化过程。

正如老字号所具有的价值中，既有物质的、也有精神的一样，以建筑为主要形式的工商业文化遗产中的物质遗存，也具有文物和文化的双重价值。由于文物保护的法规相对健全，文物的价值显得更加直观，几个历史酒窖的发现和保护，就曾经催生出新的白酒品牌，在白酒市场上划出几道亮丽的风景线；而它们的文化价值却常常被

人们所忽视。

正是由于这些工商业建筑的存在，以及它们所传递出的世俗生活的时代印记，都市才不仅仅是“政治中心”和“人口密集区”，城市才呈现出各自的缤纷色彩。我们在城镇化建设进程中，更应该注意保护、利用、发掘这些工商业建筑的文化价值，延续城市的历史文化特别是世俗生活的脉络，避免千城一面的破坏性建设。

2005 年，罗康瑞和他的香港瑞安集团，在上海太平桥地区的旧城改造工程中深入发掘、利用城市历史建筑遗存的文化价值，打造出“上海新天地”这一现代城市休闲中心。其成功的原因，正是在于她展示出了上海世俗生活的历史风貌。

2008 年，成都宽窄巷子历史文化区改造工程竣工。由于其历史遗存的文化价值得以充分利用和展示，恰如其分地成为“老成都底片，新都市客厅”，人们在这里很容易找到“城市往昔的缩影”和历史记忆深处的符号。

与上述两个取得商业成功的城市建设项目相比，占据全中国首屈一指的地理位置，原本就是历史商业街区的北京前门大街的改造工程，距离商业成功的目标似乎还很遥远。其原因众说纷纭，而过于强调文物价值却相对忽视文化价值，应该是其中的重要原因。正如在其改造工程开工仪式上，北京市文物局的负责人宣布的那样:“这是北京市第一次以‘文物’标准对待传统历史文化街区的改造工程，前门中轴大街改造工程将严格保护传统建筑”①。而当建设部门还在认真考究某个店铺究竟应该是宣统三年还是民国三十年的样貌的时候，前门大街已经淡出了北京的市民生活，变成了一座与世俗生活的历史演进无关的建筑样式陈列馆。徜徉其间，北京人无法找到自己，外地人更难以发现北京。重文物、轻文化，重投资、轻生态，越是有钱，后果就越是严重。就此而言，重新评估前门大街的历史文化价值，

① 杨玉峰：《本市首次以文物标准改造历史街区》，2007年7月12日《北京晨报》。

重建与北京市民生态的有机联系，可能是解决问题的唯一途径。

四、从工商业文化遗产角度保护和振兴老字号的对策研究

作为工商业文化遗产的典型代表，今天的老字号面临新的严峻挑战和重大机遇。这迫切需要积极借鉴工商业文化遗产保护的相关理念和做法，深入研究、制定相关政策、措施，有效推动老字号的保护和振兴。

如同世界文化遗产保护一样，工商业文化遗产保护也需要全社会的共同努力、国家治理和国际交流。其中，加强立法、编制分级名录、明确单一部门专管、制定规划编制、加大资金投入、加强公众教育等是重要组成部分。我们有20世纪90年代国内贸易部中华老字号名录的搜集整理和2006年商务部老字号振兴的工作经验，以老字号为核心，推及全行业文化遗产保护，无疑是对老字号的保护与振兴的促进和提升。

1. 国退民进，为老字号创造宽松的生态环境

19世纪晚期和20世纪早期，在“产业兴国”的理想引领下，一大批民族企业家冲破封建专制制度的重压和盘剥，在国际资本的排挤和围剿下，艰难求索，顽强求存，创造出一个又一个工商业的奇迹，实现了创业者的拳拳报国之志，也为今天留下了许多动人的故事和一个个脍炙人口的老字号品牌名称。这些勇敢的求索者的实践，为中华工商业文化谱写了新的篇章，也为我们留下了一份可以传承的宝贵遗产。

20世纪末，老字号的生存和保护问题开始进入公众视野。从那时起的十余年间，众多有识之士为老字号的生存、保护和振兴，为保住仅存的这些中华工商业历史文化血脉奔走呼号；各级政府也做出了努力，国内贸易部和国家商务部先后三次公布“中华老字号”的品牌名录。无疑，这些都是十分重要的。

但是，所有这些措施所保护的对象，只是老字号曾经创造出来

的品牌名称，而不是老字号。保护的受益人与当初老字号的创办者几乎没有任何关系。今天创造过这些品牌的老字号，大多已是“国营企业”。虽然自九十年代起，就在尝试各种各样的产权制度改革，但受制于“国有、民营”“姓资、姓社”的思想藩篱束缚，这些摊店铺坊规模的小型企业因袭的仍然是“国营企业”的生态，以至于出现了在老字号保护的国家名录上，数个老字号之前竟冠有同一个某某饮食公司字样的现象。政府投入了大量的人力、物力、财力，希望扶持起这些品牌名称的载体。而老字号保护实际却成了相关“国企”分享国家优惠政策的又一个理由。尽管如此，因受制于体制造成的企业生存发展的原动力不足，绝大多数老字号依然挣扎在生存线上。

现在所说的老字号，多数是居民生活消费领域里摊店铺坊规模级的小型企业，由于与百姓生活息息相关，才保留下来这些品牌名称。在市场经济环境中，他们最适合的组织形式就是民营，甚至是家族传承，如同它们诞生的环境和它们顽强求存的历史所表明的那样。

因此，建议除了像同仁堂、全聚德等少数改制成功的企业外，国有经济应该全面退出这个领域，通过公开拍卖，出售给有实力、有意愿、有修养的民营企业。把传承的使命分散给全社会。所得资金由国资部门按比例划拨，成立社会企业性质的工商业文化遗产再造公司，深度发掘历史上曾经辉煌却已经消亡、而其产品和服务仍然可能有市场前景的老字号，再造复原后再进行公开拍卖。对拍得老字号的民营企业，政府通过政策扶持，协会、基金会通过技术指导，保持一段监护期，帮助新的老字号企业逐步走上独立发展的轨道。以此把整个蛋糕做大，把民族工商业文化遗产的根系做大，把老字号的根基做强。

2．制定和落实老字号无形资产估值规则

保护和振兴老字号的一项重要工作目标，就是如何让老字号的认定与授予老字号企业载体得到实惠，从而调动相关的利益体参与促进老字号发展、维护老字号信誉的积极性。

达到这个目标的方法多种多样，其中最重要的是落实获评企业的无形资产评估。按照国际会计通则，老字号企业可能涉及的无形资产的会计科目，包括专利权、商标权、非专利技术、商誉等。其估值受老字号评选影响较大的，是商标权和商誉。企业一经入选老字号名录，其原有的商标权和商誉立即会增值。但是不同类型、不同级别以及不同范围、不同地域的老字号各自应该增值多少，怎样才能尽快地把评选的结果落实为企业的权益、资本和授信能力，这些都需要在老字号评选规则或工作细则中出具指导意见。通常情况下，企业自创的商誉不计入会计账目，只在企业合并、改组时才予以计量，但是因老字号认定所带给企业的商誉则应该即时计入，以确保老字号的合法权益能够得到有效保护。

作为一项长期资产，老字号评选的工作细则也应依据对其逐年测试增减的原则提供指引。为此，每一届老字号评选团队应尽早圈定资产评估机构范围，在与之协商的基础上制定估值方案，使新的名录一经提出，资产评估工作能立刻操作，获评企业能及时得到无形资产增值的实惠。

3. 建立政府主管的工商业文化遗产保护研究和管理组织

建议成立由中央和地方政府商务部门主管的“工商业文化遗产保护委员会”和“工商业文化遗产保护研究中心”。把老字号的保护与振兴工作提升到工商业文化遗产保护的高度，成为政府的日常工作。

中国在1985年11月22日加入《保护世界文化与自然遗产公约》，按照联合国教科文组织设定的标准，一批文化遗产、自然遗产、双重遗产、自然景观得到了有效的保护。2003年10月17日，联合国倡议的《非物质遗产保护公约》获得通过，再次在中国掀起非物质文化遗产挖掘整理保护的高潮。

但是应该看到，已有的物质遗产和非物质遗产的确定，是按照此前的经济文化强势国家所设想的全球的需要并依此制定的“突出与普遍”准则。而占世界人口四分之一的中国，有自己特有的精神价值、思维方式、文化意识和历史问题，有现有的物质遗产和非物质遗产保护都不能涵盖的实际需要。

事实上，许多老字号保护中的现实问题，很少涉及建筑遗址一类的文物保护。这并非简单的技艺传承的非物质文化保护，而是通过物质体现出来的企业制度、服务精神、生产流程和质量标准，对象主要是物质的，是特定的企业和企业所提供的产品或服务；同时这也包括职业道德、服务理念、企业文化、企业家精神等非物质的要素，加之我们目前迫切需要大力弘扬工商业文化的优良传统，因此需要在已有的国际标准之外，建立与之相对应而又具有自己特色的国家标准。

做好工商业文化遗产保护工作，关乎中国历史文化传承、精神文明建设、可持续发展和中华民族在未来的国际竞争的位置，应发挥政府的主导作用，建立高效的保护工作领导机制。可以由政府商务部门牵头，通过建立与现有的物质和非物质遗产保护机构相对应的“保护委员会”和“保护研究中心”，统一协调工商业文化遗产的保护工作，确保从国家治理的层面把这项工作落在实处。

4．发起成立世界工商业文化遗产保护组织

在市场经济环境没有遭受过大规模、长时间人为破坏的国家和地区，工商业文化遗产保护的重点往往是对工业遗产的保护。但是在二十世纪后半期实行过计划经济和配给体制的国家和地区，与生活消费相关的工商业文化的设施和传承，受到过数十年的系统性破坏。其破坏程度因民族特质而有所不同，在一些极端的国家和地区或时段，工商业历史文化荡然无存。这些国家和地区有着与中国相似的经验和教训，也有着恢复、保护、振兴本民族工商业文化的需求。

中国已经晋身世界国民收入总额的“三甲”，有责任牵头倡议和建立“世界工商业文化遗产保护委员会”或“工商业历史文化遗产保护国际组织”。

与“世界古迹遗址保护理事会”①相关的“世界工业遗产保护国际委员会”②，2003年在俄罗斯的下塔吉尔发表《下塔吉尔宣言》，开启了世界工业遗产保护的新篇章。

由于世界各国国情的不同，由中国牵头，在工商业文化为民族文化短板或在历史上实行过计划经济的国家范围内组成新的国际组织，极具建设性。其重要作用在于：一是提高全民对工商业文化遗产意义的认识和体制内对这项工作的重视；二是通过国与国间的相互交流、相互借鉴，寻求保护工商业文化遗产和振兴工商业优秀文化的更好方法；三是提升中国作为正视历史、勇于负责的经济大国、文化大国的国际形象；四是争取文化领域的国际话语权。

5. 开展深入持久的弘扬中华工商业文化传统的活动

应由政府商务部门牵头，在文化部门和教育部门的配合下，组织开展由科研机构、文化场馆、学校、社区、企业共同参与的，大力弘扬以老字号为代表的工商业文化优良传统的文化活动和社会教育活动。科研机构、大专院校要加强对中华工商业文化遗产的整理挖掘和学术研究。文化场馆要增加民族工商业文化历史的展示和传播。广播电视、互联网等公共媒体要增加民族工商业文化遗产保护意义的科普宣传。教育部门应将中华工商业历史文化遗产中具有民族精神和道德示范的优秀内容逐步充实进教材。

各级地方政府应将所辖地区的工商业文化保护纳入社会发展和文化发展规划，建立本地区的工商业文化遗产保护目录，通过科学的分类定级，建立起各地区的保护体系。在工作中要特别注意对已经消失的、新中国建立以后的、改革开放以后形成的至今有影响力的潜在的这样几类工商业文化遗产的研究和收录。

保护曾经在我们这一代人手中失去的或正在失去的优秀民族文

① International Council on Monuments and Sites，缩写为ICOMOS，联合国教科文组织下的委员会，总部设在法国巴黎，1965年在波兰华沙成立。

② The International Committee For The Conservation Of The Industrial Heritage，缩写为TICCIH。

化遗产，传承和复兴相对短缺而迫切需要的优秀文化传统，是当代中国人义不容辞的历史责任。为了让我们的后代能够适应工商业文明主导的世界环境，为了让我们的后代能够在未来的国际竞争中不致输在“起跑线上”，现在应该做的最有意义的事之一就是：顺应国际环境和世界潮流，以老字号的保护与振兴为抓手，深入发掘、大力弘扬中华工商业文化，把中华民族工商业文化的优秀传统，接下来，传下去。

作者简介

课题负责人：李　丁，首都经济贸易大学教授、南昌职业学院教授，主要研究方向为贸易经济、市场营销管理。

课题参与人：富　康，高级经济师。

大栅栏老字号集聚区现场教学推动老字号振兴作用研究

王世勇　张晓光　谢　惠

【内容摘要】老字号不仅是一种商贸景观，更是一种历史传统文化现象，已成为中华民族宝贵的物质和文化遗产。如何推动老字号企业振兴发展，是当前理论研究和实践探索的一个重点。西城区委党校以大栅栏地区老字号企业发展瓶颈为切入点，以增强党政领导干部对老字号企业的认知水平为着力点，坚持问题导向与实效原则，开设大栅栏老字号集聚区现场教学课程。本课题在现场考察基础上，深入研究现场教学在推动老字号发展中的重要作用，详细分析影响其作用发挥的具体因素，提出相应对策。

【关键字】　老字号　现场教学　振兴发展

老字号发展到今天，已经不仅是一种商贸景观，更是一种历史传统文化现象，成为中华民族宝贵的物质和文化遗产。

随着市场经济的推进，老字号企业遭遇了许多新的问题。为了更好地继承发扬老字号优良商业传统，发展壮大老字号企业，从2006年起，在国家商务部号召下，以认定“中华老字号”为切入点，以各地主管部门为主导、其他职能部门为辅助，通过设立老字号专项资金、搭建老字号宣传平台、为老字号保护立法等措施，加大对老字号的扶持力度，取得明显成效。

西城区委党校开发的大栅栏老字号集聚区现场教学，正是在这种大环境下开展的一种以现场教学助力老字号振兴的实践探索。

一、大栅栏老字号集聚区现场教学开发的背景及课程模式

1. 大栅栏老字号集聚区现场教学开发的背景

大栅栏地区，北起前门西大街，南至珠市口西大街，东起前门南大街，西至南新华街，总面积1.26平方公里，辖区内的大栅栏商业街有近600年历史。截至目前，大栅栏地区有“中华老字号”企业26家；有未申请、未被认定或曾获批为中华老字号但未通过重新认定的各种老字号资源20家。[①]随着老字号集聚效应的显现，对周边的影响力日益增强，2010年11月，大栅栏被中国商业联合会、中华老字号工作委员会授予全国首个“中华老字号集聚区”。

由于历史的原因，大栅栏昔日的高端与奢华，并没有得到很好地延续，在众多北京人眼中，大栅栏是小商品的集散地、低价格的大天堂，本地人较少到大栅栏购物，客流量主要是外地旅游者。由于商业街上店铺良莠不齐，存在一些低端、假冒伪劣商品，甚至老字号店铺中也销售其他低端品牌，令许多外地游客遗憾而归。低廉商品的充斥与假冒伪劣商品的存在，严重透支着老字号的商誉与品牌价值，对老字号发展极为不利，对整个大栅栏商业街的科学发展构成很大的困扰。商业业态的提升，成为政府有关部门多年力求破解的难题之一。

为进一步提升北京城市环境的整体品质，建设“活力、魅力、和谐”新西城，西城区政府正在全力打造以文道、商道、绿道为主要内容的“三道”城市景观[②]，推动国际商贸中心示范区建设，以更高标准创造城市美好生活。老字号是西城区城市建设独具特色的组成部分，关注和推动老字号发展，是西城区保护首都传统风貌、扩大北京文化古都影响力、提升城市综合竞争力的重要工作之一。

① 大栅栏街道工委、大栅栏街道办事处编印：《大栅栏的故事——魅力老字号》“前言”，2012年12月。

② 西城区的文道、商道、绿道“三道”景观，指的是木樨地至永定门的滨河道景观（绿道）、地安门至永定门的文化轴景观（文道）以及新街口至开阳桥的商业街景观（商道）。

近年来，西城区进一步加大保护和发展老字号的力度，于2011年底率先出台《西城区关于保护和促进老字号发展若干意见的通知》（西政发〔2011〕32号），加大对老字号的保护力度，制定设立专项资金、推动老字号集聚发展等具体政策措施。

面对地区发展需求，作为承担地区领导干部教育培训任务的职能部门，西城区委党校主动发挥自身优势，将科研与教学、理论与实践紧密结合，深度挖掘教学资源，积极探索教学方法创新，积极打造以“动态、立体、多维”为主要特点的大栅栏老字号集聚区现场教学课程。一方面通过教学活动，增强党政领导干部对老字号的关注度和认知度，实现科研与咨政相结合的良好态势；另一方面开辟老字号研究的新视角和新途径，充分发挥党校的平台效应，整合推动各方资源，构建政商学一体化模式，为老字号持续健康发展提供智力支持，促进老字号企业振兴发展。

2. 大栅栏老字号集聚区现场教学课程模式

（1）大栅栏老字号集聚区现场教学的定义及原理。一般而言，现场教学是指教员和学员同时深入现场，通过对现场事实的调查、分析和研究，从事实材料中提炼出新观点，提高学员运用理论认识问题、研究问题和解决问题能力的教学方式和方法。①

有研究指出，现场教学模式主要建立在建构主义理论及体验学习理论基础上。建构主义认为，学习是学习者以自身已有的知识和经验为基础，主动进行建构新的认知结构的过程。体验学习理论认为，从体验开始，进而发表看法，然后进行反思，最终形成理论并应用于实践中，构成一个“体验式学习循环”。②

现场教学实现了“课堂→现场→课堂”“理论→实践→理论”逐步深化的过程。从教学形式上看，现场教学具有两个鲜明的特点：

一是现场教学是课堂教学的延伸。一方面把课堂教学搬到了教

① 刘振华：《现场教学法研究》，《干部教育研究》，2009(1)。

② 周志平：《干部教育培训教学质量评估研究》，《中国浦东干部学院学报》，2009(3)。

学现场，另一方面又在课堂上深入分析研究现场教学的内容，实现了现场教学与课堂教学的有机融合。

二是现场教学真正把“研究”贯穿教学始终。从教师去教学基地搜集整理教学材料，到学员在课堂上阅读分析资料和思考问题；从教学双方共同到教学基地实地考察，到返回课堂共同研究和讨论教学内容，整个过程始于教师设计课程，终于学员提高能力，始终体现着“研究”二字。

根据美国学者詹姆斯·索罗维基的观点，我们现在处在一个群体智慧的时代，只要掌握了激发群体智慧的原则，就能在这个纷繁的世界上自如地生活着。[①]针对老字号发展实际和领导干部培训的需要，在课堂讲解的基础上，通过带领学员深入大栅栏进行实地调查研究，针对老字号企业发展面临的瓶颈问题，发动“头脑风暴”[②]，汇集广大领导干部的个人智慧为群体智慧，为老字号集聚区的可持续发展提出建议，形成不同内容的调研报告，可以为政府部门制定政策提供参考，推动大栅栏老字号集聚区的可持续发展。

（2）大栅栏老字号集聚区现场教学的设计框架。现场教学紧密围绕西城区情，把理论教学与政府实际工作衔接起来，将“教”与“学”双方带到互动研究之中，通过现场展示所要研究的问题，激发学员进行思考，提高教学的针对性和实效性。课程教学主要包括课堂授课、现场教学以及课后研讨三个环节。

第一个环节：课堂授课。以课堂讲授为主要形式，包括介绍情况和提出问题两个方面内容。利用多媒体影像、面授式教学等方式，向学员介绍西城区老字号的总体情况、面临的问题及政府采取的措施；在此基础上，提出需要学员思考的问题。这样，使学员对西城

① [美]詹姆斯·索罗维基、王宝泉译：《群体的智慧：如何做出最聪明的决策》，中信出版社2010年版，第1页。

② 头脑风暴法是由美国创造学家AF·奥斯本于1939年首次提出、1953年正式发表的一种激发性思维的方法，是无限制的自由联想和讨论的代名词，其目的在于产生新观念或激发创新设想。

区老字号情况及大栅栏商业街的情况有较全面的了解，并带着问题和思考进入现场。

第二个环节：现场教学。以现场实景教学为主要内容，按照课程推进的顺序，可分为途中启发、沿途参观及专题互动三部分。

途中启发——从学校到大栅栏商业街行车期间。提前选择一名学员担任解读播报员，与全体学员分享《群体的智慧》内容节选。教师根据播报内容进行现场点评引导，启发学员进一步理解老字号现场教学的机理和意义，阐明老字号现场教学对促进老字号企业发展的实际带动作用。

沿途参观——以在建的北京坊区域为起点，经珠宝市街南行进入大栅栏商业街，全程大约 800 米。教师向学员介绍政府对大栅栏老字号集聚区商业业态进行调整的思路、开展的具体工作及面临的实际困难，深化学员对老字号发展的认识。参观大栅栏老字号集聚区的商业业态布局，进入部分老字号店铺，让学员真切感受低端业态对老字号集聚区整体品牌形象和商誉的不良影响。

专题互动——组织学员进入特定老字号商铺，听取老字号企业负责人介绍企业历史沿革及发展现状，与企业负责人进行互动交流。如参观内联升手工布鞋制作技艺非遗展示、观看张一元茶道和包茶技艺表演等，让学员亲身体验老字号特有文化（见图 1）。

第三个环节：课后研讨。在教师引导下，结合学员各自的感受，就课堂授课环节中提出的思考题进行探讨，通过“头脑风暴”，充分发挥群体的智慧，鼓励学员多角度、全方位交流现场考察的所见所闻，为老字号发展“把脉”“开方”，并由全体学员共同撰写调研报告。这样不但为老字号企业发展建言献策，同时也进一步提升了领导干部的调研能力、实践能力和创新能力。（见图 2）

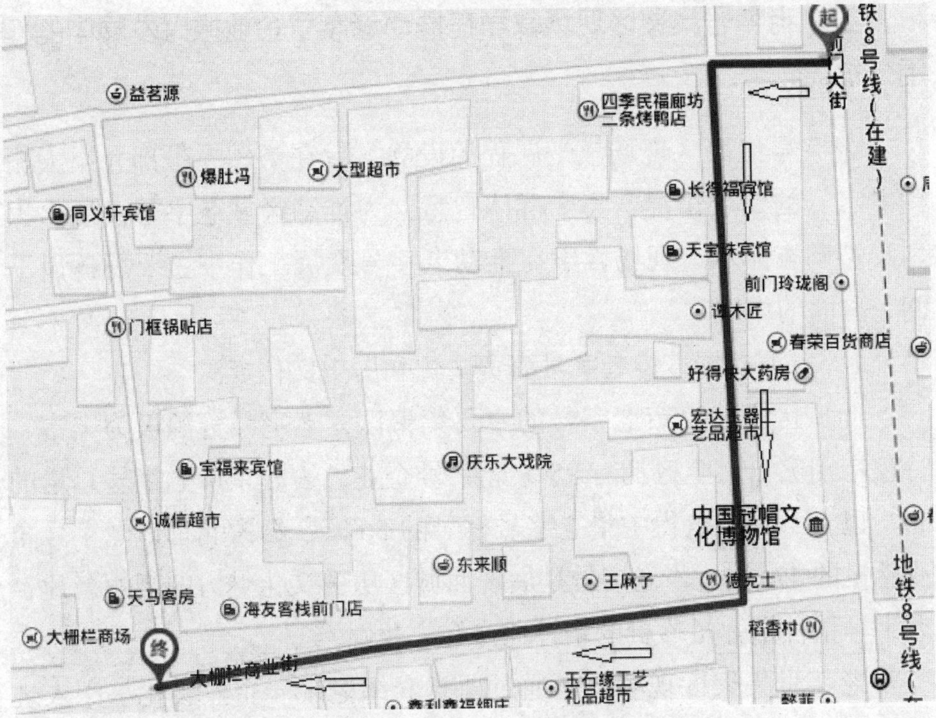

图 1　大栅栏老字号集聚区现场教学路线图

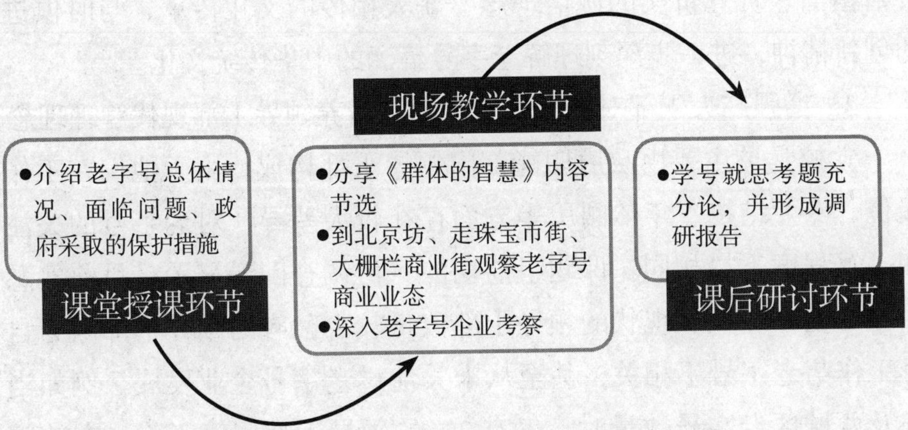

图 2　大栅栏老字号集聚区现场教学流程图

二、老字号集聚区现场教学在推动老字号企业振兴发展中的作用分析

老字号集聚区现场教学课程的设立，旨在为领导干部介绍大栅栏老字号的发展情况，集中群体智慧，为推动区域老字号发展出谋划策。调查显示，现场教学在推动老字号发展工作中主要发挥以下四个方面的作用。

1. 大力挖掘宣传老字号商贸文化和历史文化资源

西城区是北京市老字号的主要集聚区，老字号资源极为丰富，特色特别突出。全区拥有 95 家老字号企业，占北京市老字号总量的 50% 以上，其中获得中华老字号称号的 56 家，约占北京市老字号企业总量的 47.86%。[①] 老字号是展现西城区历史文化魅力的靓丽名片，老字号精神是弥足珍贵的精神遗产和文化财富。

老字号集聚区现场教学通过课堂介绍老字号企业文化、深入现场观察老字号商业布局、参观老字号博物馆以及举办“我眼中的老字号”图片展等环节，深入挖掘、大力弘扬老字号的商贸和历史文化，引导学员零距离感受老字号企业坚持不懈的事业追求、义利互济的价值担当、货真价实的诚信理念、薪火相传的文化传承、与时俱进的创新精神，进一步深刻理解老字号蕴涵的中华传统文化。

2. 增强广大干部对老字号的认知，培养领导干部现代管理理念

党校学员主要由政府职能部门领导干部构成，由于他们在工作岗位、专业结构、年龄阅历等方面存在较大差异，对老字号的关注和了解程度不尽相同。课题组前期的一份调查问卷显示，目前熟悉西城区老字号发展现状的领导干部数量较少，有的领导干部因为自身工作与老字号不相关，甚至从未关注过老字号企业发展。例如当问及西城区老字号数量时，仅有 2% 的领导干部回答正确；在被问

① 西城区商务委：《新西城区老字号企业（全）》名录，2013年。

及对西城区老字号的关注程度时，46% 领导干部表示关注，51% 的受访者表示偶尔关注，近 3% 的受访者表示不关注[①]。

老字号的发展，牵涉到众多政府部门，对老字号的关注度、认知度不高的情况表明，部分领导干部存在区情把握的盲点，不利于推动老字号企业工作的全面展开。通过老字号集聚区现场教学，可以使各级领导干部切身感受西城老字号的发展状况，增进对老字号的了解和关注，引导对推动老字号企业发展问题的深度思考。特别是一些与老字号发展有业务关联的领导干部，通过参加现场教学，更清醒地意识到，当前迫切需要政府有关部门加强顶层设计，提供政策支持，从而促使领导干部主动学习现代管理理念和方法，进一步提升公共管理效能。

通过学员课后反馈，大家进一步了解了西城区老字号的发展情况；表示今后会加大对老字号的关注度，支持老字号的发展；对目前老字号发展所面临的困境，大家也提出一些建议，如采取有效措施，培养下一代消费者对老字号的情感等。

3．共享老字号集聚区现场教学的成果，凸显党校教学实践平台效应

大栅栏老字号集聚区现场教学集合了社会各方资源，为老字号发展搭建了宣传推广、沟通交流、信息共享“三大平台”。

（1）宣传推广平台。随着改革开放的深入和互联网技术的普及，在市场经济条件下，“酒香不怕巷子深”的理念已经不符合时代的需要，企业迫切需要加大产品和服务知名度、美誉度的宣传。陆续登陆我国市场的洋品牌、本土茁壮成长的新兴品牌，都高度重视市场营销和产品推广，老字号只有认真学习借鉴这些成功经验，不断

① 为掌握西城区广大领导干部对西城老字号的了解情况，党校老字号课题组设计调查问卷，下发至科长培训班、中青年后备干部培训班、处级干部培训班和一年制处级干部培训班四个班次，共发出183份，收回183份，其中有效问卷181份，无效问卷2份，问卷有效率达到了98.9%。见《西城论坛》2013年第4期。

加大宣传力度，才能有效促进自身的永续发展。除了通过电视、广播、网络等主流媒体进行宣传之外，老字号集聚区现场教学为老字号搭建起新的宣传推广平台。所有学员均是老字号企业深度宣传推广的特定对象，随着教学实践活动的渐次展开，参加培训人数持续增加，了解关注老字号的人数也同步增加。以西城区委党校为例，课程开展三个学期以来，已累计培训学员 700 余人，为扩大老字号在各部门的影响发挥了积极作用。

（2）沟通交流平台。现场教学搭建了政企沟通交流平台，学员深入老字号企业考察，企业负责人向学员介绍老字号当前发展情况，并就存在的困难问题与学员探讨互动。现场教学为政府职能部门领导干部提供了调研实践基地；同时也为老字号企业提供了专题汇报的机会。对老字号企业来说，这批造访者的身份特殊，他们都是企业所在辖区的领导干部，企业负责人可以与当地领导干部就企业发展过程中遇到的困难进行面对面的交流。

这种交流和沟通的特点在于：沟通双方在一个中立的平台上，保证了信息的客观性，提升了政策的针对性和有效性；一次沟通，多重效果，汇聚了政府不同职能部门的领导干部，实际上发挥了老字号发展专题联席研讨会议的功效；为构建政商学一体化交流平台提供了有益的经验。

（3）信息共享平台。目前我国政府部门对老字号一般采用多头管理模式，牵涉到的部门较多，极易导致信息沟通障碍，出现信息资源零散化、碎片化现象，不利于形成促进老字号发展的合力。在这种情况下，老字号现场教学实际上发挥了信息共享和资源整合的平台作用。在课程准备、课程实施和课堂讨论等阶段，项目组教师多次与区商务委、大栅栏街道办事处、大栅栏—琉璃厂建设指挥部、区委宣传部、区文化委等主管部门及相关老字号进行沟通，间接实现了信息在政府部门间的横向互通和共享；促进了企业与政府间纵向信息的共享；也确保了来自不同部门、不同岗位的学员之间信息的共享。实践表明，通过现场教学这个平台，使所有的人都能够及时快捷、公开透明地了解老字号的最新状况。

4. 发挥党校科研智库作用，为政府决策提供参考

（1）初步发挥智库作用，助力老字号发展。党校学员来自政府各职能部门，具有较丰富的工作经验和阅历，分析问题具有独特的专业视角。现场教学通过课堂讲授、现场调研以及课堂研讨等环节，充分启发广大学员自主思维，鼓励学员提出对老字号集聚区发展的建议和看法。特别是课堂研讨环节，学员通过交流与碰撞，在互动研讨中提高认识、激发思路、提升能力。教师与学员在实地调研、充分研讨基础上，共同完成调研报告，为老字号主管部门或其他职能部门制定出台老字号发展政策提供依据，有助于提高政府决策的针对性和实效性。

例如把如何开发谢馥春这家老字号企业作为大栅栏老字号商业档次提升的案例，进行多角度剖析。通过认真研究，指出企业已经意识到集聚区对提升老字号品牌、扩大宣传老字号企业的重要作用，同时也反映出部分商家已经意识到在大栅栏地区走低端产品的路线不具备可持续发展性，从而主动淘汰低端业态，引进老字号企业入驻。这一分析得到大栅栏街道综治办同志的认可，并决定把谢馥春作为街道商业业态提升的重点宣传对象，劝说部分依然经营低端产品的商家调整发展思路，鼓励其腾笼换鸟，推动大栅栏老字号企业的集聚。从而发挥出教学科研助力老字号发展的重要智库作用。

（2）有利于基层党校教学精准定位，提升老字号发展服务水平。目前区委党校教师的理论水平、政策水平和科研能力有了较大提高，但是在和北京市著名高校的专家、教授同台竞技时，仍然面临着很大的教学压力。通过大栅栏老字号现场教学实践探索，我们深深感到，现场教学有助于我们进一步找准基层党校的教学定位，为基层党校发挥科研智库作用进行理论、实践及人才储备。

现场教学的开展，需要教师们课前的大量准备，包括现场考察

门店和线路的选择、主题的提炼、教学资料的整理分析等等，而这一切正是教师们可以大有作为的地方。他们和学校外聘的专家教授们相比，总体来看在理论功底上仍然有薄弱的地方，但优势在于他们对区情的全面了解，在于对学员需求的准确把握，在于对课程的高度重视和认真准备。

在现场教学实施过程中，教师们可以发挥自己的专业优势，充分利用和挖掘西城区丰富的历史文化资源，认真分析和总结典型经验，开发系列课程。这些富有西城特色的课程体系必然是独特的，也是任何其他专家教授们无法取代的。

在开展现场教学的过程中，教师们和学员共同学习、一起讨论研究，也从学员身上学到了比较丰富的实践经验和解决实际问题的能力，进一步加深了对区情的了解，对于捕捉理论与实践的结合点有很大帮助，真正实现了教学双方互相启发、互相学习、互相促进、取长补短、教学相长、共同提高。教师们在教学实践中锻炼了自己，更加接地气，提高了各方面的能力，增强了综合素质。

三、大栅栏老字号集聚区现场教学推动老字号振兴的作用路径

大栅栏老字号集聚区现场教学是一个涉及各级政府、社会组织和老字号各方面资源的系统工程。要更好地发挥助力老字号发展的作用，从当前实际出发，主要应该着重从以下几个方面着手。

1. 政府部门加大支持力度

老字号的发展，牵涉到多个职能部门，如区商务委、区统计局、相关街道、功能街区建设指挥部、区委宣传部、区文化委、区老字号协会等，各部门按照职能分工，从不同角度掌握着老字号的最新状态，在内容上既有交叉，又各有不同，具有某种重复性和互补性。现场教学作为一门区情课程，把老字号最新发展动态及政府最新政策法规及时介绍给学员，讲授内容应具备较强的时效性。这就意味着党校老字号项目组的教师必须能够及时从众多部门获得老字号发

展的第一手材料，动态跟踪发展，确保课堂讲授内容能够与老字号发展现状直接对接，很大程度上满足学员了解老字号最新发展动态的需求。而这与能否及时获得有关政府部门信息公开的大力支持，区属职能部门在研究和实施涉及老字号的相关政策时，能否邀请党校老师参加听会等等，都有着密切的关系。

区委区政府应该根据推动老字号发展和提升领导干部综合素质的整体需要，加大指导协调力度，建立健全多部门联席互动机制，打破行政职能条块分割，形成管理合力，确保实现多部门协同联动。各职能部门应按照区委区政府要求，加强信息资源公开和共享，充分理解和支持党校老字号现场教学活动，安排党校项目组教师参加不涉及保密规定的老字号活动及会议，并逐渐形成制度，以更加有效地发挥党校的智库作用，切实促进老字号的发展。

2. 老字号企业积极支持配合

在专题研讨、互动交流环节，学员将深入某一特定老字号企业，与企业负责人进行交流和探讨。这一环节决定着“宣传推广”与“沟通交流”两个平台能否有效发挥作用，企业的认同与配合至关重要。只有老字号企业充分理解教学目的，才能把企业需要寻求政府帮助解决的问题在适当的环境中提出来并共同深入探索解决之道。这就要求参与交流和探讨的老字号企业负责人进行必要的准备，谈出关于老字号企业的困惑、思考等，提供更多可供深入探讨的内容，确保收到理想效果。

老字号企业应该积极争取纳入党校现场教学基地库，为开展现场教学提供教学资源。企业负责人要充分利用现场教学活动所提供的平台，抓住影响企业发展的要害，精心准备话题，深入剖析原因，主动借助“外力”和“外脑”，帮助自己分析问题、解决问题，切实解决企业发展中存在的实际困难。

3. 全方位提升项目组教师综合能力

党校学员均为政府职能部门领导干部，综合素质较高，他们对授课质量也有较高的要求，为此必须充分发挥课程设计各环节的功效。项目组教师除了需要在总体上准确把握区情以外，还需要具备深厚的专业知识、敏锐的洞察力、较强的问题意识、运用理论分析和解决实际问题的能力，以及现场调度的能力等。在现场教学中，教师由传统的“独角戏演员”，转变为主持人、导演、策划师和催化师，更需要针对现场教学中的热点、难点问题进行深入全面研究；课下必须与企业及相关政府部门保持良好的沟通联系，具备较强的统筹、沟通、协调能力。这些都需要打造一支专业的、高素质的现场教师队伍，才能保证整个教学活动的效果。

因此，应该多方面提升项目组教师水平。在理论方面，要加大教师理论培训力度和针对性，进一步提升教师的理论水平和学术研究能力；在实践方面，由党校派出项目组教师到老字号管理部门或老字号企业挂职锻炼，深入了解老字号发展状况，提升在实践中发现问题、解决问题的能力；加强与外区党校和其他教学单位的沟通，交流现场教学体会，研究解决教学中遇到的障碍。持续提升教师的综合业务素质和水平，确保教师在讲解、总结和点评时能敏锐地捕捉理论与实践的结合点，用理论的高度和实践的深度激发学员的学习兴趣，引导更多学员关注并致力于老字号企业发展。

4. 加大对项目组的资金支持

老字号集聚区现场教学课程资源的建设、维护利用、组织实施、推广，及项目组教师的培训等方面，都需要相应的资金支持，以确保老字号现场教学各项工作顺利展开、教学成果得以充分展示、后期推广宣传得以广泛实施、项目组教师素质能力得以全面提升。

老字号集聚区现场教学的持续开展，除了党校配备一定的课题经费外，还需要社会各界的资金支持。西城区设立的老字号发展专项资金，应拓宽资金使用渠道，对现场教学等有关项目开放，更广泛地发挥老字号专项资金的用途，确保老字号集聚区现场教学在推动老字号发展中发挥应有的增值作用。

5. 加强现场教学项目的延伸和拓展

在几年的教学探索中，我们初步形成了比较规范的现场教学流程：基地建设—课题攻关—理论先行—现场讲解—研讨交流—总结提升。到目前为止，北京西城区委党校老字号现场教学项目组，已经开发出大栅栏老字号集聚区系列课程，包括《繁华大栅栏百年老字号——大栅栏老字号集聚区商业业态提升》《赏千年丝绸国粹 品百年茉莉茶香——大栅栏老字号集聚区服务型政府管理创新》等。实践表明，这些现场教学较好地做到了“学习有收获、考察有感悟、研讨有启迪、总结有提高”的有机结合，取得了较好的效果。

下一步应该围绕大栅栏老字号集聚区的发展变化，从完善政府公共管理、推动老字号与旅游业结合、发展京商文化、加强老字号企业文化建设、深化品牌塑造、推进电子商务等方面，开发出新的课程。同时，应该积极探索发挥市场机制作用，与有关高等院校、社会组织合作，把老字号现场教学项目作为培训课程推向社会，进一步扩大老字号的社会影响，增强教学科研服务老字号发展的前瞻性、针对性和实效性。

大栅栏老字号集聚区现场教学，是一个整合政府和老字号资源的综合平台。有序利用和有效开发这个平台，以最终实现老字号企业知名度、关注度的进一步提升，老字号文化资源得到有效挖掘为目标，促进地区老字号有效发展，推进西城区老字号的保护与振兴工作，需要在实践中不断探索和完善、延伸和拓展。要根据地区老字号发展的客观需要，针对领导干部培训的重点，加强整体策划，抓好组织协调，确保各个环节工作的落实。要广泛征求社会各界特别是老字号企业的意见，及时总结经验，不断调整教学内容、课程安排，注重成果的总结、推广和提升，力争使有利于老字号发展的政策建议更多地被政府部门参考和采纳。

参考文献

[1] 仲万生 . 对于保护与振兴老字号的一些思考 [J]. 京商老字号。

[2] 商务部、发展改革委等 14 部委员关于印发《关于保护和促进老字号发展的若干意见》，商改〔2008〕104 号。

[3] 西城区政府关于印发《西城区关于保护和促进老字号发展若干意见》，西政发〔2011〕32 号。

课题负责人：王世勇，北京市西城区委党校副校长

课题参与人：张晓光，西城区委党校副教授

谢　惠，西城区委党校讲师

赵刘琳，北京市国资委、博士在读

邵自军，西城区商务委流通发展科科长

周善红，西城区委党校教授

公共图书馆扩大老字号社会影响力路径探索

阎 峥 郑彩萍 周 园

【内容提要】公共图书馆作为公益性、公众性、开放性文化服务机构，具有丰富的优质资源和强有力的社会服务功能。本课题重点探索如何依托图书馆的优质资源，充分发挥图书馆的大众服务功能，努力搭建存史平台、研究平台和宣传平台，开辟新的服务领域，提供多元化宣传产品，为树立老字号企业品牌形象、提升和扩大老字号的社会影响力做出贡献。

【关键词】公共图书馆　老字号　影响力　路径

中华老字号历史悠久，其产品和技艺世代传承，具有深厚的文化底蕴，承载着满满的年代记忆，既是一个地方的“商业灵魂”，也是一个城市的“文化使者”。老字号在长期发展中形成独特的企业文化，赢得社会广泛认同，这种文化蕴含传统商业的价值规范，支撑老字号经久、持续发展，对社会产生着广泛、积极的影响。在西城老字号的传承发展过程中，各级政府大力支持，社会大众广泛参与，企业自身不断完善，为西城留下了重要的“乡土记忆”和“城市地标”。

本课题以西城老字号企业调研和社会公众调查为重点，围绕公共图书馆扩大老字号宣传的有效途径这个主题，力求从不同角度、不同层面深入分析老字号需求，研究扩大老字号影响的方法和策略，探索公共图书馆促进社会发展的新途径。本次调研，在了解老字号企业内部的产品特色、技艺传承、宣传策略和服务需求的基础上，着重寻找公共图书馆宣传推广老字号的切入点，有效激活公共图书馆的丰富资源，使其服务于老字号企业扩大社会影响的需求，实现公共图书馆与老字号的合作共赢。

调研总体情况如下：一是走访调查西城区老字号企业，主要涉及餐饮小吃、医药茶酒、文化休闲三大类。从有关方面提供的西城老字号企业名单中选取 60 家，下发问卷 60 份，回收问卷 52 份，调查覆盖率为 55.91%，问卷回收率为 86.7%。调查涉及西城区 52 家老字号企业，其中餐饮小吃类 29 家（占同类企业的 50.88%），医药茶酒类 9 家（占同类企业的 64.29%），文化休闲类调研 14 家（占同类企业的 63.63%）。

二是发放《社会公众对老字号认知度调查》纸质问卷 500 份，回收 489 份，回收率为 97.8%（见表 1）。

表 1　受访者基本情况统计表

	人数	百分比
学生	125	25.56%
在职	97	19.84%
退休	222	45.40%
个体	25	5.11%
无业	20	4.09%

三是开展网上问卷调查，有 366 人参与。其中 25 岁以下 76 人（占 20.77%），26 至 50 岁 203 人（占 55.46%），51 岁以上 87 人（占 23.77%）。全部调查对象覆盖率均达到 50% 以上，本组调研数据具有一定的代表性和概括性。

一、影响老字号社会认知的主要因素

2006 年以来，国家商务部两次确认“中华老字号”企业（品牌）。

西城区是北京老字号的主要聚集区，据不完全统计，目前西城区拥有近百家老字号，其中中华老字号 54 家，约占北京全市的 47%。这些老字号历史悠久，开业百年以上的有 41 家，其中鹤年堂、六必居等都是北京历史最为悠久的老字号。

调查发现，影响老字号社会认知的因素，主要包括来源于老字号企业内部的传承因素和来自于外部的公众认知因素两个方面。而且不同性质的老字号企业，其发展情况处于不平衡的状态。

1．企业自身内在因素

经过多年发展，依靠企业自身努力和政府扶植，西城区形成一批集团化运营的老字号企业，有的企业已成为所在行业中的“龙头”。一些老字号通过连锁经营不断发展，部分企业尝试在外埠、境外开店。如张一元、内联升等初步实现北京地区连锁网络的全覆盖，张一元在外省市开店并初步形成规模。据统计，近三年来，西城区老字号企业的销售收入均值年均增长 30.6%，高于同期北京社会消费品零售总额增幅 14 个百分点，为促进区域经济发展、拉动就业做出突出贡献。

（1）体制改革因素作用显著。改革开放以来，北京市一批国有老字号企业通过改革体制、创新机制，引入现代流通方式，改善经营管理，生存发展和综合竞争能力不断增强。但是，在日趋激烈的市场竞争中，也有部分国有老字号企业存在体制改革不到位、管理机制落后、创新能力不足、服务水平偏低等问题。

为保护和开发北京市文化遗产、发展文化创意产业，加快国有老字号企业改革发展，2009 年，北京市商务局出台《关于加快国有老字号企业改革发展的指导意见》。在此基础上，西城区对国有老字号进行体制改革，取得显著成果。例如旗下拥有十余家中华老字号的聚德华天控股有限公司在改制后效益和利润屡创新高，2012 年度该公司系统收入 12 亿元左右，加上加盟店的收入累计达 20 亿元，利润非常可观。

（2）传承因素影响突出。主要包括两个方面。一是文化传承因素。

老字号具有深厚的历史文化底蕴，只有深入挖掘老字号的文化内涵并加以有效传播，才能使老字号得以长久发展，并将老字号推向世界。为此，有关政府部门和企业自身都十分注重挖掘整合老字号的旅游、文化功能，开发老字号文化旅游线路，编辑老字号消费指南、手册和地图等，向海内外游客推介和展示中国极具地域特色饮食文化。例如峨嵋酒家将菜品与文化相结合，推出“行政主厨给您做经典菜”活动，将主打菜“宫保鸡丁”每日推出 10 份（138 元 / 份）。这道菜由行政主厨精心烹制，亲自端上桌，给就餐食客讲解菜品的由来，使顾客不仅能够品尝美味的菜肴，而且可以了解有关菜品的趣闻趣事，增添浓厚的文化气息。

二是技艺传承因素。在老字号的发展过程中，传统技艺重在传承，胜在创新。老字号的传承，需要技术人才的后续保证。以聚德华天集团为例，有国家级传承人 2 人、北京市级传承人 5 人、西城区级传承人 16 人、公司级传承人 52 人，享受国务院特殊津贴 1 人。近几年，集团多次举办拜师活动，如烤肉宛饭庄高级技师王刚获得北京市政府津贴，建立王刚首席技能工作室，举办 14 场正规拜师收徒活动。集团中 32 位师傅收徒 89 人，正式签订师徒合同，明确师徒关系和传承脉络，为传统技艺储备人才。同时，在传统技艺的基础上，不断创新，不断发展，形成以中青年为骨干的强大传承队伍，为老字号发展注入新鲜的活力，确保老字号与时俱进、蓬勃发展的势头。烤肉季的烤肉栀子获得国家外形设计专利，享有知识产权。

（3）经营理念因素有较大转变。主动应对时代发展的需要，许多老字号企业自觉从创新实践中摸索规律，在创新中实现发展。聚德华天集团主动转变经营理念和方式，重新塑造企业形象。提出强化管理三项措施：向内挖潜，向强势品牌要效益；抢占市场，向连锁经营要效益；品牌延伸，向关联业务要效益。将创新发展的实践贯穿于经营管理、运行机制和体制改革之中，使老字号企业形成集团化、产业化、连锁化、现代化的运作模式。

2. 外部环境影响因素

（1）政府对老字号的扶持政策因素作用明显。近年来，西城区一直在加大对区域老字号的扶持和保护力度。在政策支持方面，积极制定相关政策，引导老字号企业通过产品创新和营销创新，向主题化、多元化、体验化方向发展，鼓励企业走出去，开展国际化经营，把企业做大做强。在资金支持方面，筹措专项资金，对一些濒危老字号，通过商标注册保护、专利保护等措施恢复发展。在发展环境营造方面，通过承办或举办中华老字号博览会、大栅栏旅游购物节、老字号创意文化展示周等活动，提升西城区老字号的社会影响力。从网络及公共问卷反馈的信息中看到，公共更期待中华老字号具有强大的发展后劲（见表2）

表2　中华老字号与洋快餐哪一个在中国更有发展

	人数	百分比
中华老字号	570	66.67%
洋快餐	149	17.43%
不知道	129	15.09%

为了促进西城区老字号企业进一步发展，《西城区保护和促进老字号发展若干意见》以“做精做强一批，提升发展一批，恢复改造一批”为目标，提出未来5年，每年支持老字号资金2000万元，营造多元化投融资环境，充分发挥行业协会的桥梁和纽带作用，形成促进老字号发展的合力。

面对老字号行业遭遇的无场地及租金贵等难题，西城区大力推进老字号集聚区大栅栏—琉璃厂的发展。由政府出资，对区域内的商业用房采用回购或回租等方式，提供老字号使用。政府前期通过租金减免、优化服务等政策，鼓励和支持老字号回迁或新落户集聚区；中期帮助老字号引进资金，创新技术、提高管理水平等方式，促进老字号快速成长，实现规模化发展；后期支持老字号企业独立市场化运营，形成老字号集聚区企业的健康发展。

西城区还将在城市规划、建设、改造中充分考虑对老字号原址原貌的保护，涉及老字号店铺原址动迁的，鼓励和支持其在适宜的商圈内安置发展。鼓励有条件的地区建设和修缮老字号特色商业街，鼓励老字号企业集聚式发展，支持老字号企业在功能街区开办连锁店。扶持清真老字号发展，鼓励和支持清真老字号到少数民族聚集区域设置网点。

社会环境的变迁因素影响深远。当今社会化程度逐步加大，外来品牌对老字号的冲击明显上升，老字号企业面临严峻的挑战。从20世纪90年代中期开始，洋快餐迅速进入中国市场，本地新兴餐饮企业也不断崛起。随着人们生活水平提高，物质生活丰富多彩，人们拥有的选择越来越多。而老字号往往都是以一两样年代久远的产品为卖点，缺少创新的产品、多样的选择。在新兴的各种餐饮企业面前，一些老字号的竞争力越来越弱，加上人们普遍喜欢“尝鲜”的心理，顾客容易感觉到“旧不如新”，这使老字号的客户流失日益突显。

通过调查发现，伴随人们快节奏的生活方式，快餐逐渐成为人们青睐的对象，这也是老字号顾客分流的原因之一。对老字号产品历史知晓度的调查显示，在对老字号的了解和认知方面，青年学生明显低于退休老人，这从一个方面表明，热衷老字号产品的还是老年人居多（见表3）。

表3　老字号产品历史知晓情况统计表

	学生	百分比	在职	百分比	退休	百分比
对老字号产品不了解	43	8.79%	38	7.77%	26	5.32%
对老字号产品了解一点	76	15.54%	52	10.63%	178	36.40%
对老字号产品非常了解	6	1.25%	7	1.43%	18	3.68%

这种状况应引起相关部门的足够重视。《中国自主品牌消费者认知度指数报告》显示，在当前国内自主品牌的阵营中，消费者对中华老字号的总体认知度仅为16.1%，与近几年出现的众多新品牌差距甚大。这在一定程度上反映了中华老字号集体面临品牌生存的困境，如何利用现代经营意识助推老字号，不断提高公众对老字号的认知度，破解老字号的发展“瓶颈”，这是老字号企业亟待解决的重大问题。

老字号认知度指数低，一方面是缺乏有力的品牌宣传，另一方面是缺乏具有竞争力的传播方式，完全依靠口耳传播的传统模式，已明显落后于现代化发展的进程（见表4）。

表4　通过何种宣传方式了解老字号的情况统计表

	人数	百分比
电视	294	60.12%
广告	204	41.72%
其它	132	26.99%
网络	128	26.18%
展览和展销会	69	14.11%
海报	62	12.68%

问卷显示，公众认为最有效的宣传方式，电视媒体宣传最高，占60.12%，海报宣传最低，占12.68%，其他宣传方式（包括口耳相传）占26.99%。北京的老字号是一张多彩的名片，用创新的思维构建起时代特征鲜明的企业文化体系，扩大对外商业合作与文化交流，通过各种宣传渠道扩大老字号的公众认知度，这是北京老字号发展的重要路径。

媒体的传播因素不容忽视。今天的社会，是高科技、数字化、网络先行为主导的快节奏动态社会。在媒体多元裂变的新形势下，传统媒体形态已远远不能满足信息的高速传播和消费者接受习惯的改变。在新媒体环境的冲击下，一成不变的老字号推广和营销传播体系，将被颠覆和修正。

老字号是一种重要的商业资源和遗产，它的长盛不衰，很大程度上在于其蕴含着深厚的历史文化，而这也是吸引顾客的重要原因之一。网络与书面问卷均显示，公众更关注老字号产品质量、文化特色的吸引力及怀旧心理的满足（见表5）。

表5 购买老字号产品的主要原因的情况统计表

	人数	百分比
产品质量高	555	64.91%
文化特色	524	61.29%
满足怀旧心理	308	36.02%
价格公道	296	34.62%
服务态度	199	23.27%

老字号企业利用新媒体手段进行对外传播，通过企业网站开辟专栏介绍老字号的品牌文化、历史由来和传说故事，把技艺传承和企业发展向不同层次的消费者和老字号的爱好者做详细介绍，既宣传了企业，又展示了传统文化的独特韵味，市场效益也随之与日俱增。

通过新媒体传播形式把老字号与先进的市场紧密结合起来，可以帮助企业走出一条以文兴商、特色经营的道路。如在回答"何种宣传方式可以提升老字号知名度"问题时，选择与各级群众文化机构合作宣传的占57.87%，选择建设公司网站宣传的占52.97%，选择付费的媒体宣传的占30.67%。

3. 提高老字号社会认知度的渠道

（1）加大多种媒体宣传力度。调查发现，企业规模的大小直接影响宣传效果，导致社会认知程度出现不同状态（见表6）。

表6 不同年龄组对老字号认知的排序对比

	16岁以下	16–25岁	26–45岁	46–65岁	66岁以上
护国寺小吃	①	⑨	⑦	④	⑤
稻香村	②	③	④	③	①
全聚德	③	①	①	①	④
庆丰包子铺	④	⑧	②	⑤	②
天福号	⑤	②	⑤	⑥	⑥
东来顺	⑥	⑤	③	②	③
柳泉居	⑦			⑩	
爆肚冯	⑧				
烤肉季	⑨	⑦	⑧	⑨	
馄饨侯	⑩	④	⑨		⑩
便宜坊		⑥	⑥	⑦	⑨
鸿宾楼		⑩		⑧	⑦
都一处			⑩		⑧

调研发现，聚德华天集团旗下有21个老字号，加上加盟店有300多个经营网点，经营范围遍及北京各个城区。在营销宣传方面，主要体现在电视上有“影”、报纸上有“字”、电台里有“声”三个层面，形成多种方式立体发展的态势。现在又增加企业网站、微博、微信、团购等新兴营销手段，实现多媒体、全方位宣传。可见，大型老字号企业已经在宣传方面下了很大功夫，对网络电子化的应用也比较普及，只是在技术层面上仍需不断更新。企业自建电商平台已经成为商业发展的大势所趋，但目前老字号自建电商，更多的是偏重产品展示，尚未形成成熟的电商系统。经验的积累和专业技术管理团队的打造，是目前老字号企业迫切需要解决的问题。针对目前大部分老字号以实体经营为主的现实，可以考虑逐步构建网上虚拟经营，实现在线支付、送货到家等服务。

社会化媒体为企业品牌传播搭建了一个更为高效的输出平台，老字号企业可以利用草根传播的巨大张力，用自由的交流方式与网民建立友好的互动关系，树立企业品牌形象，提升亲和力，扩大老字号的对外声誉和地域影响力。

（2）深度开发公共图书馆优质资源。调查发现，大多数西城区老字号企业几乎没有与公共图书馆进行过合作，联系也不太多。对于“老字号企业参与过哪些政府主办的公益宣传平台”，选择商委组织推介会的占 38%，选择市级或区级非遗项目的占 35%，选择政府主办展销会的占 27%，而参与图书馆公益活动的为 0。可见，在此之前，西城老字号与公共图书馆的结合度相当低。这表明，老字号企业往往忽略了图书馆这个公益性的文化机构能为老字号做很多事情。

近几年，更多的公共图书馆开始越来越多地将注意力聚焦于“3L”（Literacy，Information literacy，Vocational literacy），即文化素养、信息素养和职业素养。通过公共图书馆这个平台，可以为老字号企业之间搭建桥梁，提供相互认识、彼此了解的机会，可以从中发现很多潜在的、创新的合作机会。问卷显示，关于“公共图书馆推动老字号专题文献研究的方法”，许多受访者认为可以采取编制专题书目、文献汇编、文献索引以及建立专题数据库等多种方式（见表 7）。

表 7　公共图书馆对老字号专题文献研究方法

	选择人数	百分比
梳理老字号专题书目	227	46.42%
整理老字号文献汇编	209	42.74%
编制老字号文献索引	194	39.67%
建立老字号专题数据库	194	39.67%

在扩大老字号社会影响方面，图书馆作为整理、搜集报纸杂志、图书文献等平面媒介的平台，可以发挥更加重要的作用。上述受访

者对此给予了充分肯定。作为公共图书馆，首先可以主动搜集老字号的老照片和字画，挖掘整理馆藏老字号资料（文字和图片），编写老字号资料汇编，图文并茂地进行展示。其次，可以从保护非物质文化遗产的角度，举办老字号系列讲座，帮助读者了解西城老字号的历史沿革、文化内涵、老字号与名人的关系、名人与老字号的渊源，让老字号走进图书馆、走进社区、走进校园。

二、公共图书馆扩大老字号影响的有效路径

西城区将建立老字号保护体系，在老字号经营网点、知识产权、文化遗产和文化技艺等方面加以保护，逐步建立老字号名录。公共图书馆具有充足的文献资源优势，可以在协助老字号维护知识产权、帮助有条件的老字号申遗、建立老字号专属档案等方面发挥积极作用。

1. 搭建存史平台，汇集老字号研究资料

（1）梳理开发相关文献。地方文献作为公共图书馆的特色馆藏之一，成为图书馆服务地方发展的重要切入点。地方文献是一个地方面貌的概况。它纵贯古今，横亘百科，载地方之史，存乡土之息，是了解一方之史、弘扬地方文化、发展地方经济的重要信息依托。在信息时代环境下，充分利用地方文献积极参与地方经济建设，为地方政府社会各界提供信息，是图书馆特有的优势，更是图书馆不可推卸的责任。

配合本次老字号谱系研究，西城区第一图书馆与西城区社科联共同编制的《北京西城老字号谱系研究参考书目提要》，收入老字号专题文献160余种。其中，西城区第一图书馆和第二图书馆入藏老字号相关文献86种，占53.8%；根据北京市西城区第一图书馆入藏的《西城追忆》（西城区档案局编印）整理的有关西城老字号的文章有66篇，发表时间从2002年1月至2013年6月。

西城区第一图书馆于2013年编制出版《馆藏地方文献目录提

要》，收入2009年以前入藏的地方文献目录1643条，其中有关西城老字号的文献有75条，约占5%，包括《北京的老字商号》《北京的关厢乡镇和老字号》《商海沉浮》《商贾北京》《什刹海的老字号和特色店》《转型艰难老字号》《西城名店》《享誉京城的老店铺》等一批老字号专题文献的介绍。

从内容来看，这些馆藏文献主要集中在三方面。一是有关中国老字号历史方面的丛书和专著，它们纪录老字号的历史沿革，总结其经营管理特点，挖掘出许多鲜为人知的史料。如《中国老字号》等文献，系统地介绍了中国老字号的历史。二是有关各个地方老字号方面的专著类文献，如《北京老字号》等。许多地方文献中，记录该地区老字号的发展情况等重要相关文字信息。三是有关分析老字号经营秘诀及成功之道的专著，如《品味全聚德》等。

值得注意的是，鉴于近年来有关老字号研究的文献剧增，可以预计，西城区第一图书馆2009年以后入藏的地方文献中会有更多相关文献有待继续发掘整理，以便为老字号研究提供更大帮助。

实践表明，图书馆可以通过梳理专题书目、编制专题文献索引、整理专题文献汇编等手段，有效地梳理、挖掘相关文献，为老字号提供多种图文信息，为深化老字号历史文化研究提供文献支撑。

（2）加强老字号史料整理。老字号的企业历史沿革，包括其载体材料、字迹材料、名人故事、古传秘方、名人笔迹、工艺图案等内容，具有重大的历史研究价值。许多老字号的牌匾，是历史名人题写的，这些书法作品，既属于珍贵的档案史料，也是珍贵的文物，具有很高的欣赏、研究和收藏价值。随着都市化进程的加快，很多具有历史研究价值的老字号文物遗址，如古建筑、殿堂、匾额等越来越少，这些记录历史变迁的遗址、遗迹，是社会变迁的“活化石”，具有很高的历史研究价值。老字号的历史沿革承载着深厚的文化价值，在帮助老字号整理、保存史料方面，图书馆可以发挥独特的作用。

2. 搭建研究平台，促进老字号内部交流

对“公共图书馆搭建的交流平台，您觉得哪个最有效”的调查显示，受访者对讲座、读书会、研讨会和沙龙都给予较高的评价（见表8）。这表明，在通过各种研究活动扩大老字号影响方面，公共图书馆大有可为。

表8　公共图书馆搭建交流平台，最为有效方式的情况统计表

	人数	百分比
老字号讲座	304	62.17%
老字号读书会	188	38.45%
老字号发展研讨会	160	32.72%
老字号爱好者沙龙	139	28.43

（1）筹建老字号发展研究会。图书馆通过长期举办讲座，积累了雄厚的师资和广泛的人脉，其中不乏许多研究老字号的各界专家和对老字号感情深厚的老读者。图书馆可以借助专家、学者的资源优势，积极筹建老字号发展研究会，组织相关方面的专家研究老字号的历史沿革、创新发展；也可与老字号协会共同开展活动。现在，很多老字号企业都申请了非物质文化遗产保护，图书馆可以协助老字号申遗，提供相关材料，聘请专家提供咨询意见。

（2）举办老字号读书会等多种活动。公共图书馆经常开展丰富的活动，讲座、展览、吸引着越来越多的读者，而老字号在图书馆开展相关活动的尚不多见。走访调研时，发现图书馆与老字号的合作点非常多，可以通过读书会的方式，开展“名店”“名人”“名技”“名品”主题阅读、“我与老字号”读书交流等多种活动，引领社会阅读热点，扩大老字号社会影响。

一是举办讲座。老字号企业非常适合与公共图书馆合作开展活动，例如同仁堂的健康讲座是纯公益性质，没有推销成分，重点讲解药品知识，传播养生理念和相关知识。通过健康课，把同仁堂的

历史文化与中医药文化相结合。餐饮方面，可以结合师傅现场制作，增强趣味性，知识性。将讲座带入社区，学校，教市民学做菜，把老字号知识传授给百姓。

二是编发专刊。图书馆具有丰富的资源，可以协助老字号企业编写专刊、宣传册页。老字号企业可以将自己的宣传书刊作为地方特色文献，入藏图书馆，提供各界读者阅览，扩大自身的影响。还可以与媒体合作，在《北京晚报》《北京西城报》等报刊开辟老字号专栏。

三是与老字号联合开展活动。如与同仁堂联合开展药品药材的鉴定活动；与内联升合作开展鞋帽秀展示活动，举办新品发布会，组织参观和观看老字号技艺现场表演。

四是举办展览。一些大型老字号企业都建立了文化展室，宣传企业历史文化和发展历程。如内联升建有非遗展厅，接待参观。同仁堂建有展室和文化长廊，用传统的砖雕、幻影成像把同仁堂老铺子前店的售药情况、后场的制药场景，如切药、炸药、做蜜丸、给病人治病的场景，以橱窗的形式展示给顾客，为京城首家。但是更多的老字号目前尚不具备这种能力和条件，图书馆可以充分发挥自身的平台优势，开发利用各个老字号的优质资源，制作老字号展板，面向广大读者进行展示。

（3）举办老字号爱好者沙龙。图书馆曾经成功组建摄影爱好者沙龙、音乐爱好者者沙龙，并定期开展相关活动，取得较好的社会反响。这些活动的成功经验，使图书馆可以更好地为老字号企业服务。如组织西城老字号爱好者沙龙、进行老字号专题文献推荐、组织参观拍摄老字号、搜集老字号相关资料等。借助图书馆的平台，让读者和文史爱好者更加深入地了解老字号企业的历史和文化。

3. 搭建宣传平台，加强老字号多元合作

（1）促进老字号与政府部门合作。老字号协会是政府与老字号企业之间的桥梁，在推动老字号振兴与发展中，老字号协会发挥自身优势与作用，为老字号企业的品牌宣传、交流学习、知识产权保护、融资融智、文化建设等提供支持与帮助。充分发挥图书馆的平台作用，协助老字号协会加强与政府有关部门的联系、沟通，可以加大对老字号的支持力度，形成促进老字号发展的合力。

（2）推动老字号与重点企业合作。调研显示，内联升积极参加区商委、区老字号协会举办的交流会。聚德华天集团积极开展老字号互相之间的交流，一方面是企业内部交流，如每年都评选金牌创新菜，举行创新菜展示活动；另一方面是企业外部交流，与其他老字号企业开展交流，与市商委、区商委牵头开展“城里过大年”“消费季”等活动。另外，还有烤肉季送餐上船、送餐上酒吧等，都做得非常灵活。在此基础上，可以探索在图书馆建立非物质文化遗产展区、老字号技艺展示基地，让更多的大众了解老字号、走近老字号。

（3）服务老字号与社会团体合作。图书馆可以为老字号企业与社会团体合作搭建有力平台，举办公益课堂等多项活动。如同仁堂的公益健康课堂已从药店走进社区，公益诊疗，基本上两周一场，至今已坚持八年，活动情况在《北京晚报》的“同仁堂健康专栏”刊载，现已形成一定的顾客群体。发挥业务骨干的作用，由同仁堂自己的讲师团给大家讲解，曾获得“十佳”服务奖项。同仁堂还与大栅栏社区合作，开展参观、访问、视察，社区演讲比赛、大栅栏街区党建沙龙、老字号体验日等活动。在联手社会组织，协助老字号开展活动方面，图书馆大有文章可做。

（4）拓宽老字号网络营销领域。全国政协委员、中国商业联合会会长张志刚指出：老字号企业要加强创新和知识产权保护，积极运用电子商务等新技术焕发青春，走规模化、科技化、规范化发展、连锁经营的道路。调查发现，50% 的老字号企业希望通过网络信息技术拓宽销售渠道，电子商务技术也被列为老字号在“十二五”期间发展的重点目标之一。因此，发挥企业网络平台的优势作用尤为重要。

一是发挥网站优势。网站是企业的形象，代表着企业现代化的发展程度。充分利用现代网络，建好网站，寻求电子商机。利用网站宣传企业形象。在调查的老字号企业中，43% 的老字号企业建有自己的网站，多数为大、中型企业。在“认为哪种宣传方式可以提升本企业的知名度”的选题中，选择“建设公司网站宣传”项目的比例为 47.8%；多数老字号企业认为建立自己的独立网站，对宣传和提高社会认知度起到明显作用。通过登录网站发现，全聚德、张一元等大中型企业都建有专门网站，其网站建设情况比较好；而一些私营企业如爆肚张、小肠陈等，目前尚未建立起企业自己的网站。

从推动社会主义市场经济全面发展的角度来看，私营企业更应该成为我们宣传支持的重点。因为他们基础比较薄弱，普遍缺乏宣传经费。调查显示，私营企业用于宣传的经费占盈利的不到 3%，而大型企业的宣传经费比例为 5%，差距十分明显。位于什刹海烤肉季东侧的爆肚张，仅有三四十平方米狭长的铺面房，到了周末和节日，这里会排起长长的队伍，许多北京周边地区的食客慕名而来，就为亲自品尝爆肚的味道。爆肚张为独资经营，张姓老板每天亲自管账，只雇用了 4 名伙计。对于他来说，根本不具备相应的人力物力创建网站，因此急需社会公益机构的支持和帮助。

在这些方面，公共图书馆可以依托自身良好的网络环境，为中小型老字号企业提供网络服务，开辟老字号产品推荐、信息宣传、历史沿革、名人故事等专栏，扩大老字号的社会影响。

二是开辟技术服务终端。由北京老字号协会主办，北京商业信息咨询中心承办的“老字号网店”于 2009 年 5 月正式开通，成为全国首家集老字号企业品牌和产品于一身的特色网上销售平台。对于老字号企业而言，品牌的历史积淀和商品的良好口碑已然成为企业对外传播的窗口，建立网上商店使得消费者能够足不出户便知晓企业商品的各类信息，可以“货比三家”，有针对性地选择购买。

北京老字号网上销售模式打开了对外传播的新渠道，在展示北京特有老字号品牌文化的同时，营销模式也与时俱进地有了突破性的创新。2011 年以来，京城老字号企业纷纷抓住商机，展开网络营销大战。内联升在 24 券团购网、拉手网开展高端定制业务，全聚德等北京老字号品牌相继采用网购新模式，赢得更多销售额，扩大企业知名度，拉进与年轻受众群体的距离。利用手机、Pad 等移动终端新技术，快速将老字号新品宣传发送、接收，开发二维码、微信、微博在老字号品牌宣传中的应用。内联升的产品宣传途径，主要有网络宣传（淘宝网、天猫、微博、微信）、地铁宣传、公交车车身广告宣传、广播宣传（交通台）等。

在这方面，公共图书馆可以通过官网、微博、微信等当代新媒体，提供老字号企业的产品优惠信息、老字号门店地址及交通路线图等信息，为消费者提供老字号链接和信息查询服务。

三、图书馆发挥扩大老字号影响作用的条件

配合本课题研究，西城区第一图书馆向北京市 23 家公共图书馆（含少儿馆）发放“老字号发展服务研究调查问卷”，了解北京市公共图书馆在服务老字号发展方面所做的工作，进一步探讨公共图书馆在扩大老字号社会影响方面的作用。

调查发现，远郊区县图书馆因地理位置原因，少儿图书馆因服务对象原因，几乎没有收藏老字号方面的文献资料。而西城、东城、丰台、海淀、朝阳、石景山等城区图书馆在老字号文献研究、搭建交流平台、实现多元合作等方面有着许多发展空间，兄弟图书馆的一些成功经验可以给我们以重要启示。

特别是通过开展老字号谱系研究的课题服务工作，使我们充分认识到，更新服务理念、培养人才队伍、转变工作机制、拓展服务方式，才能在服务地方发展中提升图书馆的整体服务研究水平，从而获得更多的发展机遇。

1. 围绕深化服务功能，更新服务理念

以前，图书馆重视阅读，将借阅列为主要业务，而将讲座、培训、文化活动等列为次要或延伸性业务。今天，这种现状正在改变，未来的图书馆，不仅要将借阅与讲座、培训及文化活动并列，而且应以“图书馆推进社会发展”为使命，积极参与到社会发展的进程之中。《国际图联关于图书馆与发展的宣言》就十分强调图书馆要在对社会发展的参与中实现和提升自身的价值。图书馆将逐渐从原来单纯的阅读向包括阅读在内的更广泛的文化素养转移，而且更加突出信息素养和技术素养对于现代人的重要性。

这对于图书馆来说，不仅是一次服务新路径的探索，同时也是一个挑战、一场考验。调查显示，有 87.5% 的公共图书馆认为通过建立老字号专题数据库的方式开展专题文献研究最为有效，可以最方便、最快捷地为读者提供相关的信息咨询服务。其次是编制老字号书目、专题文献汇编、专题索引，为社会各界深入研究老字号提供方便（占 50%）。除此之外，图书馆还可以通过整合馆藏老字号文献资源、老字号专家学者资源，围绕地区发展方向，为老字号行业的快速发展提供信息咨询服务。

目前，公共图书馆服务老字号企业尚处于初级阶段，还没有形成一定的规模和体系。迫切需要我们进一步转变发展理念，坚持与时代需要相结合，与城市发展相结合，与政府职能转变相结合，以全新的视角探索推动图书馆事业发展的思路，凝聚图书馆资源。寻求更广泛的合作共建渠道，争取政府更大支持，深化为老字号服务的职能。

2. 围绕科研能力提升，培养人才队伍

注重完善人才储备，不断提升老字号科研能力。公共图书馆要利用丰富的馆藏资源、互联网资源和搜索引擎，进行深层次的老字号专题研究开发，这就需要充分发挥图书馆员的积极作用，针对越来越受公众关注的老字号，提升研究水平和能力，开展专题研究和特色服务。

在人才培养方面，要注重培养高素质的复合型人才。在人员管理机制上，逐步建立健全相关制度。要注意增强工作人员的综合业务素质，提高管理研发能力，提升对文献的搜集、整理、加工能力。部分图书馆在开展老字号服务方面曾做过一些有益尝试，如海淀区图书馆联系辖区老字号的退休手艺人进行座谈；西城区第一图书馆承接西城老字号谱系研究课题，抽调人员组成课题组，确定选题、设计问卷、搜集文献、组织座谈，深入老字号企业服务一线考察调研，参与企业基础材料整理，在深入认识老字号、增强现场考察研究能力、整理相关专题资料、深化理论认识等方面，均取得了良好效果。公共图书馆应该注重以实践带队伍，在编写目录索引、汇编文献研究资料、开发专题数据库、参与课题研究等过程中，进一步提高图书馆工作人员服务老字号科研的能力。

3. 围绕研究基地建设，创新工作机制

公共图书馆要注重加强馆藏资源建设，完善工作机制，深化合作共赢的理念，推进与政府部门、社会团体、企业的多元合作，打开良好局面，形成合作共享机制。调查显示，认为图书馆可以作为老字号宣传基地的公众达61.15%（见表9）。针对这种需求，图书馆应该主动发挥自身作用，积极搭建桥梁，定期组织政府人员、老字号企业代表、研究型专家学者、读者大众进行直面对话，共同探讨老字号的未来发展规划。例如东城区第一图书馆提出“共同组织讲座、读书会、爱好者沙龙、发展研讨会、图片展览活动”的思路。海淀区图书馆提出“争取政府支持，以政府为平台，广邀社会团体参与壮大声势，同时联系企业展开文化搭台，经济唱戏，互惠互利，合作共赢”的思路。石景山图书馆提出设立“老字号主题宣传日”，采取政府搭台、企业赞助、宣传百姓、扩大影响的方式。

表 9　图书馆可以作为老字号的一个宣传基地吗？

	人数	百分比
可以，值得尝试	299	61.15%
不太理想	104	21.27%
不清楚	79	16.16%

然而，公共图书馆虽然正在努力与老字号企业建立联系，开展相关研究，但是目前的研究经费受到图书馆公益性机制的限制，无法得到保证，使图书馆的专题研究工作受到一定局限。

因此，建议借鉴北京市有关部门设立社会科学学科研究基地和社科知识普及试验基地等做法，在图书馆建立专门的研究基地，据此提供相关的人才、资金等专项支持。

也可以借鉴当前推进社会建设中实行“项目制”管理的做法，为图书馆申请政府公共服务项目专项基金开展专题研究提供方便。例如，申请立项整理 100 家老字号企业技艺传承人的口述历史等。

目前图书馆的工作机制，与开展专题研究的需要，存在较大差距。主要表现在缺乏专门的研究组织和固定的研究团队，仅能满足临时性课题任务的需要；对研究进程和成果展示，缺乏质量监测和资金保证。因此，需要积极探索建立健全满足专项研究的工作机制，使老字号等专项研究工作与图书馆的业务工作顺畅对接。在这方面，可以借鉴首都图书馆与原宣武区图书馆共同开发建设宣南文化研究基地的做法，尝试设立专题研究室，组建研究团队，深入基层考察调研，开展专项研究工作。在现行管理体制下，加强领导支持力度，加大经费的投入和保障，确保专题服务工作能及时、全面、系统、有效地开展起来，以推进老字号研究的顺利开展，从而发挥专项研究基地的积极作用。

4. 围绕扩大社会影响力，拓展服务方式

时代的发展，迫切需要我们进一步创新服务方式，丰富宣传手段，有效扩大老字号社会影响力。调查显示，认为听老人讲述的方式最为有效的占62.17%，其次是亲自到老字号里感受，占60.82%，其他方式还有研讨会、图片展览等（见表10）。针对上述需求，应该更多举办各种老字号宣讲活动，如邀请老字号传人开展专题讲座，介绍其由来及发展历程，从而加强读者与老字号的联系；组织老字号爱好者沙龙，共同分享与老字号相关的历史文化；充分利用网络资源，扩大老字号在青年人中的影响力。如朝阳区图书馆依托“朝阳文化大讲堂”，利用丰富的馆藏地方文献资源，特邀资深专家、学者，举办老字号专题讲座；组织老字号爱好者沙龙，吸引更多的读者参与进来，了解老字号的历史发展，进一步传承和发扬中华民族传统文化。

表10　您希望通过何种方式了解老字号历史？

	人数	百分比
听老人讲	408	62.17%
亲自到老字号里感受	520	60.82%
自己看书	438	38.45%
到图书馆听老字号讲座	332	32.72%

此外，老字号产品利用网络进行宣传，增加网络购物渠道，输入技术人才，能够增强老字号企业的活力，使老字号企业更具有竞争力。在这方面，图书馆除了可以利用自己的网站和链接，对老字号企业的理念、信息开展宣传，还可以利用自身的人员、技术优势，协助老字号企业创建网站，为他们提供网络技术支持。开展老字号“读行”活动，将老字号文献阅读与企业现场考察相结合，既扩大老字号的社会影响力，又实现专题文献的导读和推广，努力打造“书香西城”，形成合作共赢的局面。

总之，公共图书馆作为文化服务的生力军，具有相应的服务职能和人才储备，应该而且可以在科研信息搜集、专题文献整理、宣传交流合作等方面，为老字号搭建多种平台，汇集各方面资源，建设老字号研究基地，为扩大老字号社会影响发挥重要作用。

作者简介

课题负责人：阎　峥，北京西城区第一图书馆馆长

课题参与人：郑彩萍，北京西城区第一图书馆副馆长

周　园，北京西城区第一图书馆信息咨询部主任

西城区老字号企业档案现状与对策研究

李茂福　松　姗

【内容提要】西城区商贸传统历史悠久，老字号资源丰富、文化底蕴深厚，记载老字号历史与经营之道的档案在企业振兴与区域发展中具有不可估量的重要价值。本课题以西城区老字号企业为例，探讨老字号企业档案的历史、文化、经济价值，分析老字号企业档案管理现状，指出当前存在的问题，探讨具体对策与建议，以传承老字号历史文化，进一步挖掘和展示老字号的潜在价值。

【关键词】老字号　企业档案　对策研究

西城区是北京老字号最集中、特色最突出的区域，老字号是展现西城历史文化魅力独有的靓丽名片。西城区正在以更高的标准创造城市美好生活，建设“活力、魅力、和谐”新西城，而老字号是其中独具特色的组成部分。老字号企业档案是记忆地方独特风貌、传承文化与历史、研究老字号发展的第一手资料，记载了企业发展的过程，在企业的振兴与发展中有不可估量的重要价值，在传承区域历史文化方面具有不可替代的作用。

一、西城区老字号企业档案的整体价值

老字号企业档案，是指历史悠久，有独特传承的产品、技艺或服务，并拥有良好信誉的企业，在生产、经营和服务过程中形成的具有传统特色、历史文化价值的文字、图表、录音、录像、多媒体

等多种形式的历史记录。它是一种特定意义的企业档案，是“城市记忆”的重要组成部分，其核心内容蕴含着传统的历史文化和独特的生产经营方式，是中华民族工业发展和演变的历史见证，是我国历史文化遗产的瑰宝，具有多种宝贵价值。

（一）悠久的历史价值

老字号企业档案的载体材料、字迹材料、名人故事、名人笔迹、工艺图案等内容决定了其历史研究价值，这种价值是现代企业所不具备的，是提供认识和研究社会变迁的重要范本，是无法代替的历史认知。很多具有历史研究价值的老字号文物遗址、古建筑、牌匾越来越少，例如同仁堂、张一元茶庄、月盛斋熟肉店等都已经门庭更新，有些经过拆迁改造，基本上已改变原有特色风貌。许多老字号牌匾，在“文化大革命”时期被砸，有的已失踪，能保留下来的是凤毛麟角。因此，记载这些历史变迁的档案就成为反映社会变化的“活化石”，对于研究区域历史有极高的再现和展示价值。

（二）独特的文化价值

老字号企业档案记录了企业的价值理念、经营之道，具有独特的文化内涵。例如具有 150 多年历史的内联升《履中备载》，记录顾客姓名、年龄、住址、靴子尺寸、样式、特殊爱好、特别需求，并将收集到的客户的身份、官职和其他背景信息，按系统等级入册，可以说是当时最完备的顾客信息数据库、“个性化服务手册”。这些档案不仅是历史文化的再现，还具有难以复制的特色，对区域文化来说是极大丰富了城市记忆，打造出城市悠久的文化印记。老字号是民族文化的精华，也是地方传统文化的重要内容。例如人们耳熟能详的“不到长城非好汉，不吃烤鸭真遗憾”，就使全聚德成为北京的象征。老字号企业档案中饱含深厚的文化传统，为现代城市文化建设增添了鲜明的亮色。加强对老字号企业档案的收集与管理，充分放大其社会功能，使“文化遗产”转变为“文化资本”，对增强西城区地方文化核心竞争力、推广地方文化品牌具有重要作用。

（三）深厚的经济价值

老字号企业档案信息资源蕴含老字号的许多无形资产，可深入挖掘传统技艺和品牌内涵，弘扬优秀传统文化和服务理念，并可在此基础上开发特色产品和服务，提高竞争力，进一步丰富品牌价值，提升品牌形象，突出特有的价值特征，通过品牌信息传达给消费者，有助于拉动市场需求，增强知名度、信誉度和美誉度。尤其西城区老字号企业聚集度高，可以此推动特色商贸、文化、旅游的深度融合，充分发挥老字号资源优势，以文化提升品牌影响力，以企业发展推动文化的传承和创新，实现经济与文化传承的良性互动。

二、西城区老字号企业档案的现状

目前西城区拥有95家老字号，占全市老字号数量的50%以上，其中中华老字号54家，约占北京全市的47%。这些老字号历史悠久，可清晰追溯的老字号平均年龄144岁，百年以上历史的有41家，其中的鹤年堂等都是北京历史较为悠久的老字号。40%老字号企业集聚于大栅栏、琉璃厂、什刹海等三个商业区域，强化着这些地区的人文景观和商业功能。其中大栅栏被命名为全国首个“中华老字号集聚区”。这些老字号主要分布在吃、穿、用等与百姓生活息息相关的行业中，有着深厚的文化底蕴。

从老字号企业档案管理的现状来看，主要呈现出以下五个方面的特点。

（一）老字号企业档案资源丰富

一是内容丰富。包括企业概况，如历史沿革、企业投资、经营基本情况，企业特色产品，企业商标注册、申报专利，发展规划、重大活动或实践等内容，同时在历史档案和历史资料珍藏中，包含企业历史典故、服务特色、产品介绍，这些档案均反映了老字号传统文化和企业经营历程。

二是留存形式丰富。老字号企业档案载体多样，包括文字、图片、录音、录像、多媒体、实物等档案，例如内联升保存有各个时期的产品鞋样，瑞蚨祥创作的反映其创业艰辛史的电视剧《东方商人》等。

三是非物质文化遗产档案资源丰富。老字号企业因其特有的技艺而闻名，是非物质文化遗产技艺产生、发展、传承的载体，非物质文化遗产档案是各老字号企业档案中最独特的部分。

（二）老字号企业档案工作日益受到重视

随着档案价值的凸现，社会各界档案意识的增强，许多老字号企业开始重视档案工作。一是不断规范管理。一些老字号企业能根据自身情况对企业内部档案进行科学管理，并对档案善加利用。

二是积极收集。一部分老字号企业在没能保存历史档案或保存历史档案数量有限的情况下，注重对社会上有关历史档案资料的收集。一些企业通过走访健在老职工建立口述档案，如全聚德集团的档案人员走访了104岁高龄的前二掌柜，建立了珍贵的口述档案。同时十分注重借助图书馆、博物馆、外交部档案馆等单位馆藏，收集相关历史材料。

三是积极利用档案打造企业文化。一些老字号企业能主动收集、整理各项制作技艺资料，包括口述、文字、报刊、图片、实物等，挖掘档案资料内涵，建立文化展室、代表技艺陈列室、企业博物馆，展示制作工艺的发展变化、企业历史与文化。例如位于大栅栏商业街的瑞蚨祥、内联升、同仁堂等老字号，充分利用档案史料，在店堂展示老字号历史及传统技艺，形成小型博物馆，打造企业品牌特色。

四是档案业务需求越来越多。随档案工作深入开展，许多老字号企业认识到现有的档案业务水平，难以满足工作的需要。于是围绕档案的开发利用、历史档案的抢救与修复等工作，积极寻求专业部门的指导和帮助。

（三）老字号企业档案管理尚未达到全覆盖

近年来，北京市档案局对一些重点老字号企业进行业务帮助，召开老字号企业档案工作论坛，为西城区的全聚德、同仁堂等老字号提供送档服务，即在档案接收进馆时，对移交单位的档案进行筛选，把涉及老字号企业的重要档案挑选出来，复制或制作出来送给老字号。

西城区档案局对以老字号为主体的聚德华天集团、华天饮食集团、翔达投资管理公司等大型集团公司以及菜百商场、清秘阁等国有老字号企业，建立直接联系，开展行政指导、执法检查、档案等级测评等工作，组织老字号企业参加相关业务培训，老字号档案的管理工作较为规范。

目前存在的主要问题在于，这些集团下属的老字号企业属于三级单位，不与区档案局建立直接联系；区档案局只能对其上级单位负责，再由上级单位进行逐级管理。由于缺少直接行政依据，老字号企业获得来自政府专业机构帮助的渠道不畅通。另外，大量属于私营企业的老字号企业处于档案监管与指导之外，档案工作缺少专业培训，业务水平有限。

（四）老字号企业档案管理水平不均衡

目前西城区老字号大部分企业已经完成改制，股权形式主要有国有控股有限公司、国有参股公司、私营企业等。企业改制引发老字号在体制上发生变化，由于受老字号企业规模、经营管理机制、改制重组及经济效益等诸多因素的影响和制约，老字号企业档案工作呈现出未建档、基本建档和规范建档三种不同情况。

第一种是未建档的企业，企业档案处于可有可无、自生自灭的状况。

第二种是基本建档的企业，有了基本档案制度，有专人负责档案工作，指定了档案存放地点；但是存在档案员业务不精通、门类不全、归档不完整的现象。

第三种是规范建档企业，领导比较重视档案工作，档案员认真负责，业务水平较高。除了注重多门类保存历史档案外，开发了档案系统实现现代化管理，能对部分档案进行数字化，珍贵档案进行复制，还积极主动向社会征集与企业相关的档案。

（五）老字号企业档案管理工作中存在突出问题

1. 相关意识不强，档案工作疏于管理。调研发现，一些企业近年来发展速度快，发展潜力大，但是经营理念和管理方式有待提升，经营者比较注重企业效益与经济利益，却忽视档案对企业传承与发展的重要作用。一是缺乏对档案工作了解，不注重收集相关历史资料。二是缺少资金保障，档案工作设施设备配备不足，档案库房保管条件有限。三是对现有档案不积极整理、善加利用，档案资源缺乏整合。档案工作状况处于与企业经济发展不相适应的境地。

2. 存在体制障碍，制约老字号传承与发展。一是法律法规体系尚不健全。目前相关方面并没有为老字号企业这个特殊群体量身定制适合它们情况的法律法规。老字号企业缺乏切合实际的管理制度和操作规范，客观上导致企业无法做到依法治档，影响老字号企业档案制度化、规范化建设的进程，企业传承受到影响。二是缺乏业务指导。《档案法》第五条规定：档案工作实行统一领导，分级管理原则。第六条第二款规定：县级以上地方各级人民政府的档案行政管理部门主管本行政区域内的档案事业，并对本行政区域内机关、团体、企业事业单位和其他组织的档案工作实行监督和指导。由于现行分级管理体制的束缚，老字号企业档案管理缺少直接来自政府专业部门的帮助。

3. 归档不齐全，特色档案有所缺失。老字号企业在建立反映企业知名品牌、服务品牌、知识产权管理的商标、专利以及科研档案过程中，普遍存在归档不完整等现象。而且这部分档案主要分散于有关业务部门，没有纳入企业档案管理范畴；即使已经归档的特色档案，也穿插在企业不同门类档案中；有些档案没有分类和编目，随意零散堆放，造成老字号企业特色档案查询利用困难。

4. 深度开发欠缺，档案价值深入挖掘利用不够。目前老字号企业档案的开发利用尚不充分，在历史、文化、经济和城市发展中的重要价值作用还未凸显。一方面，由于许多老字号企业档案管理观念陈旧，资金投入不足，现代技术与档案工作不能有效结合，档案信息资源不能有效整合，制约档案的深度开发；另一方面，许多老字号企业意识到应该利用档案开发文化产品，展现老字号深厚底蕴，但是由于自身水平有限，无法有效地推动档案资源的潜在价值转化为社会财富。

三、关于加强老字号企业档案管理工作的对策与建议

（一）转变观念，加强传承意识

老字号企业传统的家族式管理模式在一定程度上禁锢了企业领导人的思想，阻碍企业中关于核心技术和服务档案的收集、保存，不利于传统文化的传承。因此当务之急在于：一是要切实转变企业领导者的思想，真正认识档案保存历史与传统文化的重要性，以“一切为了悠久历史文化传承”为重，将企业独特的工艺及经营特色记录下来，形成特色档案。

二是要投入必要的资金保障，改善企业档案保管条件，建立专用库房，配备设备设施，对特色档案进行数字化加工，推进企业档案现代化进程。

三是要提高档案工作人员的业务能力，主动选热爱档案事业、责任心强、具备一定素质的工作人员参加档案业务培训，提高档案工作水平。

（二）围绕重点科学管档，强化区域资源保护

针对目前存在的主要问题，档案行政管理部门及所属控股集团公司加强对老字号企业档案工作的指导。一是调整档案工作思路，强化保护历史传承档案，突出老字号企业特色档案的收集归档工作，使其完整化、系统化。对企业生存与发展的核心技术与工艺商业机密材料，更要重视形成与保管，使其完整传承，为企业发展积蓄文

化和技术能量。

二是档案行政管理部门主动提供帮助，积极引导老字号企业加强建档工作，对于有需求的老字号企业，直接提供业务指导与工作建议。

三是区档案馆对保管条件差的老字号企业历史档案进行接收和征集，这样既可以直接保护老字号企业档案，同时也可以丰富档案馆馆藏，为辖区历史文化传承积累宝贵财富。

（三）多部门形成合力，实现资源整合共享

改变传统思维模式，政府、企业、协会联手促进老字号保护和发展。档案信息整合不能仅局限于老字号企业层面，而是应该扩大到保存老字号企业档案信息资源的相关单位，如市、区档案馆、图书馆，控股集团公司，企业和行业博物馆（展示馆），老字号企业协会等。

一些具有重要历史和文化价值的老字号企业，自身档案数量有限；而具有参考价值的历史资料即反映老字号企业的二次文献，可以间接反映老字号企业的历史和发展，填补企业史的空缺，应该注意收集整理。

总体来看，多部门形成合力，对老字号档案信息资源进行共享，可以促进老字号企业档案管理工作的规范发展。

（四）搭建老字号发展平台，推进老字号企业档案资源开发利用

在不过多增加老字号企业负担又便于信息整合和利用的前提下，企业、社会有关部门及档案馆积极利用现有资源，搭建老字号发展平台，帮助老字号企业整合、利用档案信息资源。一是搭建信息资源共享平台，根据老字号企业的实际情况，利用纸质档案或电子档案、在线或离线方式等多途径、多载体、多方式对老字号企业档案信息资源进行整合。

二是开发档案信息资源，整体挖掘老字号档案信息内涵，开发文化产品，发挥老字号档案的最大价值。

三是利用大众传媒传播老字号档案文化，提升老字号影响力，营造良好的发展环境，促进区域经济与文化发展。

老字号承载着传统文化，是推动区域品牌经济的重要引擎。老字号企业档案集中反映了企业的经营理念与文化精髓，随着档案价值的凸现和重视程度的提高，其档案管理势必趋于规范化、现代化、法制化。

我们应该进一步加强老字号企业档案的规范管理，发挥档案在传承企业经营特色与独特技艺中的重要作用，推动老字号在传承中不断发展，在发展中不断扩大其文化影响力，提升传统品牌的价值，帮助老字号更加积极、主动、有效地参与全球竞争，取得新的发展。

作者简介

李茂福，北京市西城区档案局局长

松　姗，北京市西城区档案局

关于北京西城老字号谱系研究方法特征的考察

戴时焱

【内容提要】北京西城老字号谱系研究的宗旨和特点，决定了其研究方法必然具有显著的系统特色。从研究宗旨的多层性、研究内容的整体性、研究选题的多样性、研究方法的互动性、研究团队的综合性、研究调度的动态性和研究成果的丰富性等角度，考察本次研究的方法论特征，有助于加深对这项研究内容和意义的理解，也能为今后类似研究提供案例支撑和思路借鉴。

【关键词】北京西城　老字号　谱系　方法

要透彻研究一个问题，需要从不同视角切入，对这个问题的本质特征、构成要素、整体价值和发展规律进行系统的梳理和全面的分析，即进行全方位、多角度的综合研究。

老字号作为一个具有深厚历史底蕴和丰富文化内涵的社会现象，必然构成一个包括多种元素、多个时间节点和多层意义的完整系统。这个系统具有经济、文化、民族、社会等复杂的多元因果关系，从而成为一个独特的多维度研究领域。因此，对老字号“谱系”的研究，也应该是一个由多种理论工具和研究手段集合而成、服务于多重目的、阐释多方面价值、体现多样性特征的“方法系统”[①]。

① 黑龙江商学院的郑昌江在《论中国菜系的区域性与超区域性——兼论菜系研究的方法》中指出，要把一个事物作为系统来研究，就必须满足构成系统的条件，主要包括构成系统的若干要素、要素之间的相互作用、系统整体的确定功能等。在进行具体研究时，应该注意该事物的整体性、组织性和功能性，选用具有可操作性的研究方法，如归纳法、演绎法、还原法、比较法等。见李士靖主编《中华食苑·第三集》第142页，中国社会科学出版社，1996年12月。

作为首都功能核心区，北京市西城区具有丰富的老字号资源。为了全面梳理这些优质资源、服务地区发展，从2013年4月至2014年10月，以地区近百家老字号企业为对象，来自北京、天津、云南等地高校、社科院、出版社、媒体、政府机关等研究机构的二十九个课题组从不同视角切入，梳理历史沿革，阐释文化价值，提炼核心品牌，深化专题分析，积极探索推动老字号创新、转型的有效路径，取得比较显著的成果。

本文重点从研究宗旨的多层性、研究内容的整体性、研究选题的多样性、研究方法的互动性、研究团队的综合性、研究组织的有机性和研究成果的丰富性等角度，进行专项考察，以求全面把握西城老字号谱系研究的方法特征，并为今后更好地组织开展相关研究提供案例支撑和思路借鉴。

研究宗旨的多层性："创新"服务"转型"

考察发现，在对以往老字号研究成果进行全面搜集、科学整理的基础上，深入探索在经济全球化日益加快和中国改革开放日趋深化条件下，如何通过创新发展理念和发展模式推动老字号企业的全面"转型"①，既是本次研究的历史背景，又是本次研究的时代主题。

以西城辖区内的老字号为对象，以梳理发展脉络、阐发文化价值、激发内在动力、展示独特魅力、优化生态环境、促进企业转型为重点，以综合运用数据整理、文献判读、现场考察、问卷调查、口述历史、价值分析等手段为方式的"谱系"研究，既是指导本次研究的重要理念，又是构成本次研究特色的基本结构。

以时空条件和整体社会—文化价值的宏观分析为背景，以带有典型意义的老字号个案梳理为基础，注重强化分类、分层、分专题

① 胡锦涛同志在党的十八大报告中指出，建设中国特色社会主义，总布局是建设社会主义市场经济、民主政治、先进文化、和谐社会和生态文明的五位一体，要全面深化改革开放，确保实现全面建成小康社会的总目标（见《十八大报告辅导读本》第13页，人民出版社，2012年版）。这种改革的整体性，意味着中国社会的各个方面都需要实现历史性的转型。作为中国经济和社会重要组成部分的老字号，自不能例外。

的“中观”研究[①]，既是本次研究的主要内容，又是本次研究的基本方法。

在本次研究的组织实施过程中，从不同层面充分体现出上述宗旨。

为老字号存史夯实基础。本次研究力求突破行政区划的束缚，努力为在西城辖区范围内曾经活动过的所有老字号“树碑立传”。通过这种在某种程度上带有“抢救”意义的措施，梳理这些老字号的“前世今生”，还原它们活动于其中的历史场景，阐发它们的文化价值和现实意义，尽可能多地为已经日趋同质化的现代大都市保留一些自己的“城市记忆”和具有地方特色的文化精神，以此充实西城和北京的历史文化宝库。

为展示老字号探索路径。本次研究通过专家学者、企业主管、政府官员以及当代媒体的有效合作，架起社会大众连接老字号的桥梁；引入新的发展理念，与产业结构优化、城市管理经营、都市旅游开发有机结合，使老字号成为时尚生活方式的典型代表，树立新的城市“地标”；以现代企业制度建设激发老字号的新活力，打通传统企业现代化的有效路径。

为促进老字号转型提供引导。本次研究以经济分析和企业行为研究为基础，借鉴地方学、社会学、文化学等学科的理念和方法，全面总结老字号这种具有中国特色的企业形态发展的经验，为新时期深化经济体制改革特别是企业管理体制改革、完善市场经济体系、提升政府管理水平、强化老字号的外部效应和品牌的溢出效益提供

---

① 任晓在《大师的工作坊》中，以“公用地悲剧”研究为例，介绍了2009年诺贝尔经济学奖得主埃莉诺·奥斯特罗姆与其丈夫文森特主持的“政治理论与政策分析工作坊”采用共同的路径和框架，把微观制度层次、中等范围的制度安排、宏观制度层次三个层面的研究连接起来，以深刻理解这些社会现象之间的相似性，针对稀缺共享资源的管理难题，探索更加合理的制度设计。见2014年第5期《读书》第55页。

黄会林在关于《中国影视文化软实力研究》丛书的书评中，指出这套丛书包含宏观、中观、微观三个不同的层面，其中三册书的视域，从大到小，分别为“中国影视研究”“中国电影读片报告”“电视栏目创意”。见2014年6月10日《人民日报》第24版。

历史借鉴和现实参考。另一方面，通过在老字号研究问题上多领域、多学科、多手段的综合运用，积极探索深度开发区域优质资源的有效路径。

研究内容的整体性："结构"服务"目的"

由上述宗旨和特点所决定，在基本结构、主要内容等方面，充分体现出本次研究的整体性、系统性、综合性等特点。

从实际出发，确定老字号谱系研究结构。为了突出本次研究的重点和特色，主办方采取多种方式，反复进行论证，设计主体结构，以求实现预期目标。

全面了解地区老字号基本状况。先后召开区商务委、区商联会、部分老字号代表和专家学者座谈会，到鸿宾楼、张一元、全聚德、清秘阁等老字号企业进行专题调研，走访北京市社科院、北京市社科联、北京市地方志办公室、北京大学城市与环境学院历史地理研究所、北京工商大学经济管理学院、中国食文化研究会、中国商业史学会、中国社工协会企业公民委员会、北京市商业企业管理协会、北京老字号协会、北京地理学会、北京民俗学会、原北京食蔬菜贮藏加工研究所、原北京市第二轻工业局、北京燕山出版社、中国书店出版社、《中外企业文化·智库》、《企业研究》、中国作家协会、北京作家协会等社科研究机构的专家学者，了解北京市和西城区老字号的数量、类别、分布、特点以及已有研究成果等情况。

深入分析本次研究的目标导向。根据西城区老字号整体状况和现有研究成果，围绕"梳理企业发展概况与核心品牌；提高社会各界对老字号的认识；扩大老字号的社会影响；深化新时期推动老字号发展的基本思路；提升老字号发展品质"的研究宗旨，向社会发布33个开放式参考选题，为专家提示选题思路。经过评审组认真评审，最后确定了 29 项重点研究课题。

科学确定老字号谱系研究的内涵与外延。在研究活动实施过程中，注重突出时间与空间的结合点，认真抓好"五个结合"，即区域与市属相结合，全面梳理优质资源；历史与现实相结合，贯通历史发展脉络；“中华老字号”与其他层次的老字号相结合，突出“北京品牌”；适度微调与相对固定相结合，延伸研究视角；历史脉络梳理与深度文化分析相结合，阐发核心价值。注重突出历史、现实与未来的一脉相承，努力在新的更高层次上再现老字号往日的辉煌。注重发挥文献梳理、经验总结、资料汇编与理论探索的不同作用，强化研究的综合效应。注重文字、照片、图表的互相补充、深化，增强研究成果的吸引力和感染力。注重抓好实际工作者、政府管理人员与专家学者的相互配合，切实发挥研究团队的整体合力，力求实现科研成果最大化。

立足发展需要，确定老字号谱系研究重点内容。围绕本次研究的宗旨，课题主办方重点组织了四个方面的活动。

一是梳理基本情况，系统总结经验。按照全面、系统、详实、准确的原则，编写《北京西城老字号谱系丛书》，收入全区近百家老字号的材料，包括字号沿革、核心品牌、专家视角等内容，侧重对基础材料的系统整理和专家的“定制”分析，展示西城老字号的整体形象。

二是深化专题研究，阐发深层价值。以整体研究、深入剖析、创新思维为原则，围绕涉及老字号发展的重大问题，从不同角度阐释老字号的历史意义和当代价值，编辑《西城老字号谱系研究专题文集》，为社会各界提供多领域、多层次、多视角的最新研究成果。

三是创新表现手法，全面展示成果。编印《北京西城老字号印谱》《北京西城老字号传承故事集锦》，采用艺术手段，直观、形象、生动地展示西城老字号资源的丰富和影响的广泛。

四是集成相关资料，服务今后发展。按照“完整、系统、准确、方便”的要求，抓好老字号企业上报素材、老字号研究参考文献以及各个阶段的重要文件等相关资料的收集、整理、保存，编制《北京西城老字号谱系研究资料汇编》。

研究选题的多样性：“视角”服务“阐发”

本次有关老字号谱系的研究，实质上是对老字号历史方位的重新审视，是对老字号文化意义的深度阐发，是对老字号当代价值的全面解读，是对老字号发展战略的最新探索。选题涉及在发展社会主义市场经济条件下推动老字号企业全面转型的各方面重大问题，包括影响老字号发展的内部动力和外部环境、老字号企业的历史作用和当代价值、老字号的核心技艺与现代企业制度、老字号企业的“重现辉煌”和社会经济的“华丽转身”等。

“传承”与“创新”。着重阐释在大力发展社会主义市场经济条件下，老字号如何借助新的发展理念，切实发挥自身的优势，拓展发展路径，提升核心竞争力，实现对历史的自觉传承与迎接挑战的自主创新。

“责任”与“形象”。着重阐释如何进一步加强企业自身建设，传播老字号的核心价值观，强化企业社会责任，提升品牌声誉，树立良好社会形象，实现老字号的现代化转型。

“政府”与“市场”。着重阐释在切实发挥社会主义市场经济决定性作用的基础上，进一步完善市场规则、加强制度建设、深化政府服务和管理、改善政府与企业的互动关系、形成良好社会环境的思路和措施。

“自身”与“他者”。着重阐释如何采用“经济”之外、“中国”之外的新视角，在坚守中华民族核心价值观、保持企业自身传统特色的基础上，从经营理念、发展思路、品牌战略、市场营销等方面，积极探索推动老字号“走出去”。

研究方法的互动性：“手段”服务“水平”

一门学科是否成熟，在一定意义上取决于该学科研究方法的发展水平。

学术研究的基本方法，按照从研究起点到研究终点的不同路径，大致可以分为从特殊到一般的归纳法与从一般到特殊的演绎法两大类[①]。在老字号研究中，这两种认识现实的不同方法，有着各自的适用对象和范围，发挥着彼此不可替代的重要作用。

考察表明，本次老字号谱系研究的切入点，是多方向的。与此相适应，本次研究的坐标轴也呈现出多向性的特点：有回溯以往的老字号历史发展脉络梳理；有向后延伸的未来发展趋势展望；有在原点展开的社会—文化价值分析；有传承、创新、品牌、价值、市场、形象等领域的相关元素聚集。

反映在本次研究方法的特征上，主要包括数据整理、文献判读、现场考察、问卷统计、口述历史、文化—价值分析、资料集成等。这些方法，具有很强的互动性、互补性，主要表现为宏观叙事与微观剖析有机结合，理论探索与对策建议深度互动，地方学理念与“中观”视角对接，归纳与演绎各展其能，个案考察与整体分析相得益彰，共时性特征分析与历时性脉络梳理并存，在阐释西城老字号群体特征和价值体系的总目标下，构成一个有机互动的整体，共同服务于力求实现作用最大化的总目标。

研究团队的综合性：“能力”服务“品质”

本次研究活动，围绕“如何推动新时期老字号创新发展”这个大主题，共设置29个子课题，实质上是一种“组合式”研究。为此，主办方组建起一个涉及多种学科、由各方面（类型）专家组成、具有较强研究能力、适应不同方面需要的综合团队，以确保实现预期的目的。

根据对直接参与课题研究活动的57名人员的不完全统计，参与本次老字号谱系研究的课题组成员，主要来自中国社科院、天津市社科院、云南省社科院、中国人民大学、中央财经大学、外交学院、北京师范大学、首都经济贸易大学、北京教育学院、北京联合大学、北京市委党史研究室、中国文化报社、北京燕山出版社、北京市西

① 《辞海·缩印本·1989年版》，上海辞书出版社1990年版，第1200页、1109页。

城区委党校、北京市西城区商务委、北京市西城区第一图书馆等16个单位（部门）。

年龄结构涵盖老中青三代，以中年骨干为主。51岁以上的研究人员占15.8%，这些人对老字号感情较深，往往带有自己往日生活的回忆；学术积淀较为深厚，作风严谨；对老字号的发展脉络比较了解，有较为深刻的切实感受和较为深入的研究经历。31至50岁的研究者占49.1%，他们承上启下，思路比较开阔，治学比较扎实，综合实力较强，成为本次研究的主力。30岁以下的研究人员占35.1%，这些人成长于新中国成立以来最为宽松的思想理论环境之中，思想束缚少，接触外界多，视角比较新，为传统的老字号研究带来许多清新的气息。不同年龄段研究人员特别是青年一代共同参与，同台竞技，各显其能，在确保整体科研水平、扩大老字号影响的同时，也从学术传承的角度为老字号研究的延续提供了可靠保证。

学历结构和职称结构均呈现出梯队形特征。总体来看，本次课题研究团队的学历层次和职称水平都比较高，特别是课题负责人（72.4%具有硕士研究生以上学历，58.6%具有中级以上职称）具有较高学术基础，从而确保了较好的学术规范，同时也构成一个比较合理的梯次结构。

专业结构涉及各个领域。统计显示，本次研究相关团队的组成人员，所学专业和重点研究领域分布非常宽泛，知识贮备各异，针对原来以经济分析为主的老字号研究，大部分都构成某种程度上的“他者”。这对于原本就是跨学科、综合性较强的老字号研究而言，实际上是把同一个对象置于不同的理论架构之中，从各个角度分别予以解读，因而成为本次研究的一大特点。

部门结构有利于科研与实践对接。本次研究团队的57名成员，大致来自四个方面：高校的教师和学生（63.2%）；社科研究部门的专职科研人员（15.8%）；政府有关部门工作人员（17.5%）；其他部门的研究人员（3.5%）。在这四部分人中，有的与教学相结合，比较注重学术意义；有的立足点较高，更加注重依靠自己的科研经验；有的更加关注课题的针对性和应用性；有的在选题和切入点方面显示出鲜明的个性化特征。这些人相互之间构成较强的互补性，有利于促进学术水平的提升和强化紧接“地气”的自觉。

具有较深的学术基础和丰富的老字号研究经验。这个团队中的许多人参与过老字号相关课题的研究，据不完全统计，先后发表过53篇有关老字号的重要论文（其中以西城老字号为对象的有《北京同仁堂、鹤年堂的比较》《京华茶叶“外嫁”八年后回归的启示》《西城商业文化》《西城区老字号在领导干部中知名度的调研报告》等），出版或主编多部专著。

这些专家具有广博的知识背景和深厚的学术基础，对全国各地老字号特别是北京地区老字号的发展情况以及研究成果有较多了解，对老字号有较深的感情，在老字号研究方面积累了许多宝贵的经验，同时对西城的历史文化也都有较大的兴趣，为西城区的老字号研究带来许多经济学以外和北京地区以外“他者”的视角和新的思路。

研究组织的有机性：“过程”服务“整合”

根据本次研究的宗旨和特点，主办方加大组织、协调力度，注重抓好研究选题的科学确定、科研团队的合理匹配与科研活动的现场调度，使“管题”“管人”“管事”三者融为一个有机整体。

服务地区发展需求，科学确定重点选题和主要研究方法。根据西城的城市功能定位，围绕老字号的发展背景、发展阶段、内在动力、外部环境、激励机制、管理体制、营销策略、品牌建设、市场定位、社会形象、发展趋势等涉及西城老字号发展的重点内容，确定主要研究方向，抓好整体梳理和深度分析，注重成果的宣传和推广，确保实现课题研究的学术价值和应用价值。

根据本次研究涉及的重点内容，确定志书、论文、故事等不同文体，主办方提出相应的研究重点和写作要求，引导课题组统一思想、明确目标、强化共识，树立整体观，加强现场考察，注重专题分析，提高研究工作的针对性，力争实现各种研究方法的效用最大化。

多方挖掘优质资源，组建强力特色研究团队。根据研究内容和研究方式的需要，主办方采取多种方式，通过《北京西城报》、西城政务网站等途径，及时向首都地区的社科研究专家介绍本次开展西城老字号谱系研究的宗旨、内容、方式，邀请不同类型的专家组建强力研究团队，充分发挥他们各自的优势，力求在差异发展中实现研究团队的优势互补。

注重课题调度，确保实现成果预期。坚持寓“管”于“服”，认真落实总体规划、专项计划和各项保障措施，抓住课题前期论证、研究工作方案制定、课题申报预审、专家组立项评审、资料梳理和现场考察、课题结项专家组评审等关键环节，加强课题组织管理。严格工作流程，及时召开课题研究工作中期调度会，加强各个课题组之间信息的传递与成果的交流。

根据课题整体研究的需要，及时安排部分专家围绕各自重点研究内容，先期参与相关老字号素材的整理工作，一方面提高素材整理工作水平，另一方面推动课题组的专项研究更好地与老字号的实际情况进行对接。实践表明，这项措施取得较好效果。

加强与老字号企业和各界专家的联系沟通，及时研究制定相关措施，主动编发课题组名单、老字号联系表、参考文献目录、背景文件等材料，为专家现场考察提供多种服务，努力搭建老字号与专家的沟通平台。据不完全统计，各个课题组共组织考察老字号数十家，通过现场发放、留置回收、网络答复等途径，发放纸质、电子版（含中文版和英文版）问卷15种、2120份。

配合课题研究，领导小组办公室组织专家加强现场考察、与主管部门座谈，适时召开“传承与转型：老字号发展之路”研讨会，组织部分专家参加老字号研究新书发布活动，与首都各界专家学者交流开展老字号研究的体会。

为了给研究活动提供方便，课题研究领导小组办公室先后编制并发布《老字号研究参考材料》《西城老字号谱系研究参考文献汇编》《北京西城老字号谱系研究参考书目提要》《中华老字号名录》等资料。积极协同有关方面，为课题组配备《老字号蓝皮书：中国老字号企业发展报告（2011）》《老字号绿皮书：中国老字号企业发展报告（2013—2014）》《北京西城统计年鉴（2013）》《北京西城历史文化概要》《西城之最》以及“什刹海小丛书”等有关老字号研究和西城历史文化情况的文献资料。

研究成果的丰富性：“理论”服务“实践”

各个课题组注重学术价值与应用价值有机结合，注重研究成果的层次性和覆盖面，注重成果转化手段的多样性，基本实现领导小组提出的“要确保取得较大的学术价值、应用价值和方法论价值”的要求。

一是注重理论创新，具有多方面的学术价值。努力为老字号研究提供新视角，探索新领域，提出新观点，做出新论断，阐释新理论，确立新标准，制定新规则。

提供新的视角——强调应该深入探索从不同角度拓展老字号研究的新路径。主要表现为两种“他者”：一种是“外国看中国”。通过多种形式的调查问卷，系统梳理老字号在外国人心目中的“中国形象”，深刻分析这种形象的成因、特点、意义，探索中国老字号突破发展瓶颈、更好地“走出去”的路径选择。

另一种是“业外看业内”。探索西城老字号如何继承与发展“京商儒范”的优良传统，以“仁义礼智信”为基本内涵，进一步加强商业道德建设。深入梳理工业文化遗产与老字号的关系，提出通过优化老字号生态环境、制定和落实老字号无形资产估值规则、建立工商业文化遗产保护委员会、发起成立世界工商业文化保护组织、开展弘扬中华工商业文化传统活动。依据对西城老字号社会形象特征的分析，提出依托政府协会、加强整体布局规划、梳理企业精神、明确形象定位、保护传统文化等完善西城老字号社会形象的路径。

引入新的理论——拓展新的研究领域，深度阐释老字号的历史方位和当代价值。依据“公共物品”和“外部性”理论，采用支付意愿调查等方法，阐释老字号的外溢价值，提出更好地发挥老字号在地区发展中的品牌“地标”作用、在企业转型中的品牌引领作用和在产业链延伸中的品牌拉动作用。提出依托西城的优质历史文化资源和产业发展优势，有效发挥企业集聚的倍加效应，推动老字号互相促进、整体发展。引进“社会资本”理论，建议加大政府引导和扶持力度，进一步拓展老字号同其他企业、高校或科研机构的合作，提升研发能力和网络宣传能力，夯实西城老字号的发展基础。提出切实发挥“企业社会责任”在体现中国传统文化、提供对外交流平台、促进企业转型等方面的助推作用，提升老字号的发展品质。从行为、物态、制度和心态等角度，对什刹海地区老字号的文化形态进行具体分析，提出提升老字号品牌“含金量”的发展思路。

探索新的思路——着重阐释老字号应该在坚守传统的基础上，积极适应当代社会发展需要，努力形成新的发展模式。提出积极发挥医药类中华老字号优势，自觉服务“大健康战略”，提升百姓健康养生水平。提出以促进世界城市建设为动力，推动老字号发展。提出借鉴发展文化创意产业的理念和做法，增强老字号创新能力。依据天津等地经验，提出围绕老字号非遗项目，推动老字号的传承与创新。以问卷调查为依据①，提出以增强党政领导干部对老字号企业的认知水平为着力点，通过现场教学方式促进老字号企业发展。提出依托图书馆的优质文献资源和工作优势，以网络技术为支撑，努力搭建存史、交流、宣传三大平台，充分发挥公共图书馆作用，在不同人群中扩大老字号的影响。

研究制定新的标准——根据形势的发展特别是各级老字号申报认定工作发展的需要，提出坚持统一标准与分级操作、相对固定与

① 谢惠、张晓光、赵宇：《西城区老字号在领导干部中知名度的调研报告》，见2013年第4期《西城论坛》，第58页。

适当微调、定期认定与动态管理有机结合，从延续相对长的一个时段和具有显著社会示范作用两个维度[①]，深入研究制定国家级、省市级、区县级老字号的分级认定标准框架和分类体系，为新时期各种形态的老字号留出足够的发展空间。建议有效整理、挖掘老字号的优质历史文化资源，结合产业结构优化与城市功能完善，引导和服务老字号在转型中提升自己的社会形象，使文化类老字号成为首都的新“城市地标”。

二是注重创新研究思路，加强顶层设计，具有较强的应用价值。围绕涉及老字号发展的重点领域和专项工作，提出在推进路径、实施方法、保证措施方面的具体对策。提出依托老字号资源优势，实施品牌发展战略，深化品牌文化建设，大力推动企业品牌保护、创新和运作，优化企业发展环境，有效提升西城区老字号品牌竞争力。根据调查问卷和现场调查提供的数据、对老字号的认知度、影响力、发展性进行对比分析，提出进一步提高老字号的发展性，增强老字号的品牌辐射力。

以问卷调查和现场走访为基础，提出应该充分发挥政府、企业等方面的作用，从宏观和微观两个方面进一步发挥餐饮老字号企业对地区经济的拉动作用。提出从改进传承方法、创新经营品种、改变经营模式、拓宽销售渠道、扩大产品宣传、强化品牌认知、加强人力培训、完善制度建设等角度，推动西城清真餐饮老字号发展。从西城老字号餐厅的品牌价值分析、品牌文化建设、品牌维护、品牌推广与价值提升等方面阐述推动西城老字号餐厅品牌建设的思路。

在对影响“中华老字号”发展关键因素进行具体识别和对比分析的基础上，从促进老字号整体发展和不同行业老字号发展两个层面，提出提高老字号国际竞争能力的对策建议。提出从诚信为人的经营美德、高尚谦和的澹定人格、体现创新本质的绝活技艺、特色

① 任剑涛在《国家发展中的“荷兰诱惑”与“苏联幻觉”》中指出，时间上的百年尺度和空间上的国际示范，是衡量一个国家是不是真正大国的起码指标。见2014年第5期《读书》，第25页。

专营的集聚策略等方面，传承并发展百年老店的优良传统。认真梳理老字号传承、创新的轨迹，提出新时期西城区“中华老字号”的传承与创新之路。

从推动经济社会转型的角度，全面考察地方政府与老字号企业之间的“伞式”关系，深入探索进一步优化各项社会资源配置、推动老字号发展的路径选择。提出以实现最佳经济效益为最终目的，推动企业产权多元化改制，激发老字号活力，形成独具特色的发展模式。提出按照现代企业制度要求，以传统文化为主导，以企业领导人为核心，确立人才标准，坚持分层分类、多元并进、突出重点，推动老字号人才队伍建设。

三是注重方法创新，具有较为突出的方法论价值。注重加强对“研究方法”的“研究”，积极探索在传统的经济学、企业管理之外，将地方学、地方志、历史学、文化学、行政学、社会学、人类学、文献学以及比较研究等学科理论和方法应用于老字号发展研究的有效路径。

提出应该从“谱系”的角度对老字号进行系统、整体、综合研究，以进一步提升老字号研究的水平①。强调从“中观”的角度对老字号进行分类、分层、分题研究，以深化对相关问题的认识②。采取文本对比分析的方法，围绕上海、天津、杭州、沈阳、广州和北京六个老字号分布较为集中的城市相关政策的出台背景、主要内容、实施过程以及取得实效等内容，进行认真梳理、研究，提出应该积极构建促进西城老字号发展的良好政策环境。对于如何依靠文献分析深化老字号研究，进行了有益的尝试。

随着课题研究的逐步推进，课题研究和老字号本身的影响都被不断传递、放大。据不完全统计，《思想战线》《当代经济》《北

① 戴时焱：《关于老字号谱系研究方法若干问题的思考》，见张继焦、刘卫华主编《老字号绿皮书：老字号企业案例及发展报告№2（2013～2014）》第38页，中央文献出版社，2014年3月。

② 戴时焱：《“中观”：深化西城研究的新视角》，见2014年3月12日《北京西城报》。

京财贸职业学院学报》《中外企业文化》《中外企业文化·智库》《杭州师范大学学报（社科版）》《广西经济管理干部学院学报》《广西民族大学学报（哲学社会科学版）》《创新》《企业研究》《中国民族报》《北京西城报》《西城论坛》《西城社会科学》等报刊陆续刊发有关西城老字号的论文或报道；课题组成员应邀参与中央电视台和北京电视台老字号节目的制作，引起社会广泛关注。

西城老字号谱系研究的启示："今天"服务"未来"

立足于不断推动老字号研究的深入，从方法论的角度考察，本次北京西城老字号谱系研究可以给人如下启示：

启示一：立足推动转型，加强顶层设计。全面深化改革开放，实现经济社会的整体转型，是当今时代的主题①。推动老字号的发展以及深化老字号的研究，都需要自觉围绕这个主题，加强整体策划，增强时代性、针对性和实效性，杜绝大家围绕一个或几个企业"炒冷饭"式的简单叙说和"空对空"式的宏大叙事，减少对老字号历史文化价值的认识不足或过度解读②，避免低水平的重复。

要立足推动老字号转型、提升企业的成长性，针对一个地区、一个行业老字号的特点，科学确定研究的理念、宗旨、结构、内容、方法、工具，把宏观层面的时代背景及整体状况研究、中观层面的分类专题研究与微观层面的典型个案研究有机结合起来，增强理论探索的接地性，提高实证研究的学术性，坚持对策研究的针对性、前瞻性和开放性，使之成为一个完整的、动态的、有机的规则体系，实现对内系统性与对外开放性的有机耦合。

要坚持从目标确定、内容设置、方法选择、手段运用、队伍组建、

① 《中共中央关于全面深化改革若干重大问题的决定》第3页，人民出版社，2013年11月。

② 克劳斯·奥佛在《现今的历史转化和社会制度的一些基本设计选择》中，强调适合现今世界的是一种"不纯"的设计，要求政府、市场和社群三者同在一种"混合"的制度安排中不缺席。也就是必须三者兼备，同时又要防止三者相互过犹不及，避免过大政府、过少治理能力、过度依赖市场机制、过度限制市场力量、过度社群主义和忽视社群身份等六种"病态"谬误。见陈冠中《或许有用的思想》，海豚出版社，2014年4月，第198页。

成果转化等方面，进一步提高整体策划、整体调度、整体推进的能力和实效，抓住影响老字号未来发展的重要方面、关键环节，提升研究活动的系统性、整体性和协同性[①]，推动思想、理论与实践的相互结合、彼此检验、共同促进，在确保实现主要目标的同时，力求取得更多其他方面的成果。

启示二：强化理念创新，提高综合效应。老字号研究是一个理论、知识、经验、成果等各种信息共享的宽广平台，各个学科都可以在这个平台上大显身手。为此，首先就需要破除学术樊篱，积极引进各种研究理念和学术工具，大胆“为我所用”，不断提高老字号研究的质量。约翰·惠勒在1979年纪念爱因斯坦诞生100周年讨论会上提出，“人类的观察，可能决定了宇宙昨日的历史”，并指出，“我们观察到什么，取决于我们用什么方式提问”[②]。从这个意义上说，我们观察事物的角度和方法，决定于我们思维能力的高低，同时也决定了我们梳理现象、分析矛盾、探索规律、解决问题的成果。

实际上，本次研究所涉及的“谱系”“中观”“他者”[③]“企业公民”“工商业文化遗产”“外溢价值”“城市地标”“非物质文化遗产保护”“社会资本”[④]以及“注重研究方法研究”等，均是哲学、经济学、社会学、历史学、文化学、管理学、城市学、人类学等学科的最新研究成果，对于帮助我们从历史与现实、经济与文化、

① 《中共中央关于全面深化改革若干重大问题的决定》第3页，人民出版社，2013年11月。

② 谢云宁：《外面的宇宙》，《新科幻》2012年第7期。

③ 乔治·斯坦纳在《荷马与学者们》（1962年）中指出：“在文学和历史评论的三大经典谜团（指荷马、基督和莎士比亚）中，正是局外人做出了最杰出、意义最重大的发现”。许志强在《寻找荷马史诗》中提到，20世纪荷马研究最可观的两大发现，分别是由擅长密码学的英国建筑师迈克尔·文特里斯（Michael Ventris）和美国青年学者米尔曼·佩里（Milman Parry）两位业余爱好者做出的。见《读书》2014年第8期，第28页。

④ 1995年，美国社会学家罗伯特·普特南在《民主学刊》上刊发《独自打保龄：美国社会资本的衰落》，指出美国公民活动和社团参与人数整体萎缩，意味着群体生活干涸、社会资本减少。2000年出版《独自打保龄：美国社会资本的衰落与复兴》，成为当代美国社会学的经典。在政治学领域，社会资本成为善政善治者关注的命题。因为，社会资本是促进人与人合作的潜规则，合作假设了诚信、可靠、尽责、守诺等私德。见陈冠中《或许有用的思想》，海豚出版社，2014年4月，第167页、第218页。

传承与创新等多个角度、多个层面进一步认识老字号的历史方位，深度阐释老字号的文化价值，发挥了重要的作用。

在今后的相应研究中，必须大力倡导发散式思维，针对所要研究的重点问题，自觉引入新的研究理念和新的研究工具，形成开放式的研究格局，确保在学术性、应用性和方法性等方面都取得预期的成效。

启示三：探索“混搭”互促，实现时—空结合。各个学科之间的“越界”，是科学发展的一个重要途径，是科学研究中的一种必然趋势。时代不仅提出了更新老字号知识谱系的任务，而且提出了拓展老字号研究方法的任务。这就要求我们不要事先预设“边界”，不要画出种种不可逾越的条条框框，不要人为地束缚自己的手脚①。而是应该勇于“破限”“跨界”，不断拓展研究思路，大胆尝试新的领域和方法，把实证研究、文献梳理、理论探索、文化—价值分析、应用对策研究、比较研究以及资料集成等有机结合起来，发挥多种研究方式的综合效应特别是其溢出效应，从不同角度不断深化对“这一个”的研究。

启示四：注重团队建设，提升研究水平。当代老字号研究主题的多向性、研究内容的多层性，决定了老字号研究团队的多样化。应该根据每次研究的主旨，围绕主要研究内容和研究方法，选择相关领域的专家，注意不同类型研究人员的有机搭配，组建构成多元、结构合理、优势互补的研究团队，使研究工作具有更好的覆盖性与综合分析能力，以确保学术研究的整体水平②。

---

① 张维迎在与周克成的访谈中，指出应该尽量克服“锁定效应”，不要因为接受了一种思维方式的培养，就拒绝接受另一种东西。见《改革新启蒙：思想市场驱动中国变革》，中信出版社2014年版，第163页。

② 如美国兰德公司的研究人员来自于政治学与国际关系（13%）、经济学（13%）、行为科学（11%）、工程学（10%）、商业与法律（10%）、数学与统计学（9%）、社会科学（8%）、生命科学（7%）、政策分析（7%）、艺术与文学（5%）、物理学（4%）以及计算机科学（2%）等多个领域，其成员来自五十多个国家。这使得兰德公司的整个研究团队，在工作经验、学术训练、思想观念和政治、民族、性别和种族等方面均相当多元化。见冯叔君等著《智库谋略——重大事件与之路贡献》，三联书店，2012年5月，第127页。

要加强研究过程中的调度和管理，根据课题进展，适时进行微调，确保研究计划落实。要及时提供各项必要的服务，引导研究人员不断强化“问题”意识、“创新”意识、“服务”意识。要充分发挥不同领域、不同类型研究人员各自的优势，增强团队之间的协同性和互补性，形成“1+1 ＞ 2”的倍加效应。

要注意以各项重点课题研究为契机，发现和培养关心西城、热爱西城、了解西城、研究西城的学术骨干，丰富研究内容，充实研究成果，完善成果转化机制，拓展宣传、展示手段，扩大社会影响，推动科研活动与实际工作的对接，逐步形成“西城”的科研核心队伍。特别是要注意培养中青年学科骨干，为他们更多地参与重大课题研究创造条件，以确保学术研究的传承、深化与发展。通过多种措施，促进“西城智库”建设，为不断深化“西城问题”研究奠定人才基础和学术储备，更好地发挥“思想”的理论引导和知识支撑作用。

中国的老字号堪称经典，而“经典永远时尚”。因为积淀了深厚的历史元素和独特的文化内涵，历经百年而不衰，风雨雷电而不摧，所以处处“经典”；因为始终紧贴百姓生活，自觉体现时代前进方向，从而具有巨大的发展潜力，所以在“时尚”。

大力推动老字号的发展，是新时期的一项重大战略任务。有关文献显示，国内集中开展对老字号企业的研究，基本上是起步于改革开放之后①。当时，面对文化大革命造成的历史断档，促使人们对企业形态领域“传承”与“创新”的关系重新进行审视，这些具有悠久历史积淀和丰富文化内涵的老字号才真正进入研究者的视野。与此同时，各级政府有关部门也开始进行老字号企业的认定工作，

① 西城老字号谱系研究领导小组办公室2014年编写的《北京西城老字号谱系研究参考书目提要》，共收入160余种有关西城老字号的文献资料，第一种是台湾纯文学出版社有限公司1970年5月出版的《旧京琐记》（枝巢子著），其余均为20世纪80年代以后的出版物。

并陆续出台相关的引导、管理办法和保护、支持政策[①]。

也正因为是初创，所以在研究宗旨、研究框架、研究思路、研究内容、研究方法、研究体例等重要方面，对老字号重大问题的研究都还处于不断探索、逐步完善的阶段。这对未来研究者的理念和能力都提出了前所未有的巨大挑战，同时也提供了具有极大诱惑力的发展空间。

在这种背景下，认真总结并深刻阐释本次老字号谱系研究的方法论特征，不仅有助于加深我们对这项研究丰富内容和重要意义的理解，而且还可以为今后其他类似研究提供必要的借鉴。我们应该在不断深化和丰富老字号研究成果的同时，进一步加强对“研究方法”的探索[②]，力求在一个新的平台上，更深刻、更全面、更有效地开展老字号研究，为推动老字号企业的转型、发展，贡献理论工作者的智慧和力量。

作者简介

戴时焱，北京市西城区社会科学界联合会原常务副主席、高级政工师。主要论文有《关于老字号谱系研究方法若干问题的思考》《以“西城记忆”文献数据库建设提升地区软实力》《“中观”：深化地方研究的新视角》《从北京西城看首都城市功能的多维性特征》《关于“西城智库”建设的考察与思考》等。

① 据袁家方、谢惠等人研究，1993至1996年，国内贸易部评定第一批“中华老字号”。后在2006年和2010年，国家商务部先后认定两批“中华老字号”。从2006年开始，四川、福建、浙江、江苏、广东、云南、上海、北京、天津、辽宁等陆续开展省级老字号的认定工作；南京、常州、杭州、广州、沈阳、金华、深圳、晋江等陆续开展本市老字号的认定工作。

② 张芝联在为冯棠翻译的《旧制度与大革命》（商务印书馆1992年9月）写的“序言”中，总结了托克维尔研究方法的特点：有“问题”意识；依靠原始材料得出结论；开辟研究旧制度的新途径；尝试采用社会学和阶级分析方法；注重进行比较研究。并指出，正是由于研究方法上的这些改变，托克维尔才得以另辟蹊径，对人所共知的历史事件做出新的解读。另见李广宇《香港寻书》，法律出版社2014年版，第70页。

后　记

为了进一步深入挖掘、整理西城区的老字号资源，全面阐释老字号的历史文化内涵，充分展示老字号作为百年老店的当代风采，以新的视角、新的理念、新的思路、新的措施激发老字号的新活力，实现社会主义市场经济条件下的新发展，按照区领导的要求，从2013年4月至2015年2月，中共北京市西城区委宣传部、西城区商务委员会、西城区社科联等部门组织开展了“北京西城老字号谱系研究”。

作为一项重点工作，北京西城老字号谱系研究得到区委、区政府的高度重视，各相关部门给予大力支持。这项研究也引起社会各界的广泛关注，北京大学、北京工商大学、北京市社科院、北京市社科联、北京市地方志办公室、中国科学院大学管理学院、中国社工协会企业公民委员会、中国商业史学会、中国食文化研究会、北京老字号协会、北京市商业企业管理协会、北京地理学会、北京民俗学会、北京食蔬菜贮藏加工研究所、北京燕山出版社、中国书店出版社、《中外企业文化·智库》杂志、《企业研究》杂志、中国作家协会、北京作家协会等首都地区高校、社科院、出版社、党校以及其他科研单位的专家学者，以多种方式参与课题研究。

在多次深入老字号进行现场考察的基础上，经过前期有关专家、政府主管部门和老字号协会反复研究、认真论证，领导小组办公室面向社会发布了33个重点研究方向。先后邀请到来自中国社科院、天津市社科院、云南省社科院、中国人民大学、中央财经大学、外交学院、北京师范大学、首都经济贸易大学、北京教育学院、北京联合大学、中国文化报社、北京市委党史研究室、北京燕山出版社、北京市西城区委党校、北京市西城区商务委、北京市西城区图书馆等16个单位（部门）的50多名专家，组成29个课题组。

按照北京西城老字号谱系研究工作计划的要求，各个课题组及时上报课题申报书。领导小组办公室组织相关方面的专家、部门领导、老字号协会负责人以及老字号企业代表，组成专家评审组，对每个课题的主旨、内容、方法以及预期目标进行认真审议，提出修改意见。

按照专家评审组的意见，各个课题组认真修改课题研究方案，及时启动课题研究。在实施过程中，领导小组办公室加强组织、调度，及时编写相关材料，积极联系各家老字号，为课题组现场考察提供服务；各课题组注重现场考察，注重引进最新研究成果，注重相关文献梳理，注重提高课题研究的针对性、创新性、实效性，取得了预期的成效。

经过专家评审组审定，29项课题均已顺利结项。为使社会各界及时了解和分享西城老字号谱系研究的成果，经有关方面同意，将29项课题连同西城区档案局李茂福等的《西城区老字号企业档案现状与对策研究》，民革西城区委教科文卫体委员会王连杰等的《西城特色功能街区老字号企业知识产权保护策略研究》，西城区党外知识分子联谊会科技经济委员会许宁华等的《关于西城区老字号企业发展情况的调研及建议》和西城区社科联戴时焱的《关于西城老字号谱系研究方法特征的考察》等相关研究成果一并收入本书，按照“传承与创新”“责任与形象”“政府与市场”“自身与他者”四个部分，编成《传承与转型：老字号发展之路——北京西城老字号谱系研究文集》。以中共西城区委常委、宣传部长王都伟的《传承与创新是老字号发展的永恒主题》作为本书的代序。

本次“北京西城老字号谱系研究”，力图以新的理念、新的视角、新的方法对传统老字号发展重大问题进行深入探索、专题研究、系统分析，为推动西城老字号创新、转型提供理论指导和路径支持。在此，谨向以不同方式积极参与西城老字号谱系研究的马仲良、王茹芹、朱祖希、刘一达、刘卫华、李士靖、吴建雍、何洋、沈望舒、金启凤、张青、张墨涵、张平真、柯小卫、赵珩、徐艳梅、高以道、高巍、郭庆瑞（已去世）、谭烈飞等各界专家以及政府有关部门、相关社会组织和老字号企业致以衷心的感谢。

根据文集编辑的需要，编者对收入课题的格式进行了统一，对个别课题的题目和内容进行了适当的调整；鉴于各个课题组资料来源和切入角度的不同，某些数据存在一定差异，在此一并说明。限于时间和水平，舛误之处在所难免，欢迎读者批评指正。

编 者

2016 年 6 月

图书在版编目（CIP）数据

传承与转型：老字号发展之路：北京西城老字号谱系研究文集 / 北京市西城区老字号谱系研究领导小组编. —北京：中央文献出版社，2017.1

ISBN 978-7-5073-4562-9

Ⅰ.①传… Ⅱ.①北… Ⅲ.①老字号-企业发展-西城区-文集 Ⅳ.①F279.271.3-53

中国版本图书馆CIP数据核字（2017）第000496号

传承与转型：老字号发展之路

——北京西城老字号谱系研究文集

编　　者：北京市西城区老字号谱系研究领导小组
责任编辑：孙　翊
封面设计：穆　丽

出版发行：中央文献出版社
地　　址：北京西四北大街前毛家湾1号
邮　　编：100017
网　　址：www.zywxpress.com
电子邮箱：zywx5073@126.com
经　　销：新华书店
排　　版：北京中献唐人数字技术有限公司
印　　刷：北京晨旭印刷厂

710×960mm　16开　45.25印张　587千字
2017年1月第1版　2017年1月第1次印刷

ISBN 978-7-5073-4562-9　定价：100.00元（上、下册）